东南学术文库

SOUTHEAST UNIVERSITY ACADEMIC LIBRARY

行为金融视角
企业集团内部资本市场效应

An Analysis of the Effect of the Internal Capital Markets
in Enterprise Groups Based on Behavioral Finance

陈菊花 ◆ 著

东南大学出版社
·南京·

图书在版编目(CIP)数据

行为金融视角：企业集团内部资本市场效应/陈菊花著. —南京：东南大学出版社，2015.12

ISBN 978 - 7 - 5641 - 6233 - 7

Ⅰ.①行… Ⅱ.①陈… Ⅲ.①企业集团—资本市场—研究 Ⅳ.①F276.4②F830.9

中国版本图书馆 CIP 数据核字(2015)第 316165 号

行为金融视角：企业集团内部资本市场效应

出版发行：东南大学出版社

社　　址：南京市四牌楼 2 号　邮编：210096

出 版 人：江建中

责任编辑：刘庆楚

网　　址：http://www.seupress.com

经　　销：全国各地新华书店

排　　版：南京星光测绘科技有限公司

印　　刷：南京工大印务有限责任公司

开　　本：700mm×1000mm　1/16

印　　张：14.25

字　　数：272 千字

版　　次：2015 年 12 月第 1 版

印　　次：2015 年 12 月第 1 次印刷

书　　号：ISBN 978 - 7 - 5641 - 6233 - 7

定　　价：62.00 元(精装)

本社图书若有印装质量问题，请直接与营销部联系。电话：025 - 83791830

编委会名单

摘　要

内部资本市场的构建和管理是企业集团发展中的一个重要问题,内部资本市场的配置效率一直受到业界的重视。目前人们对内部资本市场的研究大都局限在传统金融视角,并且缺乏对内部资本市场非效率问题,尤其是功能异化问题的专门研究,更鲜见从非理性角度对内部资本市场功能异化效应的研究,而新兴市场国家企业集团内部资本市场的功能异化问题往往无法从理性的传统视角得到解答。

本书试图从行为金融的视角解释企业内部资本市场的效应,尤其是功能异化效应,以扩展内部资本市场研究的视角。

本书主要采用理论研究与实证研究相结合的方法,从基于非理性的行为金融视角对企业集团内部资本市场效应,尤其是功能异化效应的机理进行研究,对新兴市场中导致企业集团内部资本市场功能异化效应的三种具体异化情形,即投资异化(主要是过度投资或投资不足),部门经理寻租以及利益输送(或利益侵占)进行基于心理和行为偏差方面的剖析。

本书首先回顾目前关于内部资本市场的理论研究,总结基于新制度经济学理性视角的内部资本市场研究的理论基础。其次,回顾目前关于行为金融及其主流应用领域——行为公司金融的有关理论和文献,总结目前行为金融研究的不足,指出行为金融具有广泛应用前景的领域——对新兴市场国家企业集团内部资本市场的研究。然后,先从基于理性(包括有限理性)和非理性的全视角提出了内部资本市场效应的解释框架,并从基于心理学和行为金融的视角提出对内部资本市场效应,尤其是功能异化效应的研究框架,分别用行为和心理偏差机理解释新兴市场中集团内部资本市场的三种异化功能及其结果，提出单纯基于理性视角不能解释的一些命题：企业集团内部资本市场中的过度投资和投资不足在很大程度上是由于外部投资者的非理性使得集团管理者理性应对所致，而集团管理者的过度乐观可能会缓解或加剧过度投资和投资不足；部门经理的寻租可能是其对集团总部非理性回应的结果，而集团总部及其部门经理的非理性主要是由于认知过程、情绪过程和意志过程的心理偏差所致；在新兴市场的企业集团内部资本市场存在的利益输送不一定会导致利益侵占，外部投资者和集团内部管理者的非理性也不一定会导致利益输送的非效率。这些发现在我国企业集团并不是整体上市的背景下更符合我国实际。最后，本书还以先合后分的方式对内部资本市场三种功能异化的有关基本命题进行了实证研究，分别采用基于行为和现场研究的 Q 方法、基于事件和问卷调查的统计计量分析方法，以及统计建模方法对有关命题进行了验证。基于有关研究结论，本书还提出了未来研究的建议方向。

本书尝试在企业集团内部资本市场的研究上做出基于内容、视角和方法的有关贡献，并在我国企业集团内部资本市场实践方面提供基于行为视角上的治理指导。有关的理论创新主要包括：提出了关于内部资本市场功能异化效应的新观点；提出了在内部资本市场中基于行为金融研究的新视角；引入了基于行为和现场面对面考察研究的新方法（Q 方法）；建立了关于内部资本市场效应研究，尤其是基于行为研究的分析框架；提出了加入非理性因素的测试内部资本市场效率的新模型。

Abstract

The construction and management of the ICM is an important problem in the development of Enterprise Group. Allocative efficiency of the ICM has been got attention. At present, the research on the ICM is only limited to the perspective of traditional finance, and is still lack of ICM non-efficiency problem: the specialized research on the function alienation, more rarely based on the irrational perspective. However, the functional alienation problems of enterprise group's ICM in emerging market often can not be answered from the traditional rational perspective.

It attempts to explain the effect of the Enterprise Group's ICM based on the perspective of behavioral finance to extend the perspective of the ICM research, especially the function alienation effect.

It uses a method which combines theoretical research with empirical research to study the Enterprise Group's ICM effect based on the irrational behavior financial perspective, in particular, to study the mechanism of functional alienation effect. Based on the analysis of the psychological and behavioral biases, analyzing the three specific alienation case of the Enterprise Group's ICM alienation effect in the emerging markets, as investment alienation(mainly over-investment or under-investment), department manager for rent-seeking and the transfer of benefits (or interests encroachment).

First of all, it reviews the current theoretical research on the ICM, summarizes the theoretical basis of the ICM research based on rational perspective of the New Institutional Economy. Secondly, it reviews the theory and the literature of the behavioral finance, summarizes the shortcomings of current research in behavioral finance, and points out that the field of behavioral finance has broad application prospects-the research on the Enterprise Groups' ICM in the emerging markets. And then, it proposes the framework for the interpretation of the effect of the ICM, based on the the full perspective of rationality(including bounded rationality) and irrationality. Besides, it also proposes the framework for the research on the effect of the ICM based on the perspective of psychology and behavioral finance, in particular, for the research framework of the function alienation effect. Eexplaining the three alienation function and its results of the ICM in emerging markets using different behavioral and psychological deviation mechanism, it proposes some propositions that can not be explained based on the rational perspective: enterprise group's ICM over-investment and under-investment is largely due to the external investors' irrational response to the group managers' rational. The excessive optimism of the group managers may mitigate or exacerbate over-investment and under-investment; segment manager's rent-seeking may be the result of the response to the group's headquarters' irrationality, and the irrationality of the group headquarters and its segment manager is mainly due to the psychological deviation during the cognitive processes, emotional processes and will process; The transfer benefits of the ICM of the enterprise group in emerging markets will not necessarily lead to benefits encroachment. The irrationality of the outside investors and the group's internal managers will not necessarily lead to the ineffecient transfer of benefits. These findings are more in line with the reality of our country in the context of that enterprise group in China is not listed as a whole. At last, it uses before-points analysis method to have empirical research on the basic proposition of the three functions alienation of the ICM, respectively using the Q method which is based on the behavioral and on-site research, statistical quantitative analysis method which is based on events and guestion naires, and statistical modeling method to verify the relevant proposition. As well, the directions for future research based on the research findings is pointed out.

This book attempts to study the enterprise group's ICM to make relevant contributions based on content, perspectives and methods, and to provide guidance based on the behavior in terms of ICM practice of enterprise groups in China. Theoretical innovations include: proposing the new point of view on the function alienation effect of ICM; proposing a new perspective of ICM based on behavioral finance research; introduction of a new method-Q method which is a face-to-face study method based on the behavior and on-site visits; Establishing a framework on the effects of the ICM, particularly those based on the behavioral study; proposing a new model for testing the ICM efficiency with irrational factors.

目　录

第一章　绪论 ……………………………………………………… (1)

1.1　研究背景和意义 …………………………………………… (1)

　1.1.1　研究背景 ………………………………………………… (1)

　1.1.2　研究意义 ………………………………………………… (4)

1.2　相关概念界定 ……………………………………………… (5)

　1.2.1　企业集团 ………………………………………………… (6)

　1.2.2　内部资本市场 …………………………………………… (7)

　1.2.3　内部资本市场效应 ……………………………………… (11)

　1.2.4　行为金融学和行为公司金融 …………………………… (12)

1.3　研究现状 …………………………………………………… (14)

　1.3.1　关于内部资本市场效应 ………………………………… (14)

　1.3.2　关于内部资本市场功能异化的缘由、形式和治理 ……… (15)

　1.3.3　现行研究的不足 ………………………………………… (17)

　1.3.4　本书的诠释：基于行为的视角 ………………………… (17)

1.4　研究思路、内容与方法 …………………………………… (17)

　1.4.1　研究思路和内容 ………………………………………… (18)

　1.4.2　研究方法 ………………………………………………… (23)

1.5　本书的创新之处 …………………………………………… (27)

第二章　相关理论和文献的回顾 ·· (29)

　2.1　内部资本市场效应：新制度经济学框架内的解析 ·········· (29)

　2.2　行为金融学的理论发展 ·· (34)

　　2.2.1　行为金融学的理论基础 ·································· (35)

　　2.2.2　行为金融理论和文献的回顾与述评 ···················· (36)

　　2.2.3　行为公司金融理论回顾与评述 ························· (46)

　2.3　行为金融的研究不足和可扩展的领域 ····················· (50)

　2.4　本章小结 ·· (52)

第三章　内部资本市场效应：基于行为金融的理论分析 ·········· (53)

　3.1　内部资本市场效应全视角解释框架 ························· (53)

　3.2　内部资本市场效应的行为金融学理论基础 ················· (55)

　3.3　内部资本市场异化功能及其效应的行为金融学解析 ········· (57)

　　3.3.1　行为公司金融对内部资本市场投资异化效应的解释 ····· (58)

　　3.3.2　行为公司金融对部门经理寻租效应的解释 ············· (61)

　　3.3.3　行为公司金融对内部资本市场利益侵占效应的解释 ····· (62)

　3.4　本章小结 ·· (65)

第四章　基于 Q 方法的内部资本市场功能异化效应分析 ········· (66)

　4.1　Q 方法 ·· (66)

　　4.1.1　Q 方法概述 ··· (66)

　　4.1.2　Q 方法的基本流程 ······································ (69)

　　4.1.3　对 Q 方法的评价 ·· (71)

　　4.1.4　国内外 Q 方法的研究和应用现状 ····················· (72)

　4.2　内部资本市场功能异化效应的 Q 方法分析 ················ (73)

　　4.2.1　收集 Q 意见母本以及开发 Q 样本 ···················· (74)

　　4.2.2　选择受访者(P 样本)和问卷调查 ····················· (74)

　　4.2.3　受访者的排序以及数据分析 ·························· (75)

　4.3　Q 方法研究结论和启示 ······································ (87)

　4.4　本章小结 ·· (90)

第五章　基于行为金融的内部资本市场投资异化效应的分析 ………… (91)

　　5.1　理论分析 ……………………………………………………… (91)

　　　　5.1.1　投资者理性—管理者非理性 ………………………… (92)

　　　　5.1.2　投资者非理性—管理者理性 ………………………… (94)

　　　　5.1.3　投资者非理性—管理者非理性 ……………………… (95)

　　5.2　基于行为金融的内部资本市场资本配置效率模型的提出 …… (99)

　　　　5.2.1　投资、现金流与内部资本市场的关系 ……………… (99)

　　　　5.2.2　加入非理性因素后的内部资本市场配置效率测度模型

　　　　　　 ………………………………………………………… (101)

　　5.3　研究假设与设计 …………………………………………… (105)

　　　　5.3.1　研究假设 ……………………………………………… (106)

　　　　5.3.2　研究设计 ……………………………………………… (109)

　　5.4　实证分析 …………………………………………………… (113)

　　　　5.4.1　描述性统计分析与配对变量检验 ………………… (113)

　　　　5.4.2　多元回归分析与稳健性检验 ……………………… (117)

　　5.5　本章小结 …………………………………………………… (119)

第六章　基于行为金融的内部资本市场部门经理寻租效应的分析

　　 ……………………………………………………………………… (121)

　　6.1　理论分析 …………………………………………………… (121)

　　　　6.1.1　投资者理性—管理者非理性 ……………………… (121)

　　　　6.1.2　投资者非理性—管理者理性或非理性 …………… (123)

　　6.2　研究设计 …………………………………………………… (131)

　　6.3　实证分析 …………………………………………………… (134)

　　　　6.3.1　调查问卷基本分析 ………………………………… (134)

　　　　6.3.2　调查问卷深入分析 ………………………………… (135)

　　6.4　本章小结 …………………………………………………… (144)

第七章　基于行为金融的内部资本市场利益侵占效应的分析 ……… (146)

　　7.1　理论分析 …………………………………………………… (146)

　　　　7.1.1　投资者非理性—管理者理性 ……………………… (147)

　　　7.1.2　投资者非理性—管理者非理性 ……………………… (147)

　7.2　研究假设与设计 ………………………………………… (151)

　　　7.2.1　研究假设 ……………………………………………… (151)

　　　7.2.2　研究设计 ……………………………………………… (155)

　7.3　实证分析 ………………………………………………… (161)

　　　7.3.1　控股股东侵占中小股东利益的实证分析 ………… (161)

　　　7.3.2　管理者侵占股东利益的实证分析 ………………… (168)

　　　7.3.3　基于行为金融的实证分析 ………………………… (173)

　7.4　本章小结 ………………………………………………… (177)

第八章　结论、启示与展望 ……………………………………… (179)

　8.1　本书的主要成果和结论 ………………………………… (179)

　8.2　对内部资本市场治理的启示 …………………………… (181)

　　　8.2.1　完善和优化公司治理 ……………………………… (182)

　　　8.2.2　强化行为教育 ……………………………………… (185)

　8.3　研究不足与展望 ………………………………………… (187)

附录 A：Q 语句 Q 样本调查设计 ……………………………… (189)

附录 B：基于行为金融的内部资本市场部门经理寻租问题研究调查问卷
　　　………………………………………………………………… (196)

致谢 ………………………………………………………………… (202)

参考文献 …………………………………………………………… (204)

第一章

绪　　论

1.1　研究背景和意义

企业集团是各国国民经济的主导,是内部资本市场存在的依据。目前关于内部资本市场的研究基于理性的传统金融视角,尚缺乏理性框架之外的研究,而理性假设不符合新兴市场的现实;目前研究的内容主要从效率及非效率的理性治理方面进行,尚缺乏对非效率问题本身的专门研究,而新兴市场内部资本市场功能异化导致的非效率影响了企业集团的发展,需要在揭示机理的基础上进行有针对性的治理;目前的研究方法多基于归纳和演绎的理论和实证研究,尚缺乏现场和实地的调研和观察方法,这不能深化内部资本市场的研究。本书试图在这三个方面有所突破。

1.1.1　研究背景

大力发展企业集团是我国的经济方略。一般而言大企业(集团)由于其资金和技术优势而成为一个国家经济发展和技术进步的主要"发动机"。从20世纪80年代以来,企业集团由于受到政府及各界的大力推崇和支持已经成为国民经济的主导,并成为我国在世界经济舞台竞争的核心力量。无论是国外还是国内企业集团都是全球经济竞争中不可忽视的力量。[1]

---

① 胡汉辉,刘怀德. 不确定性与企业集团问题[M]. 南京:东南大学出版社,2002:57.

相较于日本和韩国在 20 世纪中期就已经造就的企业集团，以及欧美等发达国家在 20 世纪初就形成的联合大企业——这些大型企业集团已经在世界经济中发挥着重要的作用，[①]并积聚了相当好的发展基础和制度根基。我国的企业集团，起步于还未形成市场经济的土壤，虽然获得大力支持，但在发展过程中遭遇到种种不适和问题，有些可能是制度上的，但更重要的还是认识上的。因为，无论是理论界还是实务界对企业集团的发展问题都还处于探索阶段。虽然关于企业集团的扩张和发展问题的文献汗牛充栋，但在理论上还未形成足以指导企业集团扩张和发展的相应理论。尤其是企业集团的扩张，随着我国经济的快速发展，呈现出盲目和冲动性[②]，导致我国经济在总量增长的同时质量却受到世界各国的质疑，体现为我国 GDP 对世界的贡献不大，但基础性的原材料和能源等的消耗却占据世界首位[③]。这便是经济发展的效率问题，追究到支撑其经济主体的企业集团层面就是集团的扩张和发展效率问题。

企业集团的扩张和发展总是伴随着多元化，这种多元化或许是地区性的，但更多的是产品和业务方面的。因此，探讨企业集团的扩张和发展问题往往难以回避企业集团的多元化问题，尤其是多元化的效率问题。国内外多数文献都将企业集团多元化扩张的效率问题与内部资本市场的运行效率问题置于同一个框架中进行研究，认为企业集团多元化扩张的效率本身就是企业集团内部资本市场的运行效率问题，更何况我国企业真正具有理论意义上的内部资本市场的产生与发展也是与中国企业集团的产生与发展联系在一起的。这一主流研究视角受到我国学者的热烈欢迎，例如从 20 世纪 90 年代

---

① 企业集团也是发展中国家经济中的常见现象，如印度的 TaTa 集团，土耳其的 Koc 集团，印尼的 Salim 集团，以及韩国的财阀(Chaebol) 等。企业集团在一些发展中国家国民经济中所处的地位十分重要，如 1993 年的印度，企业集团占了私人部门资产、利润和销售的 80% 以上。企业集团也对世界经济造成很大影响，虽然 20 世纪七八十年代，发展中国家的企业集团问题并没有引起多少学者的关注，但 1997 年东亚金融危机以后，这一问题成为国际学术界关注的一个焦点(孔凡保，2005)。

② 尽管不相关多元化导致企业衰败的例子随处可见，但中国企业(集团)却还是乐此不疲。

③ 国家发展和改革委员会在 2011 年 7 月 9 日举行的全国农村能源工作会议上指出，2010 年，我国能源消费总量已经占世界总量的 20%，但是 GDP 不足世界的 10%；我国的人均能源消费与世界平均水平大体相当，但人均 GDP 仅是世界平均水平的 50%；我国的 GDP 总量和日本大体相当，但能源消费总量是日本的 4.7 倍；我国的能源消费总量已经超过美国，但经济总量仅为美国的 37%(新华网，2011 年 7 月 9 日。http://news.sohu.com/20110709/n312927997.shtml)。

后期起我国学界开始讨论的内部资本市场理论问题。这一研究视角虽然可以解释企业集团扩张中的一些基本问题，如企业集团资金的易得性，集团内部资金调配的灵活性、发展新项目的可行性以及大股东侵犯小股东利益的便利性等。但是这些对集团内部资本市场的研究大多是基于交易成本理论，代理理论和产权理论等新制度经济学这一传统的经济学视角，其基本假设是经济学理论中的自利和有限理性，导致最后对企业集团内部资本市场效率的讨论就必然涉及不同层级代理问题导致的内部资本市场效率的减损，所以就有一个决定内部资本市场边界的基于外部市场效率和内部代理问题严重程度的权衡的讨论。

这种讨论的局限性是显而易见的，因为人除了是代理者这个物理属性之外，他本身还具有性格、认知和知识等精神层面的东西，也许内部资本市场的效率性就像外部资本市场的效率性一样是受到人的精神行为特质的影响才表现出"异化"或千差万别的。因此，从行为金融的视角来探讨内部资本市场运行的种种现象就是一个个有趣而又具有挑战性的问题。

就世界各国而言，由于企业集团规模大，且有很强的外部融资能力，集团内部资本市场运作效率对整个金融体系的冲击往往较大，问题严重时甚至导致金融危机。例如，Johnson 等（2000）[1]的研究就指出，与宏观经济因素相比，公司治理对企业破产、金融危机具有更大的影响。控股股东猖狂的侵占行为是导致 1997—1998 年亚洲金融危机的主要原因。但 Castaieda（2002）[2]通过对 1995—2000 年在墨西哥证券交易所上市的 176 家公司的考察却发现，墨西哥企业集团的内部资本市场在 1994 年的金融危机中发挥了缓解危机的重要作用。新兴市场制度的不完善性，使得企业集团内部资本市场在具有缓解融资约束，提高资本配置效率的同时，还存在由于制度不完善带来的公司治理问题，这些问题包括传统的公司代理问题（而在企业集团还包括外部投资者与集团 CEO，以及集团 CEO 与所属分支机构经理的双层代理问题），更包括新兴市场特有的所有权过度集中导致的控股股东侵占中小股东利益的问题，这些问题引致的内部资本配置的低效或无效，如果照搬成熟市场基于理性框架的经济学理论来解释就可能会有牵强附会之嫌。因为如上所述，新兴市场企业集团内部资本市场的两面性往往是人们在非完全市场环境下理性与非理性因素交合作用的结果。所以我们自然要思考，企业集团，尤其是我国企业集团内部资本市场的表现是否还可以在理性框架之外寻求解释，以便找到完善和治理的策略？

1.1.2　研究意义

本书基于行为金融的视角对企业集团的内部资本市场效应进行研究具有如下的理论和现实意义。

（1）理论意义

第一，丰富了内部资本市场理论研究的内容——全面地研究了内部资本市场的效应尤其是功能异化效应。

以往对内部资本市场的研究，以效率作为研究的起点也是研究的终点，探讨了代理、控制权和交易成本等因素对企业集团内部资本市场最终效率的影响，但是没有形成一个关于内部资本市场效率研究的理论框架，而且在研究内容雷同的同时，尚缺乏对内部资本市场效率同质内容的归纳和整理，尤其缺乏对内部资本市场非效率问题的专门研究。本书在归纳前人研究的基础上，将内部资本市场运行效率的结果归纳为内部资本市场的基本功能效应和功能异化效应，前者对应内部资本市场的有效性，后者则对应内部资本市场的非效率性。本书称可能背离基本功能的行为和现象为异化功能，在此基础上，本书专门对异化功能进行了不区分发达市场和新兴市场的统一归纳和分类，以统一关于内部资本市场非效率的研究。与以往研究以效率为起点和终点不同，本书以基本功能效应和功能异化效应作为研究的切入点，不仅考虑了内部资本市场运作的结果，还考虑了导致结果的原因；不仅考虑了结果的正面和负面效应，还考虑了中间效应；并且对于不同市场的异化功能进行了专门的研究，在新兴市场的研究结果不仅发现了负面效率，还发现了正面的效率，这在以前的研究中是不能解释的，这为基于行为的研究留下了空间。本书的研究以"效应"为切入点，不仅合理地统一了不同市场研究的原因和结果，还对所谓的非效率原因和结果进行了专门的研究。因此，本书内容完善和丰富了关于内部资本市场效率的研究。

第二，扩展了内部资本市场理论的研究视角——从行为角度进行研究。

过去关于内部资本市场的研究都是基于理性的视角，尚未见到有从非理性视角来进行研究的。而理性假设是有效市场的基础，对于中国这样的新兴市场，这种假设先验地存在缺陷，所以用基于非理性或非完全理性假设的行为金融学来研究中国企业集团内部资本市场效应就更有适应性。这正如李心丹（2004）[3]所言，对于中国证券市场的问题，行为金融学相比传统主流金融理论具有更好的解释能力和更强的预测能力，从市场实际参与者的本原问题入手，探索"中国化"的行为金融理论更能切合中国实际。本书研究的企业集团内部资本市场始终处于与外部证券市场的互动之中，并且集团总部的管理者既是投资者，也是管理者，行为和认知因素更可能影响内部资本市场的运作。因此，从行为视角来研究内部资本市场问题，是一个崭新的方向。

第三，引入了对内部资本市场理论研究的新方法——采用行为研究的 Q 方法。

目前关于内部资本市场的研究不仅只局限于理性框架，大多还只是应用了演绎、归纳等规范方法，统计计量、案例研究等实证方法，尚缺乏现场实地调查和心理测试等行为方法。因此，引入基于心理学研究的行为研究方法——Q 方法，可以填补目前内部资本市场研究方法的空白。

（2）现实意义

第一，为我国企业集团高管理解相关人员的决策认知行为及行业扩张行为等方面提供一定的指导。

通过对我国企业集团内部资本市场正常功能和异化功能及其效应的研究，探索导致不同效应的具体因素，尤其是行为的因素，可以为我国企业集团CEO认清其在决策过程中的行为偏差，感知集团扩张过程中的人员心理和提高在不同外部环境下对环境的应对能力提供一定的指导，以理性地进行集团的扩展和发展。

第二，为国家有关部门通过政策导向有效扶持企业集团的发展提供相应的政策建议。

在新兴市场，政府在企业集团的发展中起到不可忽视的作用，尤其是在我国这样一个从计划经济向市场经济转轨的市场，外部市场的不完善，投资者和管理者的非理性，往往容易导致不同于完全市场的非效率问题，体现在企业集团内部资本市场的结果上就是整体效率的减损，或者是不公平现象的加剧。这些负面效应可以在探知其机理的基础上，通过政策制定者完善相应制度或提供相应指导和教育来治理和改善。

1.2　相关概念界定

本节对本书中涉及的主要概念如企业集团、内部资本市场、内部资本市场效应、行为金融学和行为公司金融进行界定，并在此基础上明确研究的对象。

1.2.1 企业集团

企业集团在发展中国家常常扮演着十分重要的角色（如在印度和中国等）。企业集团的现象，包括对企业集团的准确定义和它的作用已经成为近十几年来学术界研究的一个重点。尽管企业集团在国民经济中的角色很重要，但有关它的定义和作用仍然没有达成一致。何为企业集团以及它们为何会形成并且出现大量的问题，不同的学派有不同的观点。

企业集团是日本在第二次世界大战后概括本国垄断组织的专用名（魏炜，1991）[4]。但到目前为止，这个概念都还没有权威的解释。被称作为企业集团（Enterprise Group）概念的组织最早出现在 20 世纪 50 年代。日本山田一郎（1971）[5]在《企业集团经营论》中对企业集团的定义是："以各成员企业在技术及其他经济机能上的互相补充为目的，以成员的自主权为前提，在对等互利原则下结成的持续长久的经营结合体形态和经营协作体制"。该定义描述了日本纵向和横向两类集团的共同性质和内部联系。到 20 世纪 70 年初，日本的公平交易委员会才正式地把纵向的资本系列称作"企业集团"，把横向的企业间结合称作"企业组合体"。今井贤一（1989）则认为："所谓企业集团，就是同时避免市场的失败和内部的组织失败的制度性筹措。"①

Leff（1978）[6]则将企业集团定义为："被同一管理权威控制下的在不同市场经营的一组公司的结合"，有时成员企业之间也存在交叉持股的关系（Wolfenzon，1999）[7]。这个定义强调了集团中的成员企业之间的控制和被控制关系，比较接近目前各国企业集团的主要特征。

臧跃茹（1997）[8]在总结各国经济联合体的特征后认为，企业集团是以一个或几个大企业或大银行为核心，通过持股和控股的方式控制一大片子公司、孙公司和关联公司而形成的企业联合体。按照国际会计准则 27 号的定义，企业集团是指由母公司及其所有附属公司所形成的联合体。母公司或直接投资组建子公司，或通过购买其他公司的股份使其成为子公司，从而形成企业集团。我国《企业集团登记管理暂行规定》中对企业集团的定义是："企业集团是指以资本为主要联结纽带的以母子公司为主体，以集团章程为共同行为规范的母公司、子公司、参股公司及其他成员企业或机构共同组成的具

---

① 今井贤一，小宫隆太郎. 日本的企业[M]. 东京：东京大学出版会，1989：134.

有一定规模的企业法人联合体。企业集团不具有企业法人资格。"①企业集团由集团母公司、全资和控股子公司、参股公司和协作企业四个层次组成。我国国家统计局将企业集团定义为"以母公司为主体,通过投资以生产经营协作等多种方式,与众多的企事业单位共同组成的经济联合体"。

综上所述,本书认为企业集团是指以资本为主要联结纽带的以母子公司为主体,有着共同利益和特殊关系的企业群。其主要特征表现为:

第一,以资本控制为基础具有多种联结方式;

第二,以母公司为核心,具有以子公司、参股公司以及有共同利益的协作企业为附属的多层次结构;

第三,具有一定的经济规模②;

第四,进行多元化经营,具有多种功能③;

第五,是一个多法人联合体,但是企业集团本身不具有法人资格。

本书所研究的中国企业集团是具有上述特征的产业组织。

1.2.2 内部资本市场

内部资本市场(Internal Capital Markets,ICM)的概念源自于 20 世纪 60 年代产业组织学者对美国 M 型组织结构的研究。事实上 M 型组织结构早在 20 世纪 20 年代就已经由美国的通用汽车公司首创,但直到 60 年代这种创新性的组织才被学者所关注。对金融和财务问题的传统研究主要基于有效市场、资产定价、MM 定理以及分离定理(Fisher Separation Theorem,Fisher)④等经典理论对企业外部资本市场(External Capital Markets,ECM)的研究。但是,随着经济的发展和垄断组织的出现,经济中的大量资本配置行为是在企业内部发生的(Williamson,1985;Gertner,Scharfstein 和 Stein,1994[9],简称 GSS)。Myers(1984)的啄食理论(Pecking Order)也指出,从 20 世纪 60

---

① 见工商企字〔1998〕第 59 号文件的第三条规定。

② 我国"企业集团登记管理暂行规定"第五条规定:登记成为企业集团应当具备三个条件:企业集团的母公司注册资本在 5 000 万元人民币以上,并至少拥有 5 家子公司;母公司和其子公司的注册资本总和在 1 亿元人民币以上;集团成员单位均具有法人资格。

③ 研究指的这种多元化不仅包括业务线上的多元化,还包括相同业务不同地区的多元化。

④ 费雪的分离定理,即如果资本市场是完美而且完备的,生产决策只取决于客观的市场准则即最大化股东财富水平,不必考虑进入消费者消费决策的主观偏好。

年代以来,企业的融资顺序遵从留存收益、债务和发行股票这样一个顺序,①这说明,当外部市场不完善时,企业投资所需要的资金首先来自于企业的内部,而不是外部;Lamont(1997)[10]也发现,美国在 1981—1991 年间,非金融企业资本支出中的 3/4 来自于企业的内部。随着世界各国 M 型企业的大量出现及其资本的内部化配置行为的显著性,许多学者开始关注这种变化,于是导致了 ICM 理论的诞生。欧美国家关于 ICM 的研究是随着企业多元化战略的兴起以及企业并购重组的日益频繁而逐渐活跃起来的②,而对新兴市场的研究则直接起因于 ECM 的相对落后而引起的集团组织形式的普遍存在(Leff,1978)。

迄今为止,理论界对 ICM 并没有给出一个明确统一的定义,学者们更多是从 ICM 特征入手对其进行不同描述。最早对 ICM 进行描述的是 Alchian (1969)[11] 和 Williamson(1975)[12],而 Williamson 在 1985 年正式提出了这个概念。早期(Alchian,1969;Weston,1970[13])关于 ICM 的研究都是针对 M型企业内部资金配置行为的。而随着 20 世纪 60 年代多元化兼并收购的兴起,对联合大企业(英美的企业集团)本质问题的探究也归结为 ICM 对 ECM 的有效替代(Williamson,1975)。但随着研究的不断推进,ICM 的内涵和外延在不断地扩展。

总结不同的研究,国内外对 ICM 的定义依序从三个角度逐渐延伸:资本市场运行范围,内外部市场功能互补或替代以及资本分配和控制机制。

第一,从资本市场运行范围角度进行的定义。

Williamson 最早建立了 ICM 的分析对象并最终将其定义为一种组织制度。Williamson(1975)认为,ICM 是企业内部各分部围绕企业内部资本展开竞争的市场。Triantis(2004)[14] 区分了单一法人企业和多法人联合体的

---

① 早在 1961 年,Donaldson 就研究了美国大公司的融资惯例,发现企业在融资时对内部资金有着强烈的偏好。随后,Myers (1984) 进行总结并正式提出了"啄序融资理论",提出了企业先求助于内部资金后考虑外部资本的融资顺序。其后,MacKie-Mason (1990) 也通过美国企业的样本数据证实美国企业的大多数投资都是通过内部产生的现金流进行融资的,外部资本市场对此的约束有限。据 Brealey 和 Myers (2003) 统计,美国非金融企业的内部资金占其总投资额的比例,在 1990—2000 年间从 72%增长到 108%。而 Corbett 和 Jenkinson (1997)也发现,这一比例在当年的德国、日本和英国也都超过了 2/3。

② 20 世纪 20 年代的企业多元化扩张,发明了事业部制,例如 Alchian(1969)就认为通用电气公司的成功就是因为多元化经营所致;20 世纪 60 年代,企业多元化使得事业部制进一步扩展,促成了联合大企业即多元化企业集团的兴起,于是认为多元化公司 ICM 有效是其主因;20 世纪 80 年代企业的分立和剥离,引起人们对多元化经营的质疑,认为是无效的 ICM 所致。

ICM,他将前者称为 ICM 的组织边界,把后者称为 ICM 的法律边界,但无论如何,内部成员在这个边界内进行资金的竞争。

第二,从内外部市场功能替代或互补角度的定义。

Williamson(1975)等制度经济学学者在探讨 20 世纪 60 年代的多元化兼并重组现象时将通过联合兼并重组而形成的联合大企业(Conglomerates)归结为通过构建 ICM 来替代 ECM 的一种行为,认为联合大企业的本质是对外部不发达资本市场的有效替代。最早在发展中国家企业集团引入企业 ICM 概念的学者 Leff(1978)也认为,企业集团的兴起是作为"缺失市场的替代",比如劳动力市场或金融市场,并将其描述成为"欠发达国家克服市场不完善的制度创新"。因此,这些多元化企业集团所构成的 ICM 成为继美国 ICM 理论研究后的一大实践研究热点。我国学者周业安、韩梅(2003)[15]将 ICM 定义为企业利用内部和 ECM 的互补关系来提高资本资源配置效率的一种财务战略,并认为企业可以利用内外部市场的互补性创造价值。这种定义是基于我国资本市场的非有效性和资本管制制度下的特殊描述。随着资本市场的不断完善,大型企业及企业集团仍然是国际经济中的中坚力量,并没有因为资本市场的完善而解体,所以 ICM 的替代论存在局限。Peyer (2002)[16]就认为,ICM 的发展与 ECM 并不冲突,企业通过 ICM 配置资本,实际上改变了它与 ECM 的交易能力,并可以在企业规模不断扩大的同时,促进 ECM 的发展。但是这种互补论的前提是 ICM 是有效率的,这种效率的维持和提升必须借助于 ICM 内部有效的控制机制。

第三,从资本分配和控制机制角度的定义。

随着研究的不断深入,Williamson 先从 ICM 是一种"内部资金竞争市场"和"组织制度"(1975,1981[17]),发展到将 ICM 表述为具有特定组织结构和对应的控制(治理)机制的制度(1985),GSS(1994)在 Williamson 的基础上将 ICM 定义为"融资约束"条件下资本预算挑选赢者(Winner-picking)的内部资本配置机制,Peyer 和 Shivdasani(2001)[18]则直接将 ICM 定义为企业总部在内部各部门之间分配资金的一种机制。Ogden,Jen 和 O'conner (2003)[19]也认为:ICM 是公司高级管理层将公司有限的可用内部资本,在公司内部各个层级的管理者所提出的竞争性投资项目中进行资本配置的一种机制。这个角度的定义体现的是内部市场与外部市场不同的资本分配机制,ECM 通过资本价格引导资本流动,ICM 则同时运用"价格手段"和计划机制分配资本。因此,在更有效率的那个点上,ICM 相对于 ECM 具有更多的工具和融入了

"动物精神"，这应该就是 ICM 一直存在并将长期存在的魅力所在。

上述定义的三个角度记录了 ICM 发展的时间、空间和人们认识上的差异。本书认同 ICM 的资本分配机制论，即 ICM 是指大型企业（包括 M 型、H 型和 Conglomerates）总部或核心企业结合价格工具和行政机制在内部不同项目或投资机会之间进行资金分配的机制和行为，目的是缓解单个企业在面对外部不完善市场时所遭遇的融资约束，提高内部投资效率，追求企业总体利益的最大化。

Wulf（1999）[20]认为 ICM 的含义可以从狭义和广义两个层面来理解。狭义的概念仅从资金融通的角度，把企业联合体中各成员单位之间的债权融资、股权融资、资金划拨等形式的资金相互融通称之为 ICM；广义的概念主要是从多个成员单位进行资源配置的角度考虑。企业联合体在协作中经常需要在成员企业之间进行资源的相互转移，这种资源可能是技术、人力或资本等，在资本转移中的表现方式也多种多样，不仅限于资金融通，还可以通过其他交易形式来实现资源转移的目的。因此，只要在实质上造成了资源在成员单位之间的转移，我们就把它看作一种内部资本交易行为，并将这种交易行为的总和称作为 ICM。

本书的研究客体是 H 型企业集团，并将集团控股上市公司与受它控制或所有的公司看成一个整体，作为企业集团的一部分。研究对象即是企业集团中集团控股上市公司整体、控股股东和实际控制人及其控制的其他企业之间形成的 ICM（即图 1-1 中第 Ⅱ 类）。

如无特别说明，本书所指的"内部资本市场"均为"企业集团内部资本市场"。

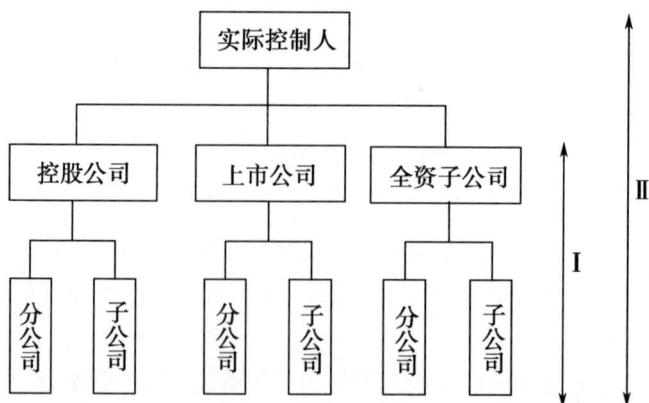

图 1-1　我国 ICM 的构成形式与本书的研究对象

1.2.3　内部资本市场效应

《辞海》对"效应"一词的解释是：效应（Effect）是在有限环境下，一些因素和一些结果而构成的一种因果现象，多用于对一种自然现象和社会现象的描述。按照以上对 ICM 概念的梳理，本书认为 ICM 效应是指大型企业（集团）内部由于资金或资源的流动而产生的对企业的最终影响，站在财务的角度，这种最终的影响就是对企业效率和价值的影响，主要体现为有效和无效两个方面[①]。早期对 ICM 研究就是基于其相对于 ECM 的更加有效性，并从对 ICM 与 ECM 的成本、效益的比较总结出了 ICM 的一般功能；但随着研究的不断进行以及外部市场的发展，企业 ICM 越来越显示出原有功能的弱化和可能出现的只有企业集团 ICM 内部才有的负面现象，导致 ICM 缺乏效率，本书称之为 ICM 的功能异化效应。

（1）ICM 的有效性—ICM 的基本（初始）功能

关于 ICM 的基本功能，Williamson（1975）通过将 ICM 与 ECM 的比较后总结出 ICM 的三大优势：信息优势，资源重新配置的优势和规避法律法规限制的优势。GSS（1994）在总结 Williamson 思想的基础上，第一次以模型的形式将 ICM 与 ECM 进行成本收益的比较后得出 ICM 的三大基本功能：资金集聚功能，即能够缓解单个企业面对外部市场的融资约束，所以也叫缓解融资约束功能；资本分配功能，即能够在内部通过权威对资本进行有效地配置和重新处置，也叫提高资本配置的功能；以及监督激励功能，即 ICM 的总部相对于外部市场能够提供更多的监督和相机的激励。Stein（1997）除了进一步分析了这三种功能之外，还在 GSS 的基础上提出了风险分散功能。由于最后这个功能是多元化企业本身所具有的，所以后续的研究主要围绕前三个功能进行理论和实证的论证，并将这三种基本的功能总结为"多钱效应"和"活钱效应"。

（2）ICM 的非效率性—ICM 的功能异化效应

与 ECM 相比，ICM 存在两层代理，即外部投资者与集团总部 CEO 以及集团 CEO 与分部经理之间的代理，因此，这可能会弱化内部治理、出现经理寻租（Stein，1997，Scharfstein 和 Stein，2000[21]）现象；还由于企业规模的扩

---

① 当然也存在低效和中性的情形，后者要视资金流动过程中各种因素的影响的程度，因此研究在后续利用行为金融理论来解释这些效应的时候就认同中性的观点。

大,内部代理链条的延长,导致信息问题和交叉补贴现象的出现(Scharfstein 和 Stein,2000)以及过度投资或投资不足异化问题的出现(Lang 和 Stulz, 1994);新兴市场还由于股权的集中,存在大小股东的代理问题。这些问题的出现必将影响 ICM 的效率,当这些问题比较严重时,就导致对企业集团 ICM 基本功能的抵消,出现 ICM 的非效率结果,本书称这些问题导致的非效率情形为 ICM 的功能异化效应,称可能导致这些非效率的现象为异化功能。因为,从对国内外大量文献的检阅和研究来看,成熟市场发现的异化功能必定导致非效率,而新兴市场的异化功能可能有效也可能无效。通过大量的文献研究,本书发现对于 ICM 功能发挥效率的理论和实证研究,学者们在理性框架内已经付出了很大的努力,并取得了较为丰硕的成果;而对于异化功能的研究无论是理论上的还是实证上的都还没有起步。

因此,本书将先在全视角框架下对 ICM 的上述两类效应及其原因进行理论研究,并主要对 ICM 的功能异化效应和异化功能进行非理性框架下的理论的和实证的研究,以填补目前 ICM 研究视角、内容和方法上的空白。

1.2.4　行为金融学和行为公司金融

1. 行为金融

从已经检索到的文献来看,较少有对行为金融直接定义的,如有也是一种间接说明。行为金融学作为一种新的研究范式是在质疑和挑战传统金融学的基础上发展起来的。周宾凰等(2002)[22]认为行为金融学是以心理学上的发现为基础,辅以社会学等其他社会科学的观点,尝试解释无法为传统金融经济理论所解释的各种纷乱异常现象。刘力等(2003)[23]在谈及心理学与行为金融学的关系时认为,所谓行为金融学,就是以心理学关于人们决策行为的研究为基础,探讨人们的实际决策行为是如何影响金融市场的运行和金融产品的定价的。并认为传统金融学描述的是人们"应该"怎样行为,而行为金融学讨论的是投资者"实际"上是怎样行为的。这仅仅是从心理学的角度来解释行为金融的,并且尚未指明行为金融学的属性。李心丹(2004)认为,行为金融学是以心理学和其他学科的研究成果为基础,并尝试将这些成果用于探讨和解决金融问题的科学。行为金融学家 Shefrin(2005)[24]在其著作

《超越恐惧和贪婪：行为金融学与投资心理诠释》①的开篇就指出，行为金融学是关于心理因素如何影响金融行为的研究，并认为行为金融学的主题就是正确识别心理因素对自己、对他人等金融市场的参与者及整个金融环境的影响。

由于行为金融学融合了经济学、心理学、行为学、社会学、人类学等的研究成果，其既源于经济学又跨越传统经济学，能够对根植于传统经济学的传统金融学不能解释的金融异象（Anomalies）给予比较完满的解释，正成为一门具有强大生命力的学科。

所以，本书认为，行为金融学是在评价传统金融学的基础上，主要依托心理学、社会学和行为决策科学等的研究成果，研究金融市场的参与者心理和行为如何影响金融市场的运行和金融产品价格，能够解释金融市场异象的一种金融学科研究范式。相对于传统金融学的基础假设，它在决策者是否理性、金融市场是否有效以及套利是否充分上给予自己的解释，并建立了相应的模型来尝试解决相应的问题。

2. 行为公司金融

金融学作为一门学科发展至今其研究范围已经囊括了宏观、中观和微观的内容，体现在公司的微观层面就是公司金融，同样行为金融触角延伸到公司层面就应该是行为公司金融。尽管行为公司金融学的创立者 Shefrin(2005)并没有对行为公司金融这一概念本身进行定义，但是到目前为止，学者们对什么是行为公司金融已经大体上达成一致意见。Shefrin(2007)[25]认为行为公司金融是将行为学引入公司金融决策中，探讨公司经理的心理和行为因素如何影响公司价值创造的学问，是对传统公司金融的补充。其强调的是公司金融决策的行为学基础和公司价值创造决策影响因素中的行为和心理成分，并认为行为公司金融不是对传统公司金融的取代，而是一种补充和拓展。邹振松，夏新平，余明桂(2006)[26]认为行为公司金融是传统公司金融理论和行为金融理论相结合的产物，其实质是在行为金融的研究范式下研究外部市场的无效性和内部管理层的非理性对公司投融资、资本结构、股利政策以及兼并收购等决策造成的影响。

本书对行为公司金融的定义采用邹振松等(2006)的说法，强调企业内外

---

① 这是第一本有关行为金融学的综合性著作，并在 1999 年在美国首版（Shefrin，2003.1）。

部决策者的非理性对公司财务决策的影响。

1.3 研究现状

目前关于 ICM 效应的研究都是基于新制度经济学理性的视角，尚未见到从非理性视角来研究的。

1.3.1 关于内部资本市场效应

国内外文献都论证了企业集团 ICM 的存在（Lamont，1997；周业安和韩梅，2003；许凤，2007[27]等），认为企业集团利用 ICM 可以发挥优化内部资本配置和缓解融资约束的功能，即 ICM 具有"多钱效应"和"活钱效应"（Stein，1997），这表明 ICM 是有效的。早期对 ICM 的研究基本上是沿着这条线进行的。但是随着 20 世纪 80 年代后期美国兼并收购活动导致的多元化经营的不成功使得人们开始质疑多元化企业集团 ICM 的效率，并将多元化折扣与 ICM 的无效直接挂钩，认为是多元化企业集团的 ICM 的低效甚至无效导致了企业多元化的不成功（例如 Lang 和 Stulz，1994；Berger 和 Ofek，1995；Shleifer 和 Vishny，1997；Rajan 等，2000；Wulf，2002 等）。这些主要是从代理角度来说明的，主要观点包括企业集团 ICM 由于存在外部股东与集团 CEO 以及 CEO 与集团分部（子、分公司）两层代理问题，使得集团总部本身具有的代理人性质和分部经理的寻租行为导致集团通过 ICM 进行了无效率的"交叉补贴"式资源配置（Scharfstein 和 Stein，2000）；也会由于信息不对称和受 CEO 的个人利益和偏好的影响，错误地进入别的行业或者将资金从前景好的部门转移到前景不好的部门，导致一方面过度投资的同时另一方面投资不足（Matsusaka 和 Nanda，2002）[28]。这种关于 ICM 低效的发现是针对欧美发达市场的 ICM 的研究。总括而言，ICM 的低效主要是因为部门经理寻租和过度投资（或投资不足）导致。但是，针对新兴市场的研究却发现了另一种引致低效的现象——利益侵占，即大股东侵占中小股东的利益。大量文献认为这是因为，处于转轨时期的新兴市场的企业利用 ECM 的不完善通过构建多元化企业集团的 ICM 来便利融资和进行资本的有效配置，即其 ICM 具有传统研究的两种基本正向效应（Khanna 和 Palepu，1997），但是还是因为新兴市场的不完善，尤其是股权结构不同于欧美发达市场的分散化，而是高度的集中化，即大型企业中存在形式上和实质上的大股东，使得代理问题从股东与经理之间的关系转移到大股东与中小股东之间的关系,大股东利用制度的不完善和中小股东的不作为和不能作为进行利益的侵占(Johnson 等,2000;La Porta 等,1999[29],2003)。对我国企业集团的研究也有了同样的发现(例如万良勇和魏明海,2009 等),我国学者称 ICM 中这种不同于欧美市场的效应为 ICM 的"功能异化"效应。本书认为,相对于 ICM 的初始功能来看,所有无效、低效以及与有效率相反的情形都应该归结为"功能异化效应"①,即由于过度投资或投资不足、部门经理寻租和利益侵占三种情形导致的 ICM 低效或无效称为 ICM 的功能异化效应。一直以来,人们对这些行为及其效应的解释都是基于传统金融学的理性视角。但是由于传统金融理论本身的局限以及新兴市场的不完善性,经典理论的解释显得无力可以想见。本书试图基于行为金融学的视角来探讨我国 ICM 这些异化功能及其效应的本质,以扩展行为公司金融研究范围的同时,丰富关于 ICM 的理论研究。

1.3.2 关于内部资本市场功能异化的缘由、形式和治理

1. ICM 功能异化的缘由和主要形式

Williamson(1975,1985)认为具有 M 型组织原则的联合大企业是一个"微型资本市场",并指出其相对于 ECM 的三个优势。但 20 世纪 80 年代美国多元化企业却纷纷通过剥离重组来聚焦主业,金融经济学家对此的解释是由于联合大企业 ICM 的低效或无效率导致。在指出 ICM 的低效或无效时,主要是从 ICM 存在的外部投资者与集团 CEO 以及 CEO 与附属企业经理之间这样一个双层代理模型(Scharfstein 和 Stein,2000)来研究企业集团 ICM 的寻租损耗(Meyer,Milgrom 和 Roberts,1992;Inderst 和 Laux,2005)、过度投资或投资不足(Lang 和 Stulz,1994;Rajan,Servaes 和 Zingales,2000)以及低效交叉补贴的现象(Berger 和 Ofek,1995;Matsusaka 和 Nanda,1996)。

1997 年东南亚的金融危机引起学者对新兴市场企业集团 ICM 的研究。不同学者分别对不同国家和地区企业集团 ICM 进行了有成效的研究,但大多数是正面的声音(Khanna 和 Palepu,1997,2000;Shin 和 Park,1999;Perotti 和 Gelfer,1999;Lins 和 Servaes,1999;Samphantharak,2003;Gonenc 等,2005;Castaneda,2007)。然而 La Porta 等(1999)认为,新兴市场企业集团

---

① 异化(Alienation)首先是一个哲学范畴的概念,指某物通过自己的活动而与某种曾属于它的他物相分离,以至于这个他物成为自足的并与本来拥有它的某物相对立的一种状态。简单地说,异化是将自己拥有的东西转化成同自己对立的东西,异化作用就是把自己变成非己。

ICM 不仅存在发达国家的双层代理问题，还存在大股东与中小股东之间的代理问题。在股权集中且能够对公司实施有效控制的情况下，大股东常常为追求自身利益最大化而转移公司资源，对上市公司进行利益攫取（Johnson，2000）和利益输送（Friedman，2003）。Khanna 等（2000）发现企业集团内部形成的资本市场和要素市场为控股股东通过关联交易掏空上市公司提供了可能。在缺乏严格的法律监督机制和投资者保护机制时，ICM 就可能成为大股东侵占中小股东利益的工具和途径（Claessens，Djankov 和 Lang，1999；Riyanto 和 Toolsema，2004）。但是实证结果并没有对这种利益的侵占是否损害了企业的效率达成一致观点。

我国从 20 世纪 90 年代末期开始的关于企业集团 ICM 的研究也发现了大股东利用 ICM 侵占小股东利益的证据（余明桂和夏新平，2004；李增泉等，2004，2005[30]；刘峰等，2004[31]；陈晓和王琨，2005[32]；杨绵之，2006；涂罡，2007；邵军，刘志远，2007；贺建刚等，2008；许艳芳，文旷宇，2009；万良勇，2010；刘星等，2010[33]）。这些研究大多以案例研究为主，发现中国企业集团中大股东对小股东的利益侵占损害了公司的价值。

委托代理理论与控制权理论是利益侵占行为产生的理论基础，企业集团的组织形式与 ICM 中资金流通的便利性，使企业集团 ICM 成为不同主体进行利益转移的平台。因此委托代理理论中的利益相关者在企业集团中能够更加便利地实施利益侵占行为。

2. ICM 功能异化的治理

既然 ICM 的功能异化主要由双层和双重代理问题造成，学者们便在新制度经济学的框架下从探究 ICM 非效率的原因和机理入手进行治理研究，以寻求提高 ICM 效率的政策和措施。这些研究包括通过公司重构，以调整组织结构和治理结构（Billett 和 Mauer，2000；Bush 和 Nanda，2003；Triantis，2004；王明虎，2007[34]；Mathews 和 Robinson，2008）；通过设计合理的薪酬合同，以减少部门经理的寻租活动（Wulf，2002；Datta，2003；韩忠雪，朱荣林，2005[35]；Bemardo 等，2009；Dobrina 等，2012[36]）；通过减少部门间投资机会的差异和增强业务间的相关性，以减少投资扭曲（Bemardo 等，2006；Doukas 和 Lang，2003；卢建新，2007；钱雪松和邹薇，2009[37]）；通过对 ICM 进行监管，以降低控制性股东对中小股东和债权人的侵害程度（刘峰等，2005；黎来芳，2007[38]）等。这些丰富了 ICM 的传统研究，尽管如此，ICM 理论却不像资本市场理论那样有相对成熟的理论体系和研究方法（王化成等，2011）。

1.3.3 现行研究的不足

1. 研究内容的不足

目前学术界对 ICM 基本功能的研究已经基本达成一致,有了比较系统的关于 ICM 积极功能的描述,实证研究也比较丰富,但对 ICM 功能异化的研究分散在 ICM 非效率研究主题的各个方面,外文文献中尚未见专门针对 ICM 功能异化的研究,我国在这方面的研究虽有但也很少(许艳芳,文旷宇,2009[39];周晓敏,2010;范力力,2010;詹程,2010;陈菊花,2011,2013),而且缺乏对企业集团 ICM 功能异化问题的系统分析。

2. 研究视角的不够

目前的研究主要基于新制度经济学的交易成本理论、委托代理理论和产权理论;也有少数从资源基础理论来进行研究的。但这些研究的基本假设都基于经济人的理性框架,尚缺乏在理性框架之外进行的研究。

3. 研究方法的欠缺

目前的研究主要基于理性的框架,并通过演绎、归纳等规范方法,统计计量、案例研究等实证方法进行研究,较缺乏现场实地调查和心理测试等行为方法。

1.3.4 本书的诠释:基于行为的视角

目前关于 ICM 效应研究的不足将影响我国企业集团 ICM 的实践和因为企业集团问题而深陷经济危机的国家经济的恢复和发展。本书则专门针对企业集团 ICM 各种效应,尤其是功能异化效应进行研究,从全视角尤其是行为公司金融角度,着重对 ICM 的功能异化效应进行基于行为的理论的和实证的分析,同时引入面对面现场考察和行为研究的 Q 方法来研究企业集团 ICM 效应尤其是功能异化效应的机理、内容和形式,并提出治理对策。

本书试图将行为金融理论扩展应用到企业集团 ICM 资本配置决策中,结合传统研究,主要基于行为的视角对企业集团 ICM 效应尤其是功能异化效应进行解释,并引入行为研究方法(Q 方法)对我国企业集团 ICM 的诸种效应进行剖析,以对治理 ICM 功能异化提供启示。

1.4 研究思路、内容与方法

本书的研究跨越产业经济学、传统金融学、传统公司财务学、行为金融、行为公司金融以及心理学等多个学科，因此必须先将研究主题与有关学科之间的联系理清，在此基础上构建本书的研究框架并进行理论的和实证的分析。

1.4.1 研究思路和内容

本书主要从行为的角度来研究企业集团 ICM 运作的机理和效应，以寻求扩展 ICM 的研究视野和丰富 ICM 的研究内容，并试图对我国企业集团 ICM 的运作实践提供基于理性和非理性影响因素的启示。由于从行为视角来研究 ICM 是一个全新的课题，并且本书的研究主题涉及诸多方面的问题，为了对这些问题有个概念地图，本书先对与研究主题相关的概念作了陈述，并界定本书的研究范围，这些概念包括企业集团、ICM、ICM 效应、行为金融和行为公司金融等。其次，为了对基于非理性视角的研究提供一个基于理性的先期研究基础，本书对目前已经进行的研究进行基于理性框架的文献综述，这主要基于新制度经济学的研究，同时对目前行为金融和行为公司金融的理论与文献进行较全面的梳理，指出行为金融研究的不足和可扩展的应用领域，将其顺其自然地导入到企业集团的金融问题研究之中。再次，基于行为金融的视角，对企业集团 ICM 的功能效应进行机理剖析。先构建了基于理性（包括有限理性，下同）和非理性全视角框架下的 ICM 功能效应的解释框架，然后基于行为金融视角解释了 ICM 效应，尤其是功能异化效应。由于缓解融资约束和提高资本配置效率的基本功能效应是 ICM 的本来效应，其效率源泉来自于 ECM 的理性，可以基于理性的视角进行解释，所以本书构建的基于行为金融的解释框架主要针对 ICM 的功能异化效应，并采用行为公司金融的"投资者和管理者理性与非理性"模型以及行为金融学的相关理论进行 ICM 功能异化效应机理的剖析，总结出一系列基于行为视角的观点。然后，为了对这些观点进行检验，本书进一步分别对导致 ICM 功能异化效应的诸多方面，即异化功能导致的结果，包括过度投资与投资不足、部门经理寻租和利益输送几个问题进行了实证检验。最后，得出结论和启示，总结不足和提出未来的研究方向。

按照以上思路，本书安排了四个部分八个章节的内容。

第一部分为第一章，为全书的总览、概括和主题的明确，包括研究背景和意义，目前研究现状评价、研究对象，研究内容和方法以及研究的创新之处。

第二部分包括第二章和第三章，为本书的理论分析部分。先基于理性的视角分别对 ICM 效应的目前的理论和文献进行梳理，并较全面地综述了目前关于行为金融和行为公司金融的研究,在此基础上提出基于行为金融视角的研究 ICM 三种异化功能的解释框架,总结出基于行为视角的解释观点,为后续的实证分析打下基础。

第三部分包括第四、第五、第六和第七章,是本书的实证研究。基于前面的研究,本书用不同的章节进行了四个方面的实证研究,第四章为基于行为研究的 Q 方法对 ICM 功能异化及其结果进行了综合分析,初步验证了理论分析提出的观点。第五章至第七章则分别基于行为金融的视角对企业集团 ICM 的三种异化功能及其结果进行了全面的检验,验证了相应的观点。

最后一个部分为第八章,在总结全文研究的基础上指出本书研究的不足和未来的研究方向。

除了第一部分(第一章)和最后一个部分(第八章)之外,各章节的具体内容包括:

第二章基于理性的角度对目前企业集团 ICM 效应的理论进行了综述和回顾,并对行为金融的理论进行了综述,为后续基于行为视角的研究打下基础。本章先梳理了新制度经济学对 ICM 功能效应机理的解释,从 ICM 理论发展的脉络进行逐渐深入的剖析,挖掘了 ICM 从基本功能如何走向异化功能的路径;然后,系统地回顾了行为金融和行为公司金融的理论。由于行为公司金融是行为金融的主要应用领域,所以本书先对行为金融的理论和文献进行了回顾。本书从行为金融学挑战传统金融理论的三个基本假设——理性、完全套利和有效市场入手,总结了行为金融学相对于传统金融学的三个基本假设:非理性、非完全套利和非有效市场,总结了目前行为金融已经取得的研究成果。相对于传统金融的预期效用、风险规避和财富最大化理论,行为金融开发出前景理论这个基础理论,并扩展出心理账户等理论;相对于资本市场定价模型和期权定价模型等,发展出来了基于投资者信念和偏好的投资者心态模型和基于投资者行为的行为资产组合和定价的一系列模型。这些理论和模型成功地解释了金融市场发生的不能由传统金融理论合理解释的金融异象。行为公司金融是行为金融最为合适和前景很好的应用领域。目前行为公司金融构造了"外部投资者和公司管理者的理性和非理性"模型来解决在外部投资者非理性时、管理者理性或非理性状况下公司的财务决策问题,发展出了"市场时机理论"、"迎合理论"和"狂傲自大假说"等理论,比较合理地解释了公司金融决策中的异象。本书指出了目前行为金融的研究存在体系、内容和方法上的不足,认为在应用方面还没有涉及对企业集团的研究，指出本书研究的视角具有理论价值。

第三章是本书的核心和重点。基于目前国内外学者尚缺乏从非理性角度来研究 ICM 效应的研究，也缺乏对 ICM 功能尤其是异化功能的专门系统研究，因此，本书先提出基于理性和非理性的全视角框架来解释 ICM 效应。由于 ICM 的基本功能效应是基于理性行为导致的正常效应，所以本书用行为公司金融的"投资者和管理者理性、非理性"模型以及心理学、行为学的一些认知偏差理论建立了基于行为公司金融的 ICM 三种功能异化情形的解释框架，对企业集团 ICM 的三种异化功能的机理和结果进行了合理的解释，提出了这样一些观点：在外部投资者非理性的情况下，企业集团管理者的理性和非理性如过度乐观等情绪在存在 ICM 时不一定导致集团的过度投资和投资不足，在一定情况下还可能导致 ICM 的有效率；企业集团管理者的非理性容易导致所属分支机构部门经理的寻租，这些行为在市场不完全的情况下也不一定会导致整个集团效率的减损；在我国，大股东和管理者对中小股东的利益侵占除了代理问题之外，还因为外部投资者的不作为或非理性导致了集团管理者利用了这些"市场时机"和理性地迎合了这些非理性，顺便地侵占了中小股东的利益，并且大股东和集团管理者的过度自信等非理性认知偏差也会导致对股东利益的侵占。这些全新的观点有待实证的检验。

第四章引入了一种新的行为研究方法——Q 方法，这是一种基于现场面对面调研的实证研究方法，其理论基础是心理学。这种方法将人而非相关研究项目作为研究因素，试验者通过受访者对试验者的陈述或意见在现场做出的选择来界定受访者的观点和态度，并通过对这些观点和态度的专门方法的归纳和整理，来证明或证伪试验者原先提出的观点和假设。这是一种不需要大量统计样本就可以实现预期目的的研究方法。本书比较了 Q 方法和与其对应的 R 方法之间的异同，回顾了国内外 Q 方法应用的研究现状，指出，目前在我国，大陆的研究者对于这种方法不太熟悉同时应用不多，并且尚未见到有对企业集团问题的研究，但这种方法适合研究基于行为角度的研究。因此，在介绍 Q 方法的基本操作流程基础上，按照这个操作流程，经过艰苦的文献研究，专家讨论和预实验等，不断地修改和完善后，选取了 38 个基于理性和非理性视角的 Q 语句；并通过仔细论证和讨论，选取了不同所有权性质、结构，不同行业，不同年龄，不同教育背景，不同工作年龄和性别结构基本相等的 23 位企业集团高管和集团下属经理进行当面的卡片游戏式测试。本书笔者按照各个 P 样本的现场表现和答题情况，剔除掉了不太理想的样本之后，对剩余的 18 个 P 样本进行软件测试和人工分析。得出了与原假设和 Q 语句所要表达的观点基本一致的结论：企业集团三种功能异化现象有代理的因素，但是在目前中国这种非健全制度环境下，非理性的行为因素却占据主导，这个研究的结果和这个研究中 P 样本提供的一些思路和建议为企业集团 ICM 的治理提供了实践依据。这章的基于行为视角的 Q 方法研究讨论了所有功能异化的情形，也为后续三章对各种不同功能异化现象和结果的实证研究提供依据。

第五章是对企业集团 ICM 的过度投资或投资不足这种异化功能及其效应的实证检验，主要基于管理者的过度乐观心理偏差和行为公司金融的迎合效应理论进行研究。采用行为公司金融的投资者理性—管理者非理性，投资者非理性—管理者理性，投资者非理性—管理者非理性这三个模型进行分析。第一个模型的分析表明：当外部投资者理性，集团管理者非理性即存在过度乐观心理时，企业集团容易聚集的大量现金流既可能起到缓解企业集团投资不足的作用，也可能加剧集团的过度投资，也可能加剧投资不足和减缓过度投资；而当外部投资者非理性，企业集团管理者对所属企业的理性输入输出行为还可能导致集团 ICM 资源的有效配置；同样在外部投资者非理性时，集团管理者的非理性心理和由于代理问题导致的迎合行为，可能导致 ICM 资本配置与投资机会的倒置，影响 ICM 效率的正常发挥。但后者的结果需要区分股权依赖型公司和非股权依赖型公司。对于股权依赖型公司，上市公司管理者的迎合心理会经由总部的 ICM 减缓其投资不足或加剧其过度投资；而当上市公司不属于股权依赖型时，外部投资者的非理性情绪不会影响公司的外部融资，而上市公司管理者的迎合效应可能会导致投资不足和投资过度，但是 ICM 的存在可能会缓解投资不足或者会加剧过度投资。本书的这些观点在提出 ICM 加入了非理性因素进行效率测试的模型后，基于 2008 年我国经济受美国金融危机影响，企业面临现金流缺失和对外担保价值下降带来的影响这样的特殊背景，选取沪、深两市 721 家 A 股集团上市公司为研究对象，以 2007—2008 年度数据为研究样本，对处于这样一种非常时期的集团 ICM 企业中的投资决策行为进行分析。实证结果验证了基于理论分析和实际背景在实证分析中提出的全部假设，稳健性检验也获得了通过。本章推导出的当投资者存在非理性情绪时，管理者的非理性和迎合行为在 ICM 存在时的模型，提出的基于非理性因素的 ICM 效率测试模型，具有广泛的应用价值，本章理论分析得出的结论和实证研究作出的检验值得理论界和实务界深思。

第六章是对企业集团 ICM 中部门经理寻租这种异化功能的实证研究。主要基于行为金融关于人的决策过程：认知过程、自我控制过程和意志形成过程存在的偏差来分析集团管理者的非理性对部门经理寻租的影响。为了对照分析，还同时从传统金融理论对 ICM 经理寻租影响因素进行了四个方面的总结，即双层代理问题，信息不对称，管理者激励以及 ECM 问题对部门经理寻租的影响。并在这两个方面分析的基础上，经过反复的专家论证和预实验，设计了调查问卷，并用 SPSS 软件对问卷的调查结果进行分析。研究发现：对于企业 ICM 部门经理寻租，兼具有传统金融理论的双层代理理论、企业内部信息不对称、管理者激励、ECM 不完善和行为金融的管理者认知偏差、个人控制和偏好差异等非理性行为因素，且行为因素的影响不可小觑。

第七章是基于行为公司金融对研究提出的 ICM 最后一种异化功能——利益侵占效应的实证研究。同样，在第三章分析的基础上，本章具体分析了外部投资者非理性导致的利益侵占机理；探讨了投资者的非理性，管理者的过度自信和利益侵占的机理，并主要从关联方交易、激进负债、管理者的薪酬激励，集团管理者的过度自信与大股东的控制程度之间的关系以及代表股东利益的集团管理者的过度自信造成的对中小股东利益的侵占。在此基础上，本章提出了包括基于代理问题和行为问题的 10 个假设。并先提出了以关联交易为因变量，分别以日常交易类关联交易比率和以资金占用类关联交易比率表示，以控股股东持股比例、大股东现金流权与控制权两权偏离程度、第二大股东与控股股东持股比例以及控股股东性质作为代理因素的自变量，构建了一个模型。以 EPS 为因变量，以产权比率为代表的负债率，以管理者工资、管理者在职消费程度以及管理层持股比率为代表的管理层薪酬激励作为代理因素的自变量，构建了另外一个模型。以独立董事在董事会中占比，股权集中度，公司的成长性，公司规模和投资机会为控制变量加入到这两个模型中。加入了包括股东在内的管理者的过度自信和公司股票年度换手率作为非理性因素的自变量后，重新构建了上述两个模型。采用这四个模型，对我国 2007 年已经在沪、深两市上市的 557 家上市公司的 2009 年数据进行了实证检验。结果表明，我国上市公司的关联交易频繁，比率较高，存在大股东和管理者侵占中小股东利益的问题，投资者的非理性和管理者的非理性加重了这种利益侵占的程度。检验结果基本验证了该章提出的假设。

1.4.2 研究方法

对照李怀祖(2000)[40]关于管理科学与工程研究方法中的方法分类,本书总体上采用理论研究与实证研究相结合的方法。在实证研究时主要采用统计调查研究和无干扰研究相结合的方法,而统计调查采用实地访谈和问卷调查相结合的方法,无干扰研究采用了文本分析、统计数据分析和事件研究法相结合的方法。实证研究主要采用的是归纳的方法,而理论研究主要采用的是演绎的方法,基于思辨而推论,但两者也不是截然分开,而是相辅相成。例如实证研究的结果需要理论解释,而理论研究的结论也需要实证来检验。本书研究方法为图1-2中黑体字所描述。

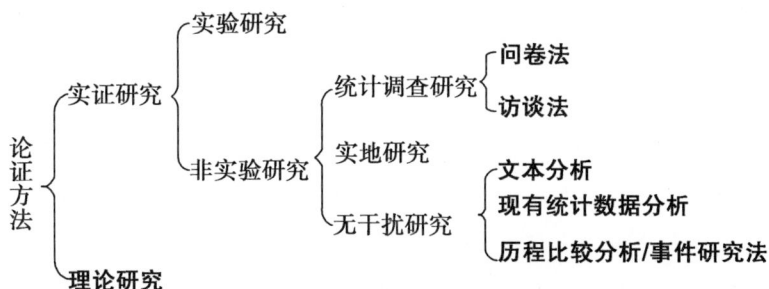

图1-2　研究方法类型和本书采用的方法

资料来源:根据李怀祖(2004)整理而成。

具体到章节和内容时阐述如下。

第一章至第三章以及第八章主要采用的是理论研究方法,第四章的Q方法是一种基于行为的面对面现场考察实证研究方法。第五章至第七章则是统计实证研究,以实证方法为主,采用归纳方法,但在理论分析和对结果的解释时也主要采用理论分析思路。由于本书的实证研究方法具有系统性、多样性和前沿性的特点,因此这里主要阐述在研究使用过的各种实证研究方法。

第四章的Q方法研究主要采用的是现场考察研究方法,虽然采用的是面对面的现场访谈,但是也具有问卷法的特点,这种调研需要事先设计问卷,但同时也需要提供一些开放式的问题供受访者当场回答,并可以在互动中获得许多单纯问卷法不能获得的信息,因此是一种综合性的统计调查方法。这种方法只需要少量的样本数据就可以达到研究的目的。从目前所能查找到的文献来看,尚未见到有将Q方法应用到企业集团研究的,因此在集团财务研究中是一种较为前沿的研究方法。从Q方法的操作流程来看,包括了收集Q

意见母本(Concourse)，开发 Q 样本，选择 P 样本(即受访者)，问卷设计，进行 Q 排序，采用软件进行分析与解释等六个程序和步骤。其中，本书的"收集 Q 意见母本"步骤是一个文本分析和专家访谈相结合的过程，通过这个过程，整理出来了 38 个 Q 语句，也就是后续需要通过受访者来验证的基本观点和陈述。P 样本的选择是根据 Q 语句需要来选取的，本书的研究对象是企业集团的 ICM，其中的财务决策主要涉及的人是集团的高管和集团所属分支机构的经理，因此，需要访谈的对象级别较高，这是其一。其二，由于我国企业集团的发展不平衡，其结构和机制也不尽相同，有的集团有像财务公司、结算中心和内部银行等显性的代表集团 ICM 进行运作的机构，而有的则没有这样的实体机构，所以集团 ICM 中的实际参与人对 ICM 本身以及 Q 语句中所阐述的内容不一定能理解。因而需要对访谈对象先做一个预先的考察，以选取出能够回答该问卷的 P 样本，以保证问卷的效度。按照 P 样本选取原则，该部分选取了包括专家、企业集团高管、集团所属部门经理、社会权威人士等 23 个 P 样本，由于该部分主要需要通过访谈探讨集团 ICM 的实践，所以三种人群中企业集团的人士占比为 50%，专家和社会权威人士各占 25%；P 样本中，男女比例各占一半。问卷的设计则主要涉及两个问题：第一，Q 语句的重新排列。由于原来的 Q 语句是分别按照理性框架和行为框架来开发的，但调研时却需要按照人们对语句理解的先易后难程度来进行错位排列，这样做的目的也是不希望受访者去猜测我们的目的，以免影响他们自己的判断。第二，问卷的设计包括了封面、指导语，背景资料问卷，主题问卷、卡片和图形以及回答问题的设计等(见附录 A)。由于涉及行为偏差的调研，所以在背景资料问卷部分先对受访者是否存在行为偏差进行测试，以保持与其后续回答问题的一致性。Q 语句的排序是要考察受访者在回答问题时对 Q 语句所陈述观点的同意程度。考虑到受访者的时间和情感等因素，本书按照同意程度，设计了从－3 到＋3 的 7 个等级(见图 4-2)，这种安排居于一般调研的 5 个等级和更复杂调研的 9 个等级之间，使得本研究具有调研的可操作性(也保证信息的可靠性)，同时又不失 Q 方法的特点。最后一个步骤是采用软件进行样本数据的分析，不像一般的问卷调查，采用的是一般的统计分析，本书采用 Q 方法研究的专门软件 PQMethod，对样本进行因素负荷量测试，以找到重要因素，并通过分析这些重要因素来证实或补充解释 Q 语句中所表达的观点。研究结果表明，在我国企业集团的实践中，代理问题固然是影响企业集团 ICM 运作效率的因素，但是在目前我国市场尚不健全的情况下，集团管理者的认知和行为因素是影响集团 ICM 运作效率的主要因素。这些在过度投资、部门经理寻租和利益输送（侵占）等异化功能中都有体现，并且大多数人都认为外部市场的完善可以减少集团 ICM 的这些因代理和行为因素导致的功能异化现象。

第五章采用的是基于事件研究法的统计实证研究，与第六章的计量研究存在很大的差异。第五章分别从三个行为公司金融模型来考察企业集团 ICM 的异化功能之一——过度投资或投资不足：外部市场理性时，管理者的非理性即过度乐观对内部 ICM 资本配置的影响；外部市场非理性即投资者过度乐观和过度悲观时，管理者的理性和非理性对 ICM 资本配置的影响。后者则分别考察了上市公司是否存在股权依赖的情形。第一个模型分析结果表明：在外部投资者理性时，我国企业集团管理者的过度乐观可能会通过 ICM 的运作加剧上市公司的过度投资和投资不足，也可能缓解过度投资和投资不足。第二个模型即外部投资者非理性—管理者理性则表明：在外部市场非理性时，集团管理者的理性行为会通过 ICM 减缓上市公司的投资不足和遏制上市公司的过度投资。第三个模型分析结果表明：在外部投资者过度乐观时，集团所属上市公司的管理者的迎合效应可能会导致公司的过度投资和投资不足，而 ICM 的存在可能缓解上市公司的投资不足，但也可能加剧其过度投资；在外部投资者悲观时，对于股权依赖型公司，上市公司管理者的被动迎合心理会导致其投资不足，ICM 的存在则可以缓解这种状况，而对于非股权依赖型上市公司，虽然融资不受影响，但其管理者主动迎合投资者的情绪会导致公司的投资不足，ICM 的存在能够缓解这种状况，但是也许总部的认知不足也会导致投资过度。本书的这些结论和观点，借由 2008 年我国经济受自然灾害和受美国金融危机这样的突发事件的影响来考察论证。实证研究设计中对经济环境受到影响时投资者和管理者的非理性以及上市公司面对这些情形的投资行为，以股价的非理性波动，即托宾 Q 2008 年对 2007 年的差异来代表投资者的非理性程度，用 721 家集团上市公司管理费用和销售费用之和较上年度的变动来表示管理者的乐观程度，以 721 家集团上市的投资变动来表示其投资的高低，并用该章专门设计出来的基于非理性因素的 ICM 效率测试模型来进行检验。实证结果验证了理论推论和假设。这一章虽然是实证分析，但却是典型的理论分析与实证分析相结合的例子，是对第三章的关于投资过度或投资不足问题分析的深化和具体化，研究结论具有很强的现实意义。

第六章是一个基于调查问卷的实证研究。主要基于行为金融的因素对

行为金融视角：企业集团内部资本市场效应

ICM 中的部门经理寻租问题进行考察。这一章的分析也比较精巧地采用了行为公司金融的投资者—管理者理性非理性三模型，将影响部门经理寻租的传统代理因素和行为因素融合在三个模型的分析中，并在问卷设计时进行对照分析。问卷设计考虑了被调查者的一些背景资料，以便于研究时首先确定其行为走向。经过反复论证和专家预调研，设计出来的问卷（见附录 B）效度高。分别对东南大学刚刚入学和即将毕业的 MBA 学员以及江苏苏南地区的管理者进行现场调研，共收到有效问卷 120 份。采用 SPSS 软件进行分析，问卷整体信度高；先从基于传统金融因素和基于行为金融因素对部门经理寻租影响进行整体上检验，发现两者的重要程度相当；再分别对基于传统金融的因素尤其是基于行为金融的因素进行了检验，发现了我国企业集团 ICM 中经理寻租的非理性特点，与第三章的理论分析基本一致。

第七章是一个统计计量的实证研究，是基于非理性因素的对我国企业集团 ICM 利益侵占效应的考察。这个实证研究是通过逐渐测试代理、控制权因素以及行为偏差因素对 ICM 功能异化中的大股东（包括管理者）对中小股东利益侵占程度的。本书也将侵占效应问题置入行为公司金融的三模型中进行分析。分析结果表明：在我国由于存在绝对的控制权问题，所以，上市公司的核心管理层的决策行为代表了具有控制权的大股东的意志。因此，大股东和管理者侵占中小股东的利益问题可以置于同一个框架，但是分别不同方向来讨论，即大股东对中小股东的利益侵占是通过 ICM 中上市公司与大股东自己或大股东所属的其他公司之间的日常关联交易和资金占用关联交易以侵占上市公司利益来实现的，而管理者对中小股东的侵占是通过高薪、激进负债和管理层持股等方式来实现的。一方面代理问题会导致利益侵占，另一方面本书想验证大股东和管理者是否利用了投资者的非理性来进行利益侵占，同时管理者（包括大股东和上市公司的管理层）的非理性是否会加剧这种利益侵占行为。为了证明这些设想，在进行研究设计时，该章以两种关联交易的比率来表示大股东侵占上市公司利益的程度，以 EPS 的变动来表示上市公司管理者侵占股东利益的程度，前者的自变量是大股东的控制程度等治理变量，后者是管理者的薪酬水平、公司的负债程度以及持股比例。先用这些来构建两个基本的基于代理框架下的实证模型，分析不同的治理变量对上市公司和股东利益的影响，然后将代表投资者非理性程度的上市公司年度换手率和代表管理者（包括大股东）非理性程度的超过国民经济增长速度的过度乐观指标置入原来的两个模型中，以进一步测试非理性因素对侵占效应的影响。对已于 2007 年在我国沪、深 A 股上市的 557 家集团上市公司的 2009 年数据进行实证,结果表明:我国企业集团 ICM 的利益侵占问题,代理问题解释了部分原因,集团及其上市公司会利用投资者的非理性进行利益侵占,同时管理者的过度乐观和自信也会加剧这些利益侵占程度。与假设不太一致的是,我国集团控股股东对中小股东的利益侵占主要是通过日常关联交易来实施的,同时管理者也迎合了大股东的这种行为。这章的分析以实证分析为主,理论分析为辅。

本书的实证分析遵循既合又分,分合结合的方式,即第四章的 Q 方法是一种将三种功能异化效应综合考察的方法,而第五章至第七章则分别用不同的实证方法论证了过度投资或投资不足、部门经理寻租以及利益侵占三种异化功能及其效应。

1.5 本书的创新之处

经过理论分析和实证检验,本书在跨学科和多方法上寻求对问题的突破,并在关于 ICM 研究的视角、内容和方法等方面取得创新。

第一,提出了新的观点。这主要体现在这样两个方面:首先,界定了 ICM 效应的两个方面,提出了 ICM 功能异化的新标准,并对功能异化问题进行了分类。本书认为 ICM 的功能效应会有两面,一面是有效率性,一面是非效率性,这种分类修改了原来对 ICM 效率只分为有效和无效的两分法,本书称 ICM 中导致有效率的功能为基本功能,导致非效率的功能为异化功能。按照这种分类,那么 ICM 功能异化问题就不仅仅表现为目前人们认为的新兴市场中大股东侵占中小股东的利益问题,还应该包括对其本来效率性背离的行为,所以根据对目前关于非效率原因的梳理,将异化功能的情形分为三类:过度投资或投资不足(如无特别说明,以后简称投资异化),分部经理寻租和利益输送(侵占)。然后,提出了 ICM 的功能异化不仅仅是代理问题使然,在新兴市场还因为决策参与人的非理性造成的观点,并通过理论的和实证的论证取得了一系列新兴市场 ICM 异化功能效应的新发现。这种观点为基于非理性视角的研究提供了依据。

第二,提出了新的研究视角。既然新兴市场 ICM 的功能效应尤其是异化功能效应不仅仅有代理的因素,还存在认知和行为因素,那么,是否可以从行为的视角来研究 ICM 效应? 于是本书提出了基于非理性的行为金融视角来研究 ICM 的效应，突破了目前 ICM 仅仅基于理性框架下的研究范畴，扩展了关于 ICM 问题研究的新视角。

第三，引入了新的研究方法。这主要体现在两个方面。首先，应用不同的方法论进行交叉学科的研究。本书采用了理论研究和实证研究相结合的方法，在跨越心理学、经济学和管理学等诸多学科的基础上进行研究，并在实证方法上几乎采用了非实验方法中的所有方法，寻求在多种方法中获得一致的结果。其次，与行为研究主题相结合，专门引入了目前在我国学术界较少采用的基于心理学基础的现场访谈方法——Q 方法，得出了不少基于实践经验的有意义的结论，获得了一系列新的启发。

第四，初步建立了关于 ICM 效应的研究框架。这体现在两个方面。其一，建立了基于理性和非理性全视角研究 ICM 效应的框架。其中基于理性视角解释的理论基础是新制度经济学，基于非理性视角的理论基础是行为金融（见图 3-1）。其二，重新修改了 Shefrin(2001)[41]关于外部投资者和企业管理者理性非理性模型导致的行为公司金融问题（见表 3-2），将 ICM 的种种效应全部纳入非理性框架，指出 ICM 效应都可以从行为角度来进行解释，并将理想状况下 ICM 的本来效率性功能问题放一边，专门研究由于认知或行为因素导致的 ICM 的功能异化效应，建立了基于行为金融的 ICM 功能异化效应的解释框架（见图 3-2），并用这个框架中的三个行为公司金融模型对三种异化功能问题进行了理论的和实证的分析。

第五，提出了测试 ICM 效率的新的理论模型。这体现在两个方面。其一，是在对现有模型进行推论的过程中，将行为和认知因素置入原有测试 ICM 配置效率的模型中，得出了具有普适性的基于非理性视角的测试 ICM 配置效率的新模型（见式 5.7 和式 5.8）。其二，对于具有复杂结构的我国 ICM，加入了外部投资者的非理性和管理者的非理性（迎合心理）后，ICM 运作的后果将更加具有不可测性，对此，本书构建了股权依赖公司统一模型（见式 5.2 和图 5-4），将这些因素纳入后，分别不同的情形进行了不同的判断，这符合实际经验，也获得了实证的支持。

第六，得出了新的结论。这些包括：在像我国这样的新兴市场，管理者在认知过程、自我控制过程和意志行使过程的认知偏差，如果和外部投资者的非理性联系在一起可能会加剧 ICM 的功能异化，但也可能导致 ICM 正的效应，这或许是新兴市场所具有的特点，后者是一种负负得正的结果。这些结论非常具有现实意义。

第二章

相关理论和文献的回顾

本章先对目前仅仅基于理性(包括有限理性)框架来研究 ICM 效应的文献进行系统梳理,然后对行为金融及其主要应用领域的行为公司金融的主要研究内容和方法等进行总结,并指出后者目前研究的不足及可能的方向,从而提出本书研究的视角。

2.1 内部资本市场效应:新制度经济学框架内的解析

由于目前对 ICM 效应的研究几乎全部基于新制度经济学,所以,本节就从基于理性视角(包括有限理性)的新制度经济学角度来综述关于 ICM 效应的研究。本节将沿着 ICM 理论发展的时间先后顺序并采用纵深剖析的方法对 ICM 的效应进行阐述,为了体现整体性,本节不再分小节分述。

自从 ICM 概念由 Alchian(1969)和 Williamson(1970,1975)提出以来,其理论获得了空前的发展,但其理论基础主要源于新制度经济学[①]。所谓新制度经济学,正如科斯(1998)[42]所言,就是用主流经济学的方法分析制度的经济学。新制度经济学中最具代表性的是交易费用(或交易成本)经济学、委

[①] 新制度经济学中的交易成本经济学建立在人的"有限理性"和"投机"假设基础上(Williamson,1985:29)。但其目的——"追求效用函数最大化"还是基于新古典经济学的基本命题。

托代理理论和产权理论。而对 ICM 的研究源于新制度经济学的交易成本理论。

交易费用的思想源自于 Coase（1937）[43]，其具体内容在 Coase（1960）[44]、Dahlman（1979）等处获得进一步的说明，并在 Williamson（1975）这里进行了系统、理论分析和量化处理。Williamson（1985）从交易成本经济学角度，论述了资本主义经济制度中的企业、市场以及与之相关的交易问题，提出了"资本主义各种经济制度的主要目标和作用都在于节省交易成本"的基本命题①；将跨国公司、M 型结构、控股公司、联合大企业等混合型组织称作为介于市场和企业之间的"中间组织"，认为这些组织是交易的一种常态，并认为这些企业的存在和发展都是不同要素所有者在面对非标准合约时权衡交易成本之后的结果，即在某种程度上，构造组织是为了节约交易成本。Williamson 将体现 M 型组织原则的联合大企业称作为"微型资本市场"，认为 ICM 能够替代 ECM 的原因是"由于交易成本的存在"使得 M 型结构的联合企业具有信息、激励以及更有效地配置内部资源的优势。新制度经济学者将单个企业在 ECM 面临的信息、激励和资本配置的非最优问题归结为"市场摩擦"（Richardson，1960[45]；Alchian，1969；Williamson，1975；Myers 和 Majluf，1984）。他们认为单分部企业由于缺少 ICM 的调节，必须通过 ECM 进行投融资。但由于信息不对称等问题的存在，企业在 ECM 进行投融资时必须承担较高的交易成本，并面临较大的投资风险。而具有 M 型结构的联合大企业通过 ICM 来进行投融资，既能节省信息搜索成本，在内部采用灵活的激励机制，又能在一定程度上规避投资风险，所以就克服了通过 ECM 进行交易所产生的摩擦。Alchian（1969）认为，ICM 的关键是它规避了投资项目信息的披露以及困扰 ECM 的激励问题，也就是说公司总部在监督和信息方面可以做更好的工作。而 Williamson（1975）则认为 ICM 作为一种内部控制工具，在信息的广度与深度处理上作了优化平衡，能够较不受限制地、准确地、及时地获取内部真实信息；并可以利用不受规制的内部审计和相应的各种灵活的奖惩手段，对内部项目和人员进行监督和考评；还可以在内部分阶段依状态对项目进行投资决策，而这些在 ECM 是不可能的。因此，早期关于为什么 ICM 能够存在的原因是以交易成本经济学来进行分析和解释的，尤其由于 Williamson（1975，1985）采用交易成本分析法建立了 ICM 理论的组织结

---

① Williamson，1985：29.

构基础,后续的研究都将 Williamson 视为 ICM 理论的奠基者。尽管如此,上述的这些对 ICM 的分析只是基于概念上的解释,并没有从更规范的意义上进行论述。

沿着交易成本经济学的思路,后继学者继续对 ICM 的有效运行机制进行阐述,并开始采用更规范的分析方法进行深入探讨,这些论述主要体现在 ICM 能够表现出相对于 ECM 的"多钱效应"和"活钱效应"上。

采用交易成本经济学同时结合产权理论①对 ICM 运行机制进行具有开创性研究的当属 GSS(1994)。GSS 采用交易分析方法对能够进行集中融资的 ICM 与 ECM(用能够进行集中融资的银行代表)的收益和成本进行比较,发现如果 ICM 和 ECM 都具有集中融资的功能,那么这种集中融资的唯一区别就是:在 ICM,不同经营单位的资产由其总部提供,并且总部是这些不同经营单位的拥有者;而 ECM 资金则由银行提供,但银行却不拥有这些经营单位。这对 ICM 产生了三个重要的结果:① 它有比银行贷款者更多的监控;② 它减少了经理的企业家激励;③ 它使得有效地重新分配经营不好项目的资产变得更容易。GSS 认为能够产生这三个结果的根源在于:遵从 Grossman 和 Hart(1986)[46]的提法,将所有权称作是对企业资产行使的剩余控制权,而在银行借贷合同中,这种控制权留给了企业的经理(而不是银行)。也就是说,在 ICM,总部拥有内部各个经营单位资产的剩余控制权。GSS 基于 Hart 和 Moore(1990)[47],Bolton 和 Scharfstein(1990,1993)[48-49]的融资模型(产权理论),采用成本比较方法,得出 ICM 能够具有更强的控制和激励效应,并且能够对既定资本实施更好的配置。于是这里留下三个伏笔,那就是:首先,总部基于私有收益而施加的更强的控制会带来分部激励降低引起效益减损,内部的代理问题隐含其中。其次,这里对多部门资源的有效配置是建立在多分部业务是相关的并且有项目需要清理的假设上,这是否意味着具有不相关业务的 ICM 就不能进行有效的资本配置? 另外,没有项目清理时的 ICM 正常运行(即配置资源)如何? 最后,ICM 与银行这样的 ECM 比较,是否还有其他的优势,比如能够融取更多的资金?

的确,对这些问题的回答就形成了对 ICM 运行效率的争论。Stein

---

① Moore(1990)在回答钱德勒"什么是企业"的诘问时指出,早期的交易费用理论阐明了用企业内的组织交易取代市场交易所能够节约的市场交易成本,但是他们对于因此需要付出的组织交易成本却语焉不详,或者讲得不很精确。实际上,根据不完全合同理论,二者之间的替代关系如何,取决于剩余控制权,即产权的配置状况。

(1997)从信息优势的角度对 ICM 与代表 ECM 的银行融资进行比较，认为处于信息优势的企业总部会借助各个部门间的相互竞争，对企业内部各投资机会按回报率高低进行排序，进行"赢者挑选"（Winner-picking）工作，并将有限的资本分配到边际收益最高的部门，使得 ICM 具有更优货币效应（Smarter-money Effect）功能。Stein 是在 GSS 基础上也是基于控制权理论采用交易比较分析对作为 ICM 中介的总部如何在拥有既定资本的情况下进行资本的配置，回答了上述留下的第二个问题中 ICM 正常运行过程中的资本配置情形——也是有效率的，但是却是有条件的，即总部监控的项目不是无限的，于是提出并论证了 ICM 的最优规模问题，并同时推论出由于总部能够较好地从事"赢者挑选"的工作，使得它相对于各个部门独立面对 ECM 时可以融取更多的资金，从而缓解融资约束；同时正式提出了 ICM 两层代理问题，但是没有进行具体讨论，这给后续的研究留下了空间；论证了 ICM 中总部所监控的项目在相关的情况下才能够进行"赢者挑选"工作，这个关于项目之间应该是相关的说法与 GSS 的一致。Stein 也认为，只有在外部市场不完善时，ICM 的内部配置才更有吸引力。与 Stein 有同样分析的有 Matsusaka 和 Nanda(2002)，他们明确地论证了基于 ICM 企业总部控制权的监督与优胜者选拔功能。

无论是 GSS 还是 Stein(1997)，延续了 Williamson(1975,1985)的交易成本分析方法，并结合产权理论在规范意义上证实了 Williamson 等关于 ICM 的最初观点，并进一步深入到 ICM 的内部初步探讨了 ICM 的运行机制，得出了 ICM 存在并有效率地运行是因为其具有"活钱效应"和"多钱效应"，他们的研究方法，研究内容和模型中隐含的问题和含义等为后来 ICM 的丰富研究打开了空间。

Scharfstein 和 Stein(2000)洞悉了 GSS 和 Stein(1997)中关于 ICM 中 CEO 与分部经理之间的利益之争，利用代理理论构建了基于外部投资者与 ICM 中的 CEO 以及 ICM 内 CEO 与其分部经理之间的两层代理模型，说明由于这种类型代理问题的存在，导致分部经理寻租，放大了 GSS 尤其是 Stein(1997)模型中的内部交易成本，使得 ICM 中本该体现的"活钱效应"被扭曲，出现平均主义的交叉补贴现象，即以收益好的部门补贴了收益差的部门。这便是我们所提及的第一种功能异化效应（陈菊花，2011）[50]，即无效交叉补贴导致的平均主义。SS 凸显这种典型代理问题的分析方法，在一定程度上解释了来自像 Lang 和 Stulz(1994)以及 Berger 和 Ofek(1995)等一批学者对美国多元化经营折扣的质疑①，Rajan，Servaes 和 Zingales（2000）[51]以及 Wulf（2009）[52]也认为，CEO 和部门经理之间的代理冲突是造成 ICM 无效配置的主要原因。沿着两层代理问题的分析思路，欧美关于 ICM 效率减损的研究还得出了 ICM 无效的其他原因：即基于第一层代理的过度投资②和两层代理造成的过度投资和投资不足共存的现象。我们称欧美 ICM 研究中的这种过度投资和投资不足现象也是一种功能异化效应（陈菊花，2011）。

欧美国家的 ICM 中的代理问题是标准的 Berly 和 Means（1932）[53]式代理问题及其延伸，其基本假设是分散股权结构下由于所有权与经营权的分离导致的"内部控制人"，只不过 ICM 的这个代理链条被延长了一节或多节而已，这是管理层的代理问题。而关于新兴和转轨市场的研究却发现，这些市场的企业不像欧美国家的企业大多是 M 型结构，而是大多具有金字塔形的控股结构（即 H 型结构）③，股权相对集中，这些企业具有除了管理层的代理问题之外，更严重的是大股东与中小股东之间的代理问题（Khanna 和 Palepu，1997）[54]，即所有层的代理问题，新兴和转轨市场存在两重代理问题（图 2-1）。

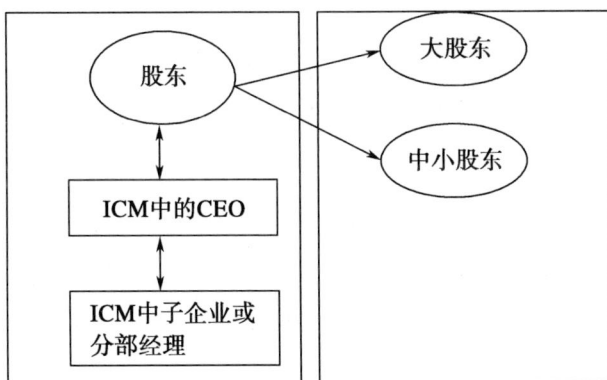

图 2-1　新兴和转轨市场中 ICM 的代理图

注：左边框内表示 ICM 的双层代理，体现的是管理层的代理问题，右框是大股东与中小股东的代理，体现的是所有层的代理问题。

资料来源：本书笔者整理。

---

①　这些学者认为，大型多元化企业发生的相对于相同产业不同单个部门的价值减损和折扣的主要原因是这些多元化企业的 ICM 无效造成的，于是提出了 ICM 的无效论假设。

②　由于一般企业的代理者本身就有"建造帝国"和偏好自己喜欢项目的过度投资现象（Baumol，1967；Jensen，1986），ICM 的"多钱效应"会加剧这种效应（Matsusaka 和 Nanda，2002）。

③　这样的企业在新兴市场被称作"企业集团"。

由于大股东通过构建金字塔控股结构使得其对所控制企业控制权和现金流权相分离,大股东利用这种结构中 ICM 的内部交易来侵占中小股东的利益(Wolfenzon,1999;Johnson 等,2000;Khanna 和 Palepu,2000[55])。因此,关于新兴市场企业治理问题就直接指向大小股东的利益侵占问题,并将大股东通过 ICM 侵占中小股东利益的现象称为 ICM 的功能异化,而我们则将这种效应看做是 ICM 功能异化效应中的一种(陈菊花,2011)。

对于新兴市场企业集团的研究也有不少成果。日本学者 Akira Goto (1982)[56]也在交易成本经济学的框架之下分析了日本的企业集团,并认为以主银行或以某一企业为核心的企业集团是企业克服市场交易成本的结果。他进一步将 Williamson(1970,1975)对 M 型企业组织的制度分析理论运用于对日本企业集团形成的分析,认为通过加入企业集团并在同一集团的成员企业间进行投资,要比仅将资金投资于自己的多部门企业(M 型企业)获得更多的投资机会。韩国学者 Sea Jin Chang 和 Unghwan Choi(1988)[57]则利用交易成本理论从关系结构、组织结构、资本和所有权结构等方面,分析了韩国企业集团的多元化战略及其运作绩效。

以上是以制度分析方法对 ICM 进行的主流研究,更多的实证研究也证实了上述的各种研究结论,甚至后续的各种针对如何回归甚至提高 ICM 配置效率的研究也是基于新制度经济学的治理框架的(例如 Billett 和 Mauer, 2000[58];Bush 和 Nanda,2003;Mathews 和 Robinson,2008①[59];Wulf, 2002②[60];Datta 等,2009③[61];Doukas 和 Lang,2003④[62];Bernardo 等, 2006[63])。当然也不乏采用其他理论来对 ICM 进行研究的,但是以新制度经济学来研究 ICM 始终占据主流。

2.2　行为金融学的理论发展

本节先梳理了行为金融学的理论基础,然后对目前的理论及文献进行了较为全面的回顾和综述。

---

① 这些研究以拆分、联营、资产剥离和跟踪股票等公司重构的方式来回归 ICM 的效率。
② 通过设计薪酬激励合同,将部门经理的薪酬与其业绩挂钩来减少其寻租活动。
③ 通过设计对 CEO 的股权激励合约来提高 ICM 的配置效率。
④ 通过提高各个部门之间业务经营的相关性,减少投资的差异性来增加 ICM 的价值。

2.2.1 行为金融学的理论基础

由于 ICM 相对于 ECM 是一个半结合市场,其既具有金融市场的基本特征又具有一般企业的特点,所以其理论基础主要为微观层面的金融学,体现在行为的解释上就应以行为金融学和行为公司金融的理论为基础。微观金融学的理论基础是有效市场假说,而行为金融学的理论基础是非有效市场假说。

1. 行为金融学的理论基础

传统金融理论认为人们的决策是建立在理性预期(Rational Expectation)、风险回避(Risk Aversion)、效用最大化(Utility Maximization)以及根据变化了的情况来不断更新自己的决策知识等假设之上的。但是大量的心理学研究表明,人们的实际投资决策并非如此。①

在理性和市场有效假设基础上,传统金融理论所要解决的两个问题是:第一,通过最优决策模型解释什么是最优决策;第二,通过描述性决策模型讨论投资者的实际决策过程(刘力,1999)[64]。第一个问题是指理性的人们应该怎样决策,标准现代金融学对这个问题已经做出了很好的回答;第二个问题是指人们应该按照最优决策模型所描述的决策方法来进行决策,如果人们这样做了,那么决策就可以达到最优。对于后者,金融市场的实践却没有给出相应的证明。事实上,大量的心理学研究和实验证明,人们的实际决策过程却往往偏离最优决策模型,从而使得金融市场出现传统金融学所不能解释的种种现象(异象)。而第二个问题是解决金融市场的参与者如何进行决策的,是研究在目标(最优模型)导向下人们的实际决策行为问题,这给了行为金融学切入的空间,所以行为金融学的理论基础就不仅仅是经济学,还应该包括与实际决策过程有关的心理、行为甚至社会、伦理等方面的理论。

按照饶育蕾和张轮(2005)[65]的观点,与行为金融学的产生和发展密切相关的学科基础包括心理学、行为学、实验经济学和行为经济学等。

2. 行为公司金融学的理论基础

行为公司金融学也称行为公司财务学,是行为金融学在公司金融上的延

---

① 索罗斯在其"反身性理论"中提出:理性预期理论完全曲解了金融市场的运行机理。出了学术圈,理性预期理论已不再像以前那样受重视了,尽管如此,认为金融市场能自我纠偏并趋于均衡的理念仍旧是当前金融市场的主流范式,已然主宰金融市场的各种合成型工具和估值模型也是以此为基础形成的。然而我认为,当前流行的范式是错误的,亟待新的范式取而代之(索罗斯,1999)。

伸和应用，因此其理论基础源于行为金融学。就像行为金融学对传统金融学的理性经济人、市场有效、信息完全等基本假设产生质疑一样，行为公司金融也对以公司价值管理为核心的传统公司金融的人（金融市场的投资者和公司经理）的行为理性，资本资产定价模型（CAPM）和市场有效提出质疑，认为人的心理因素会对公司价值管理产生影响，体现在：公司经理人的非理性行为会导致其决策偏离公司价值最大化目标；而投资者和管理者的非理性使得资本市场证券的风险溢价难以用β值来度量；资本市场的非有效性使得股票的价格经常偏离其基础价值。

当然行为公司金融是在传统公司金融的基础上发展起来的，是从心理和行为的角度来分析金融市场投资者与公司经理的非理性对公司金融决策的影响，其理论基础除了传统公司金融学外还有行为金融学、心理学和行为学。

2.2.2　行为金融理论和文献的回顾与述评

从 20 世纪 80 年代以来，金融市场各种异象的出现以及实证数据与有效市场假说（EMH）的不一致，引起人们对传统金融理论的反思和质疑。由于行为学尤其是心理学研究方法和研究成果的大量涌现，行为金融学在这种反思和质疑中取得了突破，并获得了长足的发展[①]。得益于这种发展，行为公司金融作为行为金融领域的主要应用获得高度关注。

1. 行为金融理论对传统金融理论的质疑

由于行为金融学是在质疑和挑战传统金融学的基础上发展起来的，与传统意义上的传统金融理论的理性分析框架相比，行为金融理论更注重对人的实际心理和经济行为的分析，从而打开了传统金融理论对人的实际决策行为不予考察的黑箱，能够为金融决策提供更为现实的指导。本书所研究的 ICM 效应是集团内部管理者实际经济行为的结果，需要借助行为金融学的方法和思路来解释和回应[②]。

---

① 事实上，早在 1951 年，美国奥瑞格大学商学院的 Burrel 和 Bauman 教授就已经提出了行为金融理论，认为金融学家在衡量投资者的投资收益时，不仅要建立和应用量化的投资模型，而且还应该对投资者的行为模型进行研究。心理学教授 Slovic 也在 1972 年就开始从行为学角度出发研究投资者的实际决策过程。但由于 20 世纪七八十年代是传统金融理论的鼎盛时期，行为金融无法成为主流。

② 目前对于企业集团的研究尤其是企业集团内部资本运作的研究都是从传统的金融和公司金融视角来进行的，缺乏解释力，需要有新的视角，尤其是像我国目前的转型经济，理性视角更不符合现实。

1) 传统金融理论的基本假设和需要解决的基本问题

人们普遍认为 1952 年马科维茨提出的"投资组合选择"标志着现代传统金融理论的建立,这个理论的形成基础是当时正在兴起的统计定量方法和最优化模型(塔勒布,2009)[66],该理论秉承了经济学的基本分析思路,将自身限定在"理性"的分析框架之内。其后的有效市场理论(Fama,1970)[①][67]、资本资产定价理论(Capital Assets Pricing Model,CAPM)(Sharpe,1964[68];Lintner,1965[69];Black,1972[70])、套利定价理论(Arbitrage Pricing Model,APT)(Merton,1973[71];Ross,1976[72])和期权定价理论(Option Pricing Model,OPT)(Black 和 Scholes,1973[73];Merton,1973[74])等都是基于这样的数理基础和基本假设,从而形成了比较完善的传统金融理论框架,在 30 年内处于统治地位[②]。

现代传统金融理论的创建基于这么几个基本假设:

(1)关于人及其行为的假设。与传统经济理论一致,传统金融理论假设人是理性的(Rational)。理性意味着:第一,当人们获得新的信息时,他们能够按照贝叶斯规则正确地更新他们的信念;第二,在既定信念下,人们能够按照 Savage 提出的预期效应理论(Subjective Expected Utility,SEU)来做出正确选择(Barberis 和 Thaler,2003)[75]。这主要表现为:人是全知全能的,人在决策过程中能够获得所有的信息;能够对所获得的全部复杂信息进行有效的加工;能够对所加工的信息根据最优化原则进行判断和选择;从而做出最优决策。也就是说现代传统金融理论假设人的决策是建立在理性预期、风险回避和效用最大化的基础上。

(2)关于金融市场的假设。同样遵循传统经济学的分析思路,传统金融理论假设金融市场是有效的,证券价格是随机游走的(Random Walk)。这主

---

① 1964 年,Cootner 收集、编辑出版了《股票市场价格的随机性》(The Random Character of Stock Market Price),其工作奠定了 EMH 的基础。Cootner 主编的选集成为数量分析第一个黄金时代的标准产物,探讨市场特性而不是投资组合理论。该书提出了 60 年代被 Fama 形成 EMH 的理念。

② Huagen(1999)认为金融学自建立以来经历了三个不同的发展阶段:20 世纪 60 年代以前的旧时代金融(Old Finance),20 世纪中期开始兴起的以金融经济学为主的现代金融(Modern Finance)和 20 世纪 80 年代以来以行为金融为代表的新时代金融(New Finance)。其中现代金融学也叫标准金融学(Standard Finance)或传统金融学。研究将现代金融学称为传统金融学。

要表现为：金融市场是充分竞争的，人们的套利①行为是完美的，这使得证券的价格不会偏离其基础内在价值，但是人们却不可能预测证券的价格。

（3）在以上假设基础上推出的三个逐渐弱化的假设，以严格证明传统金融理论大厦基础的牢固性，成为了有效市场假设（Efficient Market Hypothesis，EMH）的理论基础。这三个逐渐弱化的假设是：第一，假设投资者是理性的，因此他们可以理性评估资产价值；第二，即使有些投资者是不理性的，但由于他们的交易随机产生，交易之间的影响就会相互抵消，最终不会影响资产的价格；第三，即使投资者的非理性行为并非随机而是相关的，但他们在市场中将会遇到理性的套期保值者的套利行为，后者将消除前者对价格的影响，最终价格将反映其内在价值（Shleifer，2000）[76]。

总之，传统金融理论是在理性②、完美套利和市场有效的假设下来构建其优美的金融大厦的。

在这些假设尤其是 EMH 理论的基础上，现代传统金融理论建立了其理性数理分析范式，试图解决金融市场中的参与者应该如何决策（效用最大化，最优化模型）和按照最优化模型所描述的行为模型来指导参与者如何决策的两个基本问题（刘力，1999），并以此为基础来描述金融市场的运行机制及证券价格的形成和影响机制。这种分析思路为金融市场运行、管制和参与者的决策行为产生深刻的影响，因为人的决策不外乎要解决决策目标和在目标指导下如何达成目标的问题。但是这种理论模型是需要经由实践的检验才能够成为指导实践的理论的。自 EMH 理论提出之后的 10 年之内，该理论无论是在理论方面还是在实证检验方面都取得了巨大的成功（Shleifer，2003）[77]。同时也是 EMH 理论的创立者之一的 Michael Jensen（1978）[78]甚至声称："迄今为止，没有任何一个经济学命题能像 EMH 那样获得如此坚实的实证检验的支持。"

基于人的理性假设，价格对信息快速准确地做出反应和无信息变化时价格将保持不变是 EMH 的两个基本论点。Fama（1970）对前一论点进行了充分论证的同时，提出了无时效信息不会创造超额利润的观点，由此引出了

---

① 套利是指在两个不同的市场中，以有利的价格同时买进和卖出同种或本质相同的证券的行为（Sharp 和 Alexander，1990）。

② 理性假设是其他两个假设的基础（是有效市场假设的行为基础），市场有效是随机游走的基础（也是 CAPM 的基础），因此，对传统金融理论的批判是从对理性的批判和对有效市场假设的检验开始的。

EMH 的三种类型：弱式有效市场，半强式有效市场和强式有效市场。并论证如果利用了无时效信息创造了超额利润就一定是对利用这种信息时所冒某种风险给予的补偿。Keown 和 Pinkerton（1981）[79]，Scholes（1972）[80] 利用事件分析法，结果支持无信息则无价格变动的观点，但其前提条件是金融市场能够完美套利，即人们总是能够找到近似的替代品来进行套利，只有这样，无特别信息的投资者出售大宗股票对价格就不会产生本质性的影响。所以套利理论成为有效市场理论的基石，而标准经济学始终坚持套利是完美的这一假说，即使研究人员发现了某一小的产生超额利润的可能性时，也能找到如风险尚未调整到位这样的借口来为 EMH 理论辩护。

然而 20 世纪 80 年代后期，随着各种实证数据与 EMH 理论的不一致以及各种不能为 EMH 所解释的"异象"的出现，例如股权溢价之谜、规模溢价之谜、周末效应、一月效应等，人们开始对 EMH 的理论基础进行质疑。而行为金融学以期望理论为基础，连同其他心理学和行为学对投资者行为模式的发现，对效率市场假设的三个基础假设提出了质疑。

2）行为金融对传统金融理论的质疑

（1）对传统金融理论基础的质疑

首先，人并不完全理性或者根本就是非理性，这一点早在 Herbert Simon（1988）[81] 那就已经得到论证。例如投资者往往根据一些无关的信息来进行决策。Black（1986）[82] 也指出，投资者是根据噪音（Noise）而非信息来购买①。也就是说，现实中的大多数投资者的行为在大多数情况下并不符合预期效用最大化假设。Kahneman 和 Riepe（1998）[83] 对这总结为：在许多基本面的假设方面，人们的行为与传统金融学的标准决策模型是不一致的。Shleifer（2003）将这些基本面分为三个方面：风险态度，非贝叶斯预期的形成和决策对问题的构想（Framing of Problems）及表达方式的敏感性。

第一，在风险态度方面，投资者并不是在任何情况下都是风险厌恶者，相对于某一个参考点的财富变化，其对收益是风险厌恶的，而对损失却是风险追寻的。正因此，投资者会卖盈捂亏（Odean，1998a）[84]，这种行为在 Kahneman 和 Tversky（1979）[85] 的"前景理论"中获得了深刻的刻画。另外，投资者不愿广泛地持有股票，尽管股票相对于债券存在超额收益（Mehra 和 Pre-

---

① 例如一般的投资者只听从专业人员的建议购买证券，不懂得如何进行分散投资，经常会卖赢留亏而不顾税收效应，往往冲动地购买那些管理不善的共同基金后而又死守不动等。

scott,1985；Benartzi 和 Thaler,1995），并且个人投资者的投资组合方式也是非常幼稚的，并不如投资组合理论描述的那样广泛和有效。

第二，在对不确定性后果的预期方面，人们并不遵循贝叶斯规则（Kahneman 和 Tversky,1973）[86]，而是要么太过注重先验概率，引起反应不足；要么太过注重条件概率，引起反应过度，并且在处理复杂问题时采用简单的启发式方式，使得与理性结果发生系统性偏差。

第三，在描述事物的框架方面，传统金融理论的拥护者们假设框架是一目了然的。这意味着人们能够看穿描述现金流的各种不同方式。然而许多框架并不是一目了然而是模糊不清的。当一个人难以看透模糊的框架时，他的决策将明显依赖于其所用的特定框架。结果是形式上的不同决定了内容上的不同。由于损失厌恶的情绪存在，在可能的情况下，人们偏好于使损失模糊化的框架，并采取享乐编辑的方式。

其次，对于套利理论，与 EMH 相反，行为金融认为，现实中的套利不仅充满风险，而且作用有限。套利机制是否发生作用的关键是能否找到受噪音交易者影响证券的替代品。其实，金融市场上除了衍生金融证券可能找到近似的替代品之外，一般的证券并没有明显合适的替代品和替代组合。所以，投资者就不可能进行无风险套利。即使能够找到完全的替代品，也会由于未来价格的不可预知性，使其无法套利，或者无法熬过亏损期而面临套利的约束。所以，套利者不仅面临着基本面的风险，同时还面临着"噪声交易者风险"（Noise Trade Risk）（De Long 等,1990a）[87]。

最后，对于 EMH，行为金融只需从 EMH 弱化的后两个假设进行挑战就足以攻破 EMH 的根基。市场效率理论认为即使存在非理性的投资者，但是由于他们之间交易的随机性，使得错误会互相抵消，价格就不会有偏离。但是心理学的研究清楚地表明，人们不只是偶然地不理性，而是经常性地以同样的方式偏离，并且人们之间购买股票的行为往往是相关的而不是随机的，这就使得价格会系统性地偏离价值。另外，理性套利者不存在或者存在却无法完美套利；或者理性套利者人数不够多，无法战胜大量的非理性投资者，所以金融价格会长久地偏离价值。事实证明，不仅个人投资者系统性地偏离理性，就连拥有专业知识和能力机构的机构投资者在很多情况下也是标准的噪声交易者（Ipplito,1989；Scharfstein 和 Stein,1990[88]；Lakonishaok 等,1991,1992）。所以，金融市场的有效性值得怀疑。

（2）实证检验的挑战

实证检验对 EMH 的挑战要比理论上的挑战更领先一步。例如 Shiller（1981）[89]对股票市场波动的研究是最早挑战传统金融理论中关于股票价格是由公司红利净值决定的文献。De Bondt 和 Thaler（1985）[90]则通过"输家赢家"效应的实证研究质疑了弱式有效市场理论。相对于 De Bondt 和 Thaler（1985）对股票长期趋势反转的论证，Jegadeesh 和 Titman（1993）[91]则从股票的短期走势上提出了"动量"理论，这都是对弱式有效市场的否定证据。同时，小公司效应，一月效应（Siegel，1998）意味着通过无时效信息也可以预测未来的收益，并获得超额收益；是公司规模（资本大小）与市值/账面价值比率指标而不是 β 值成为衡量风险的最基本指标（De Bondt 和 Thaler，1987）[92]，这些是对半强式有效市场的质疑。而股票市场在没有任何消息的情况下也会产生剧烈的波动（Shiller，1981；Richard Roll，1984，1988；Cutler 等，1991）的证据证明股票市场的股票除了对消息作出反应以外，还会受到其他因素的冲击①。Roll（1988）的研究还表明某种股票无法在市场上找到完全的替代品。这是对 EMH 的无消息股价不会波动和套利是完美的基本假设的怀疑。

所以，无论是理论还是实证的大量积累已经动摇了以 EMH 为核心的传统金融理论的统治地位，虽然金融学对于这些理论和实证的证据从不同的角度进行了解释②，但随着 20 世纪 80 年代后期心理学的迅速发展，根据心理学的理论和实证检验数据，行为金融理论成为合理解释金融市场运行的新的理论。

2. 行为金融理论的基本假设和理论体系

1）行为金融理论的基本假设

相对于传统金融理论，行为金融理论建立在两个假设基础上：第一是有限套利，第二是投资者非理性或有限理性和非标准性的偏好。

第一个假设认为，在市场上不可能找到完全甚至是相似的替代品，使得套利者无法进行完美的套利；即使可以找到本质相同或者近似的替代品，但因为套利者在套利的过程中由于噪声交易者的存在使得价格长久偏离基本

---

① 例如当一个公司被纳入成分股指之后会产生大量的购买需求，从而引起该股票价格的上升。Harris 和 Gruel（1986）以及 Wurgler 和 Zhuravskaya（1999）的研究验证了这个观点。说明了 1987 年美国股市的无缘由下跌。

② 主要有分型市场假说，协同市场假说等理论对其进行过批评和修正。

价值,使套利本身充满着很大的风险,或者在短期内不能完成套利①,这在套利存在交易成本的时候尤其如此。这表明,因为套利充满风险且套利有限,所以金融市场不可能有效。并且,投资者之间的交易并不完全是随机的,经常会朝着同一个方向,所以不见得能互相抵消,Shiller(1984)[93]证明了这点,并且认为所有的投资者包括机构投资者都存在从众行为。套利时面临的各种可能存在的风险包括所谓的基本面风险、噪声交易者风险、执行成本、模型风险等(Barberis 和 Thaler,2003)。

第二个假设与理性假设不同,认为现实世界的人其实是有限理性(Bounded Rationality)。体现在个人在对风险的考虑上不是以最终财富为标准,而是以某个参考点为依据,相对于参考点的收益体现为风险回避,而相对于参考点的损失则体现为风险偏好;Tversky 和 Kahneman(1973)[94]认为人们在对不确定性进行预期时,常常违反贝叶斯法则,或其他关于概率的理论;Benartzi 和 Thaler(1995)[95]发现,人们的决策还会受到面对问题时的情境或描述方式的影响;人们更喜欢用更直观而不是精心计算的方式来进行决策等。

基于以上两点,得出的结论是金融市场是非效率的这样的一个派生假设。图2-2是传统金融理论与行为金融理论基本假设的对照图。

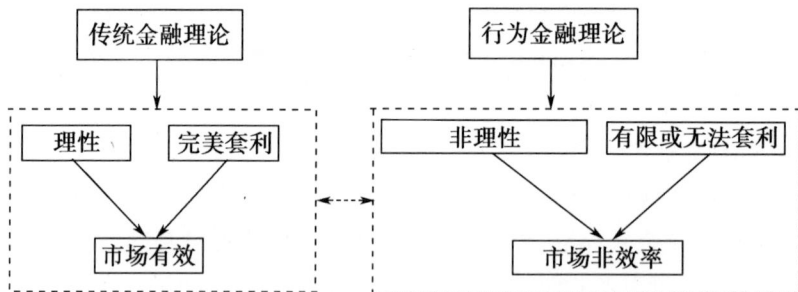

图 2-2 传统金融理论与行为金融理论的基本假设

注:虚线箭头←······→表示传统金融理论和行为金融理论基本假设的相互对照。
资料来源:本书笔者整理。

---

① 荷兰皇家和荷兰壳牌这两支在本质上完全相同的股票在 1980 年 9 月到 1995 年 9 月的表现就充分验证了这一假设,它们的价格长久地偏离了其基本面,如果套利者在 1983 年 6 月买入荷兰皇家同时卖出同等数量的壳牌的话,6 个月后将面临 15% 的损失(Shleifer,2003:23)。

2) 行为金融的理论体系和基本模型

行为金融学从理论分析和实践检验两个方面提出了两个问题：什么原因可能决定了证券价格与基本价值的背离，为什么这些现象会存在一段时间而套利无法消除它们（Shiller，2000）[96]①？目前，行为金融学已经从对异象的研究走到了行为解释阶段，并在创建该理论的体系和框架。

（1）行为金融的理论体系

关于行为金融理论，到目前为止也没有一个公认的研究体系。不同学者对此都提出过自己的观点。但有一点非常明确的是，学者们对行为金融学应该由"基于个人认知和决策相关的心理学研究的投资者心态与行为分析"和"有限套利及市场非有效性"这两个理论基础构成已经基本达成共识（李心丹，2004）②，李心丹将行为金融的研究主题归纳为三个层次：投资者的个体行为；投资者的群体行为；有限套利和非有效市场。其中前两个层次归纳起来就是"投资者心理和行为分析"。

虽然行为金融发展至今尚未形成完整的理论体系，但是却在传统金融理论基础上有所创新，并能创立一些模型来合理解释那些传统金融理论和模型所不能解释的现象，对应于传统金融模型（如资产组合和资产定价模型），提出了一系列加入了投资者行为的关于市场和投资者心态的模型。行为金融的理论体系以前景理论为基础。

① 行为金融的基础理论——前景理论

预期效用理论是传统金融理论的支柱，是对不确定性条件下的理论行为的简单精确的描述。但是现实中各种悖论，如 Allais 悖论和 Ellsberg 悖论③的出现违背了预期效用理论的各种公理性假设，对传统金融理论形成了巨大的冲击，因此出现了针对预期效用理论中各种公理性假设进行放松的对预期效用理论的修正模型。但是这些模型不能很好地解释现实中的这些悖论。Kahneman 和 Tversky（1979）提出的前景理论（Prospect Theory）是关于偏好与决策的新的理论，这是对预期效用理论的替代。前景理论不仅是行为金融学的基础理论，也是行为金融中最具影响力的理论。前景理论用三个效应来解释部分违反传统预期效应理论的悖论：确定性效应、反射性效应和分离效

---

① Shiller，2000：190.

② 李心丹，2004：6.

③ [美]哈尔·瓦里安. 微观经济学：高级教程[M].3版. 周洪，等译. 北京：经济科学出版社，1997：165.

应（即框架依赖效应）。在此基础上，基于一系列心理实验结果，Kahneman和 Tversky 提出了一种新的替代模型。这个模型指出：人们看重的是财富的变化量而不是预期效用理论描述的最终量；人们面对损失时愿意赌博，而面对盈利时希望落袋为安；损失带来的痛苦远高于等量盈利带来的快乐等。据此，他们建立了不确定性条件下人们实际决策行为的模型。

② 行为金融的扩展理论——心理账户理论

心理账户或心理会计（Mental Account）的研究起源于 Kahneman 和 Tversky（1979）提出的前景理论，由 Thaler（1985）[97]，Thaler 和 Johnson（1990）正式提出并加以总结。心理会计不同于对资金运动进行跟踪、划分和归类方法的一般会计体系，而是指人们经常会将问题分解成一些相对习惯和简单的科目，并在头脑中相对独立地保持并跟踪这些科目的损益情况，而其感受的效用则分别来自于这些科目的得失带来的感觉的这样一种考虑问题的方式。前述的前景理论描述的主要是人们针对单一 Prospect 的选择，但现实中人们要面对多个 Prospect 选择，Tversky 和 Kahneman（1981）[98]则提出心理账户方法来处理这种决策，他们认为人们会对已有的多个 Prospect 分成好几个心理账户来决策，而不是像预期效用理论那样综合计算各方面得失带来的效用。例如 Shefrin 和 Thaler（1988）[00]认为个人会将自己的所得分成三个部分：目前薪金所得，资产所得和未来所得。个人对这三种所得采取的态度不一样，人们不太愿意提前花掉未来收益，即便这笔收益是确定的。Shefrin 和 Statman（1994）[100]则进一步认为个人投资者会将自己的投资组合分成两个部分：一部分是低风险的安全投资，另一部分是高风险但期望收益也高的风险投资。

Thaler（1985）[97]总结并发展了心理账户理论，他认为人们在面对多个 Prospect 时，会将不同的 Prospect 视作一个联合并以价值最大化为原则进行分开或合并编辑，并以两个 Prospect 为例进行了具体说明，共有四种组合。

由于前景理论（1979）和心理会计理论存在不能满足随机优势和多个赌具的困难问题，以前景理论为基础，Tversky 和 Kahneman（1992）[101]创立了累积前景理论，Barberis 和 Huang（2001）[102]则建立了跨时动态均衡定价模型。

③ 行为金融的其他理论

行为金融除了上述主要针对投资者决策和行为的信念和偏好理论、模型以及基于投资者行为的资产组合和定价模型外，还有一些基于心理学的基础理论,按照 Shefrin(2000)的分类,包括直觉驱动偏差和框架依赖理论。而直觉驱动偏差又包括代表性偏差、易得性偏差、孤独自信、锚定和调整、后见之明、模糊趋避、无关效果、神奇式和准神奇式思考、文化和社会认知等。而框架依赖则包括回避损失、心理账户、处分效果、赌场钱效果、原赋效果、自我控制、认知错误失调和货币幻觉等。行为金融的理论体系如图 2-3 所示。

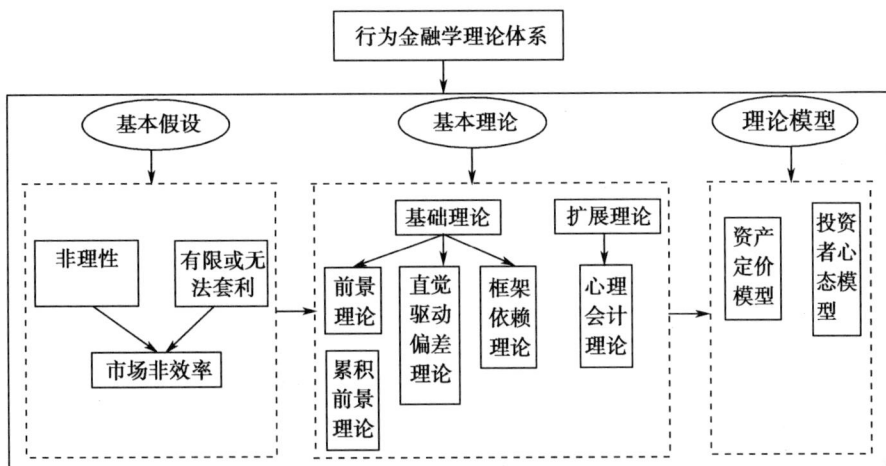

图 2-3 行为金融理论体系示意图

资料来源:本书笔者整理。

(2) 行为金融的理论模型

模型化是学科发展成熟的标志,尽管行为金融理论并不成熟,但行为金融学家们却在针对传统金融理论体系缺陷上寻找新的方法和解释模型。行为金融学的常见理论模型,按照投资者心理和行为以及心理和行为与结果之间的关系来分可以分为投资者心态模型和资产定价理论模型。刘力等(2007)[103]将投资者心态模型划分为两类,一类是基于投资者信念的模型,一类是基于投资者偏好的模型。而资产定价模型则主要指行为资产组合模型和行为资产定价模型。

基于信念的模型主要应用的心理学基础是投资者的情感心理学和认知方式及认知偏差的特征;而利用前景理论的相关假设来捕捉投资者的偏好特征是基于偏好模型的最常用做法(张圣平等,2003[104];张铮,徐信忠,2006)。其中,基于信念的模型包括静态模型(De Long,Shleifer,Summers 和 Waldmann,1990,DSSW[87];Daniel 等,2001[105])和动态模型(Barberis,Shleifer 和

Vishny, 1998，BSV[106]；Daniel，Hirshleifer 和 Subrahmanyam；1998，DHS[107]；Hong 和 Stein,1999,HS[108]），基于偏好的模型典型的是 Barberis，Huang 和 Santos(2001)[109]的模型(简称 BHS 模型)。由于这些模型都是基于投资者的心理和行为构建，所以又称为"投资者心态模型"。

对应于资本资产定价模型,Shefrin 和 Statman 于 1994 年提出了行为资本资产定价模型(BCAPM,Behavioral Capital Assets Pricing Model)；对应于1952 年马科维茨提出的均值方差——投资组合理论及其后续提出的各种资产定价模型,Sherfin 和 Statman(1994)以心理会计理论出发,以预期财富和财富低于某一水平的概率为基础,基于 Kahneman 和 Tversky(1973)的前景理论及 Lopes(1987)[110]提出的 SP/A 模型提出了行为投资组合选择理论(BPT,Behavioral Portfolio Theory,Shefrin 和 Statman,2000)[111],创造性地解释了传统资产组合理论不能解释的现象。该理论以心理账户为基础,包括单一心理账户(Single Mental Account,简称 SMA)和多个心理账户(Multiple Mental Account,简称 MMA)。SMA 的投资者关心资产之间的相关性,所以会将投资组合放在一个心理账户中；MMA 的投资者将投资组合分成不同的心理账户,忽视各心理账户之间的相关性。行为金融构建的资产组合基于投资者对不同风险程度的认识和投资目的,所形成的是一种金字塔式的行为资产组合,金字塔中的每一层都对应着不同的投资目的和风险特性(方差),行为资产组合金字塔从下到上按资产的风险从低到高排列,并从左到右按照潜在收益的逐渐增大排列。

2.2.3 行为公司金融理论回顾与评述

1. 行为公司金融理论的源起和发展

标准公司金融理论认为管理者经营公司的目标是最大化股东价值,并以此为基础来进行公司的各项财务决策。但这种基于价值的公司管理假设是建立在三个前提基础上：一是理性经济主体,二是有效市场,三是资本资产定价模型。但是 Shefrin(2001)认为,现实中的公司决策并不符合这三个前提假设,这是因为,与行为金融认为的那样,经济主体并非理性,市场并非有效,证券的风险收益并不取决于 β 值。

Modigliani 和 Miller(1958)[112]第一次用无套利假设作为"公理"来作为金融资产定价的出发点,推出了 MM 定理。在标准(有效)的金融世界里,公司金融理论的核心一直被 MM 定理所主宰。该定理认为,在公司投资决策不变的前提下,公司的融资决策(包括股利政策)不受公司资本结构的影响,即任何融资决策都不会影响公司的市场价值。因为公司的证券价格是公司未来现金流量的贴现值,如果证券价格准确地反映了公司的基本面的话,公司无论发行什么类型的证券,其价值总额必定等于公司未来现金流的贴现值,这时的无风险套利活动也无法影响公司的资本结构。

但是在非有效的金融市场里,公司的融资结构却是影响证券价格的关键因素。因为不同的投资者对不同的现金流具有不一样的偏好,投资者对他们感兴趣的现金流量愿意付出高价,也愿意承担更大的风险。因此,公司面对这样的投资群体在筹资时应该发行股票,否则就发行债券。所以,在非有效的市场中,公司可以利用不同投资者的心态去改变融资结构,或者努力创造不同的证券去迎合不同投资者的需求,只有这样公司最终才能获益(Shleifer,2003)①。在非有效的市场中,不同的股利政策也会影响公司的价值创造,这点早在20世纪50年代就已经被Lintner(1956)所强调②[113],只是未引起当时足够重视。在这样的市场中,公司可以利用股利政策来推动市场对其证券的需求,从而增加公司的价值。

同时,公司还存在融资时机和融资窗口。Baker和Wurgler(2002)[114]提出的融资时机假设认为,公司往往在其证券的市场价格高估到即将反转的时候发行证券,以这种方式来参与金融市场的套利活动。这种假设被其他的实证证据所证实(Stigler,1964;Ritter,1991;Loughran和Ritter,1995;Brav和Gompers,1997;Brav等,1999)。这些证据表明,新发行和再次发行证券价格的被高估使得这些证券在未来长时期内表现出相对的低收益(Shefrin,2000)。这是因为,人们在证券被高估的时候表现出极端过度自信的同时,发行公司也往往在卖出股票之前会篡改公司账目,以制造公司未来收益稳定增长的假象,推动证券价格的高涨和所发行证券的价格的高估(Rajan和Servaes,1996;Teoh等,1998a,1998b)。而发行之后令人失望的盈利公告使得价格发生反转或回归真实(Loughran和Ritter,1997)。与此同时,公司也会在其证券价格被低估的时候回购股票,以获取套利收益(伊肯伯里,1995)。

---

① Shleifer,2003:199.

② Lintner(1958)呼吁:成熟公司在确定其股利政策时一定要谨慎而为,以避免股利政策的变化无常,尤其在减少发放现金红利时要特别小心。

以上的论述是假定投资决策不变时公司利用市场非有效的融资决策情形①,但市场的非有效对公司的投资和兼并等决策也会产生重大的影响。对公司在价格被高估时发行证券所得溢价是否进行投资以及在证券价格被低估时回购股票是否调整现有投资的问题需要具体分析。这时必须假定公司管理者的目标是长期化公司价值还是短期化公司价值,同时还要考虑公司的管理者本身是否理性。

曾进(2009)[115]应用前景理论(Prospect Theory),对美国、比利时和中国企业的风险倾向进行了比较研究。结果发现,无论是在业绩高于还是低于目标水平的情况下,中国企业都较欧美企业更具冒险倾向。

2. 行为公司金融的理论体系和模型

Shefrin(2001)认为行为公司金融主要从两个角度分析非理性心理对公司金融行为的影响(即表 3 - 1 中的Ⅲ和Ⅳ象限)。第一个角度是假设投资者和市场非理性,公司的金融决策是经理人对证券市场错误定价的理性回应;第二个角度是假设公司的管理者也存在心理偏差,研究在市场理性和非理性状况下非标准偏好和判断误差对经理人员金融决策的影响。行为公司金融解释公司金融中的异常现象。这些异常现象体现在公司的筹资、投资和股利政策等金融决策中。

总体说来,行为金融在解释 ECM 上的投资行为时有了较成熟的研究结果,但就行为公司金融而言,到目前为止它在运用行为经济学的方法方面进展并不明显,尤其在公司财务学理论建构中的发展方向和方法应用并不明确(Tirole,2006)。尽管如此,行为金融在对公司财务决策中的筹资、投资和股利分配的诸多异象现象的解释上具有合理性,并形成了比较一致的观念模型和初步认识。

1) 公司的筹资决策

公司筹资决策中的异常金融行为主要体现在 IPO、SEO、回购、跨国发行、可转债发行以及资本结构决策等方面。

IPO 市场的异常体现为：初始发行折价(Initial Underpricing)②,热市场

---

① 利用时机融资和回购不会影响企业的现有投资结果,高价发行所得溢价和低价回购所得收益被原有投资者和管理者所分享。

② 指的是 IPO 发行价格与交易首日收盘价之间的价差,而且收盘价往往大大高于发行价的现象。

(Hot Market)①和长期业绩低迷(Long-run Underperformance)②。这一现象的传统解释有赢者诅咒、市场反馈假说、跟风假说和信号假说等,但不具有说服力。行为金融认为是参考点偏好和心理账户(Loughran 和 Ritter,2002)使IPO初始发行折价。市场时机理论解释了热市场。过度乐观偏差解释了长期业绩低迷。

大量的研究表明,股权性质证券的再次发行都呈现出非正的公告效应和长期的业绩低迷,市场对公司股票回购和跨国股票发行公告报以正的反应,这些反应与机会窗口假说一致。可转债发行带来负面效应被行为金融解释为是经理人过度乐观的结果。

传统的资本结构理论一直被静态权衡理论和优序融资理论所主宰。行为金融从市场非理性而经理人理性的角度提出了市场择时或机会窗口理论的新的资本结构理论——动态资本结构理论(Baker 和 Wugler,2002)。这种理论认为,当前的资本结构是过去经理人利用市场机会融资或回购股票的结果。

2) 公司的投资决策

传统公司金融理论认为,公司的项目投资决策仅仅取决于该项目自身的风险和对现金流的预期,与公司目前内部现金流之间不存在相关性。因此项目的决策就是选取经过风险贴现后净现值大于 0 的项目。而且理性框架下的项目风险和未来项目现金流的预期是理性无偏的,因此,贴现现金模型就是项目取舍的依据。事实上,当公司已有现金流呈现为不同状况(按股权依赖性程度体现出来的相对多少)时,公司也可能会发生投资不足(即公司面对有净现值为正的项目却不投资),或者投资过度(公司投资于净现值为负的项目)的现象。这些现象违背了传统的资本预算原则。行为公司金融以过度乐观理论解释了这些现象。

公司金融中的兼并收购异象③也是标准公司金融所无法圆满解释的。行为金融学家从行为角度作出了很好的解答。Roll(1986)[116]是第一个将过度乐观和过度自信方法应用于公司金融后提出"狂妄自大假说"来解释并购现象的。Shleifer 和 Vishny(2003)[117]则利用市场择机理论提出了兼并的择机

---

① 人们将 IPO 初始回报率上升和发行量上升的时期称为热市场。

② 指的是与 IPO 的首日收盘价相比,IPO 股票在很长时间内的收益率低于其他非 IPO 股票的现象。

③ 比如溢价收购。

模型,统一解释了美国历次大规模的并购和回购浪潮。他们认为,是股票市场的非理性以及理性经理人对这种非理性的合理利用导致了历次的并购浪潮和诸种现象,而不是协同理论。

3）公司的股利政策和其他公司金融行为

在 MM 定理的世界里,股票价值与公司红利政策无关,即使放松了无税的假设,由于资本利得税低于红利税,人们也应该倾向于卖空股票来自制红利也不应该通过分红来获取投资收益。但是,人们却往往偏好红利,公司也倾向于发放股利,这违背了理性原则;并且,公司的红利政策也会发生变化。

行为公司金融从管理者的过度乐观角度提出了发放红利的现金抽取机制理论,市场时机理论也可以解释红利发放现象,而时变的迎合动机理论则解释了不同时期公司红利政策的变化(刘力等,2007)①。

公司名称的变更与股利政策一样,在标准公司金融理论里与股票价值无关,但是公司名称的变更往往与市场泡沫产生等这样的时期联系在一起②,这与市场时机选择理论相一致。同样的情形也发生在共同基金名称的变更上(Cooper,Gulen 和 Rau,2003),其道理类同。

目前行为金融的理论已经在投资者、证券市场和监管机构得到实践。行为金融应用最成功的例子是 Shiller(2000)的《非理性繁荣》(Irrational Exuberance),该书成功地预测了 2000 年美国股市泡沫的破灭,Shiller 将美国一路上扬的股市称作为"一场非理性的,自我驱动的和自我膨胀的泡沫"。该书出版后一个月,美国股市崩盘,泡沫释放。

2.3 行为金融的研究不足和可扩展的领域

行为金融的贡献是显然的,但相对于传统金融,目前其在理论体系、内容和方法上尚存在不足。正因此,其未来发展前景广阔。

1. 行为金融的贡献和研究不足

综上所述,行为金融学在与有效市场假说长达近 30 年的争论中取得了卓越的成就,逐渐为主流经济学所接受。行为金融理论的研究成果备受学术界的肯定,是因为它以更接近现实的假设来分析金融市场的实际情况,为人

---

① 刘力等,2007：157.

② 例如 20 世纪 90 年代互联网公司被高估时期,许多公司业务与互联网毫不相关,但只要该公司名称变更为具有互联网标识(例如 *.com),其价格就立刻获得短期攀升。

们理解金融市场提供了基于心理、社会和文化等崭新的视角,对金融问题提出了独特的诠释,这开拓了人们的视野,加深了人们对金融现象的理解,成为金融学领域中一个不可或缺的重要分支。正如 Shleifer(2003)所言,行为金融在金融研究中提出了一种新的理论,一个新的研究范式和一套新的方法。

但是肯定之余,行为金融理论还存在诸多问题。到目前为止,行为金融理论研究还处于初级阶段(Shleifer,2003)。行为金融理论的不足主要体现在:

(1)行为金融理论尚缺乏一个统领的框架。这主要表现在:行为金融的基本理论框架缺乏统一的理论基础;行为金融理论的模型不具有普遍适应性;行为金融理论内容零散,尚未形成完善的理论体系。

(2)行为金融理论在研究的方法上还存在一些缺陷。目前行为金融学的研究还停留在理论研究的阶段,主要致力于理论模型和策略介绍,实证研究还远远不够,导致理论的应用性不够,尤其缺乏来自中国市场的证据,不利于其理论的完善和发展。并且其方法缺乏严格的理论逻辑。

2. 行为金融学的发展趋势和可扩展的领域

市场效率之争和金融市场异象的出现由来已久。但是在这种争论中,唯有行为金融理论能够脱颖而出,能够有效挑战市场效率假说,并合理解释金融市场异象。尽管其目前还存在诸多的缺陷和不足,但是由于它注重人们行为和决策心理的多样性,突破了经典金融理论只注重理性最优决策模型,认为只有理性投资决策模型才是唯一决定金融市场价格和运行机制的假设,从而将人的地位提升,使其研究更加接近现实,也使得金融投资研究呈现出多样化。其提出的理论和政策更能够为实际决策服务,所以其应用领域会更加广泛。

李心丹(2004)在对行为金融的理论和实践进行综述的基础上提出了行为金融未来研究的 7 个方向[①]。尽管行为金融提出以前景理论为基础的理论和模型可以解释很多在金融市场、公司和政策层面的异常现象,但是除了上述在体系、内容和方法等诸多方面存在研究不足之外,其在应用方面,尤其是公司金融这个分支领域研究得还不够,挖掘的方法不足;特别在对企业集团这种产业组织,尤其是新兴市场企业集团金融方面的研究属于空白,这是一

[①] 继续挖掘金融市场上的异象,结合心理学等其他学科理论进一步研究投资者认知规律和决策过程,投资者群体行为的研究,资产组合和定价理论的研究,行为金融理论的构建和组合,行为金融学的应用研究,基于行为金融理论的政策制度设计。

个非常值得研究的具有广阔前景的领域。

2.4 本 章 小 结

本章先以 ICM 理论的纵深发展为主线从新制度经济学的角度对 ICM 的正常效应和功能异化效应的解释进行了回顾和总结。然后系统地回顾了行为金融和行为公司金融的理论与文献。行为金融是在不断挑战传统金融的过程中形成自己的理论基础和体系的。与传统金融相对立，行为金融建立在有限或非理性、非完美套利和市场非有效的假设基础上，以前景理论为理论基础，以心理会计理论为扩展，创立了一系列基于投资者信念和偏好的投资者心态模型，以及结合了非理性因素决策的资产定价模型，结合心理学的基础理论，形成了比较粗略的理论框架；并以这些理论和模型比较完美地解释了传统金融理论不能解释的许多金融异象，逐渐获得主流经济学家和金融实践者的认可。但是由于其在理论体系、内容和方法上的缺陷，使得其无法像传统金融学那样占据主流的地位，尤其在实证和应用方面才刚刚开始。行为公司金融作为行为金融的重要应用领域之一，在研究体系、内容和方法上更加不成熟，存在很大扩展的空间，其在企业集团金融方面的应用目前尚无先例。在我国这样一个外部市场充满着非理性，企业集团本身也正在发展的环境中，基于行为金融的 ICM 的研究是一个很有前景和挑战的研究领域。

第三章

内部资本市场效应：
基于行为金融的理论分析

目前，国内外学者对于企业集团 ICM 效应的研究都基于理性框架，对其正常功能的研究已经有了较为丰富的研究成果，但即使基于理性框架也缺乏对 ICM 异化功能的专门研究，更鲜有见到在理性框架之外的研究。因此，本章先基于理性和非理性的全框架来分析企业 ICM 的各种效应，包括基本功能效应和功能异化效应，并对异化功能及其效应进行框架式的理论描述，以为后续的实证研究打下基础。

3.1 内部资本市场效应全视角解释框架

本书认为，无论是 ICM 的基本功能效应还是功能异化效应，仅仅从理性的角度来进行分析是远远不够的，尤其在像中国这样新兴加转轨的市场经济中，制度制定者和决策参与者的心理和认知因素将对 ICM 的资源配置结果产生很大的影响，甚至是造成 ICM 功能异化效应的主要方面。因此，从理性（包括有限理性）和非理性的全视角来分析 ICM 的效应就成为必要。结合前面的分析，基于全视角解释 ICM 效应的框架如图 3-1 所示。

```
┌─────────────────────────┐      ┌─────────────┐
│ 理性视角(含有限理性)        │      │ 非理性视角    │
└─────────────────────────┘      └─────────────┘
          │                            │
  ┌───────────────────────────┐    ┌─────────┐
  │ 新制度经济学   制度环境分析   │    │ 行为金融  │
  └───────────────────────────┘    └─────────┘
          │                            │
  ┌──────────────┐          ┌──────────────┐
  │ ICM的基本功能  │          │ ICM的功能化功能 │
  └──────────────┘          └──────────────┘
  ┌──────────────┐    ┌─────────────────────────┐
  │ 多钱效应 活钱效应 │    │ 投资异化 部门经理寻租 利益输送 │
  └──────────────┘    └─────────────────────────┘
          │                            │
  ┌──────────┐              ┌──────────┐
  │ ICM有效率  │ ◄········    │ ICM非效率  │
  └──────────┘              └──────────┘
     基本功能效应                功能异化效应
              ┌──────────┐
              │ ICM效应   │
              └──────────┘
```

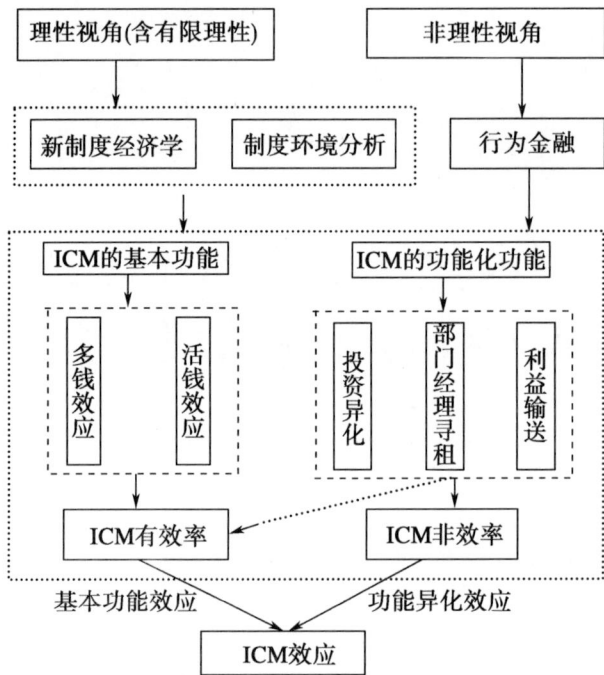

图 3-1   ICM 效应的全视角解释示意图

注：虚线箭头 ◄······· 表示 ICM 的异化功能可能会导致 ICM 有效率。

资料来源：本书笔者整理。

基于理性(包括有限理性)视角的 ICM 效应的解释已经在 2.1 节中进行了阐述，主要基于新制度经济学。目前学者们基于理性框架对 ICM 效应的研究不仅仅在解释层面，而且还涉及对这些基本功能效应的优化和功能异化效应的治理，并已经有了比较多的研究成果，但是对于异化功能的专门研究，尤其是形成成因的研究不多，导致对功能异化的治理无法形成框架体系，影响了企业集团 ICM 正常功能的发挥和企业集团的发展。另外，本书认为，基于理性视角的 ICM 效应的解释、优化和治理在成熟市场也许行得通，但是在新兴市场，由于市场等制度环境的影响，决策人对环境变化的预期及在变化环境中认知上的不成熟和非理性，会导致 ICM 效应相对成熟市场会有更多的特点。孔凡保(2005)[118]就对以新制度经济学来解释企业集团形成的原因提出质疑，认为要考虑发展中国家的特殊情况。所以从制度环境和行为因素入手来探讨 ICM 的效应，尤其是功能异化效应会是一个更有意义的课题，但制度环境分析是一个全新的课题，将在以后的研究中进行，本书主要从行为视角来探究 ICM 的效应,但对行为的研究一般都会涉及制度环境的分析。例如,在心理学领域中,美国社会心理学家 Kurt Lewin(1951)[119]的研究成果最为引人瞩目,他提出的 Lewin 行为模型描述了人类行为的影响因素。行为模型:$B=F(P\text{——}P_1,P_2,\cdots,P_n,E\text{——}E_1,E_2,\cdots,E_n)$,其中,$B$(Behavior)表示人的行为;$P$(Personal)表示个人的内在条件和内在特征;$P_1,P_2,\cdots,P_n$表示构成内在条件的各种生理和心理因素,如生理需要、生理特征、能力、气质、性格、态度等;E(Environment)表示个人所处的外部环境;$E\text{——}E_1,E_2,\cdots,E_n$表示构成环境的各种因素,如社会环境和自然环境等。这个模型表明,人类的行为是个人与环境互相作用的产物,人的行为方式、指向和强度主要受两大因素的影响:个人内在因素和外部环境因素。其中个人因素包括生理和心理两个基本因素,环境因素则包括自然环境和社会环境。心理因素属于行为研究的范畴,社会因素属于制度因素的范畴。本书的研究关于个人因素,主要关注决策者的心理因素,探究决策者的心理和行为对企业集团 ICM 资源配置的影响。

ICM 的正常效应是基于新制度经济学框架下的本来解,但本书认为,在新兴市场也存在行为偏差导致的正常效应,那可能是一种负负得正的无奈之举或巧合,本书后续的实证研究中就有基于行为因素导致的这种结果。功能异化效应目前无法在理性的框架内获得合理解释。因此,本书基于非理性的行为金融的角度来解释我国 ICM 功能异化效应。

3.2 内部资本市场效应的行为金融学理论基础

Fuller(1998)[120]总结行为金融学的研究成果后认为:行为金融理论是传统经济学、传统金融理论、心理学研究以及决策科学的综合体,其试图解释实证研究发现的与传统金融理论不一致的异常之处,研究投资者在做出判断时是怎样出错的,或者说是研究"心理过火"是怎样产生的。Tversky 和 Kahneman(1974)[121]指出,人类在风险环境下的判断和决策过程会不由自主地受到认知过程、情绪过程和意志过程等各种心理因素的影响,这些"心理偏差"使其决策行为经常性地背离"理性经济人"假设和各种理性决策模型,表现出非理性的特点。这些偏差或者背离在资本市场上主要表现为:过度自信(Over-confidence),过度乐观(Over-optimism),损失厌恶(Loss Aversion),后悔厌恶(Regret Aversion),代表性偏差,处置效应和迎合效应等。

而行为公司金融是在行为金融的框架内探讨投资者和管理者的不同理性模式对公司财务决策的影响。以下研究试图利用这些心理偏差和行为公司金融的理性—非理性模型来解释 ICM 效应，尤其是功能异化效应，并试图构建一个解释的框架，以便进一步进行实证研究。

按照 Hirshleifer (2001)[122]的观点，传统金融假设和在这种假设下对人类行为的解释是行为金融假设和在这种假设下对人类行为解释的一种特例，因此将传统金融也纳入行为金融来进行探讨就可以解释企业集团 ICM 的各种效应。尤其是采用行为公司金融的理性—非理性模型来进行探讨就能更容易地看到企业集团 ICM 效应的实质。Shefrin(2001)将资本市场投资者及分析家的理性、非理性和公司管理者理性、非理性进行组合，得出了四种理性—非理性模型，并按照四个象限进行排列（如表 3−1 所示）；并指出，行为公司金融关注两种非理性对公司资本配置行为及绩效的影响：资本市场投资者及分析家非理性和公司管理者的理性或非理性，即表 3−1 中的Ⅲ和Ⅳ象限。本书扩展 Shefrin 的观点，假设这四个象限都是行为金融研究的对象。于是，可以看到，在第一象限：资本市场和公司管理者的都理性体现为完全有效市场的特性，如果是这样的话，恐怕 ICM 不会存在，这不应该成为本书研究的对象。这里基于行为的视角修改第二象限，不像 Shefrin 所描述的那样，Ⅱ象限描述为传统金融的内容，只是基于有限理性，本书认为在资本市场理性和公司管理者非理性的时候，管理者的非理性导致了企业集团 ICM 效率的减损，事实上这样的解释比 Shefrin 的解释应该更有说服力。而资本市场的非理性对应于公司管理者的理性，即Ⅲ模型，恰恰是 ICM 存在和 ICM功能可能异化的缘由，即资本市场的非理性导致了通过 ECM 来配置企业内部资源会产生摩擦和成本，而通过 ICM 总部管理者的理性配置可以提高效率；同时如果将这种非理性、理性模型拷贝到 ICM 的内部，就可能产生 ICM的功能异化。资本市场和公司管理者的双重非理性（Ⅳ象限）则加剧了 ICM的功能异化问题。修改后的资本市场与公司管理者理性、非理性模型如表 3-2 所示。

表 3−1　资本市场与公司管理者理性、非理性模型

	资本市场理性	资本市场非理性
公司管理者理性	Ⅰ（理想状态）	Ⅲ
公司管理者非理性	Ⅱ（代理模型，信息不对称模型）	Ⅳ

资料来源：Shefrin(2001)。

表3-2　修改后的资本市场与公司管理者理性、非理性模型

	资本市场(投资者)理性	资本市场(投资者)非理性
公司管理者理性	Ⅰ(可能不存在 ICM)	Ⅲ(ICM 发挥作用和 ICM 功能异化的原因)
公司管理者非理性	Ⅱ(ICM 功能异化的原因)	Ⅳ(加剧了 ICM 的功能异化)

资料来源：本书根据 Shefrin(2001)整理加工而成。

3.3　内部资本市场异化功能及其效应的行为金融学解析

企业集团要通过 ICM 来实现集团整体的特定政策，是通过市场参与主体间的相互作用来实现的，本书的市场参与主体主要是指投资者(包括外部和内部)和管理者。因此，本书在探讨 ICM 功能异化效应问题时，将从过度投资或投资不足即投资异化、部门经理寻租和利益输送三种异化功能类型出发，分别从"投资者理性、非理性"和"管理者理性、非理性"组合后的三类模型(即表3-2中的Ⅱ、Ⅲ、Ⅳ象限的三类模型)，运用行为金融学的相关理论对该问题进行解释，试图完善传统金融学理论对该问题的诠释。解释框架如图3-2所示。

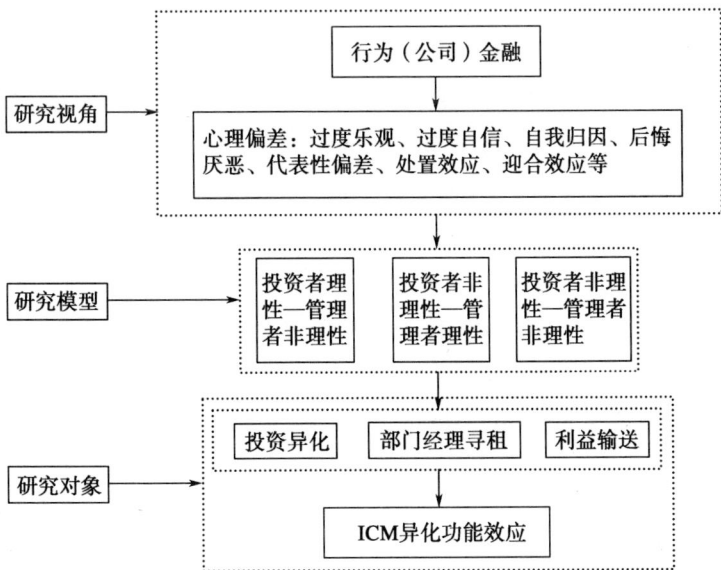

图3-2　行为金融学对 ICM 功能异化效应的解释框架示意图

资料来源：本书笔者整理。

具体到对不同异化功能及其效应的解释,行为金融有不同的机理。例如,基于行为因素的投资异化,往往是由于投资者的过度乐观和悲观以及管理者的过度自信和迎合心理造成;部门经理寻租则大多源于集团总部管理者的非理性,尤其集团管理者在认知过程、情绪过程和意志过程这三个过程中的心理因素造成;利益输送(侵占)则主要源于外部投资者的非理性和不作为等行为因素,导致集团管理者能够利用这些非理性行为伺机而动。由于中国转轨经济的特点,本书认为这些行为因素导致的 ICM 的结果是不确定的,需要进一步进行分析,具体的分析将在后续的各个章节中详述,本章分别采用表 3-2 的 Ⅱ、Ⅲ 和 Ⅳ 象限的模型对各种不同情形的异化功能及其效应做一框架式的描述,以奠定后续研究的基础。

3.3.1 行为公司金融对内部资本市场投资异化效应的解释

企业集团的投资方式可以分为两种:一是通过 ICM 将资金分配给子公司(或分部),即是以集团成员企业为主导的投资型企业集团;二是集团总部通过 ICM 的融资或是外部融资进行多元化扩张,即以集团总部为主导的投资型企业集团。所以,企业集团的过度投资也可以分为两种:企业集团总部进行低效率的多元化扩张和成员企业利用总部分配的资金进行过度投资。对于一般企业的过度投资问题,行为公司金融也已经提出了观点:投资者的非理性和管理者的非理性都会对投资决策造成影响。本书 ICM 的范围是包括实际控制人在内的企业集团,并且在我国,近 80% 的企业集团是由大股东所控制的[①]。所以,以集团成员企业为主导的企业的投资决策也必定受到集团总部的影响,因而将集团整体作为一个企业来进行过度投资或投资不足的分析。

1. 投资者理性—管理者非理性

在外部投资者理性的情况下,管理者的过度乐观和自信可能会缓解或加剧 ICM 的过度投资和投资不足。[②]

行为经济学实证研究结果证实了管理者过度乐观和自信的倾向,现实中企业家或高层管理者给人们最深刻的印象也是过度乐观和自信。过度乐观是管理者非理性的重要方面,表现在管理者高估项目的投资效益及企业未来

---

① 本书第七章的数据分析结果。

② 虽然从理论上来讲过度乐观和过度自信是两种不同的认知心理,但是经验和理论表明,自信者往往乐观,而乐观者也往往自信。因此,本书并没有将这两者进行区分。

的发展前景或低估一些不利因素对公司的影响,从而做出非理性的财务决策。如管理者过度乐观时会认为投资者低估了公司股票价值而不得不增加大量债务为投资项目筹资,从而使公司面临财务危机;或者认为外部融资成本太高,而自身内源性融资不足时,不得不放弃好的投资项目,从而损害了公司的长期利益;而当管理者不合理地高估投资项目时,在内源性融资充足或外部融资成本相对不高的情况下,则会投资于 NPV 为负的项目,同样损害了投资者的利益。具体说来,过度乐观的管理者可能认为投资者低估了公司股票价值,即外部融资成本太高,而自身内源性融资不足,即便 ICM 配置了资本,仍不满足投资项目需要,导致公司投资不足,内部资本配置功能未能发挥;而当管理者不合理地高估投资项目时,在内源性融资充足或外部融资成本相对不高的情况下,则会投资于 NPV 为负的项目,形成过度投资。所以,内部资本配置融通可能加剧了投资过度,进而减少企业价值。

当然,管理者的过度乐观也并非一无可取。当企业存在好的投资机会,而管理者认为外部市场低估了企业的价值时,ICM 的存在就能够缓解投资不足。

2. 投资者非理性—管理者理性

行为公司金融认为投资者和外部市场的非理性对公司财务决策有很大的影响,本书认为投资者的认知偏差和心理范式可能会扭曲企业集团的投资行为,也可能会给集团的发展带来机遇。

根据"市场时机"理论(Stein,1996)[123],投资者的非理性会导致公司股价偏离其真实价值,当投资者情绪高涨时股价会被高估;而在情绪低落时股价会被低估。此时,如果企业集团的管理者是理性的,追求企业集团整体价值最大化。当公司股价被高估时,集团管理者会利用股权融资低成本的优势,进行更多的权益融资,同时管理者清楚地知道非理性的投资者对企业前景过分乐观的估计导致了股价被高估,会将所得到的资金以其他的方式留存下来以等待更好的投资机会,或在资本市场上套利。而当公司股价被低估时,理性的管理者会回购被低估的股票。因此,根据"市场时机"理论,在管理者理性的情况下,投资者的非理性并不会对企业集团的投资行为造成影响。在我国集团非整体上市的情况下,集团管理者会利用投资者的非理性通过 ICM 缓解分部的过度投资和投资不足的状况。

而在复杂的现实环境中,企业集团的管理者很难做到完全的理性。尤其是对于那些股权依赖型企业,投资者情绪很可能会扭曲投资决策。当集团管理者存在过度自信的认知偏差并且存在迎合心理时，集团中存在的 ICM 可能会缓解或加剧企业的过度投资和投资不足。

3. 投资者非理性—管理者非理性

管理者行为符合投资者非理性预期的现象被称为"迎合效应"，迎合投资者非理性行为的心理叫"迎合心理"。当投资者过度高估或低估公司价值时，若管理者是非理性的，则会担心自己不做出非理性投资者预期的决策行为将会遭到某种惩罚，如可能被解雇或者公司被低价收购，或不合理地认为存在信息不对称而使投资者的非理性情绪合理化，从而更加低估投资风险、高估投资价值，导致过度扩张，或者更加悲观导致投资不足、公司停滞不前。此外，"迎合效应"也可能导致内部资本配置与投资机会的倒置，从而致使过度投资或投资不足异化行为的发生。这里区分两种情形：股权依赖型公司和非股权依赖型公司。

对于股权依赖型公司，在投资者悲观时，公司会因股权融资依赖而资本严重不足，这时，管理者不得不放弃某些有吸引力的投资项目甚至迎合投资者的需求清理一些好的项目，导致公司停滞不前；而在外部投资者情绪高涨时，会迎合投资者的需求，投资于 NPV 为负数的项目。但 ICM 如果具有了"多钱效应"，则 ICM 的资金融通可能减缓这种投资不足或加剧这种过度投资。

对于非股权依赖型公司，情形则比较复杂。投资者非理性低估情绪并不会影响上市公司的外部融资，而上市公司管理者的迎合效应可能会使其公司投资不足，但集团控股股东及实际控制人通过 ICM 所提供的资金可能扭转投资不足，而过量的资金融通也可能导致上市公司管理者过度投资。当然，在外部投资者过度乐观时，具有迎合心理的上市公司的管理者会利用投资者的非理性进行过度投资，而 ICM 的存在会加剧这种倾向。

所以，在投资者和管理者都不理性的情况下，ICM 与公司投资之间有着复杂的关系。

综上所述，ICM 的投融资决策必然受到投资者及管理者非理性认知的影响，所以 ICM 中的过度投资与投资不足并不能完全从传统主流金融理论中得到解释。外部投资者的非理性和管理者的过度乐观认知偏差以及迎合心理会导致 ICM 的配置产生不同的结果。投资者和管理者的非理性模型导致的投资结果如表 3-3 所示。关于表 3-3 的具体阐述将在第四章进行。

表 3-3　三模型对 ICM 投资的影响

	资本市场（投资者）理性	资本市场（投资者）非理性（过度乐观或悲观）
公司管理者理性	可能不存在 ICM	管理者会利用 ICM 进行利益的输入和输出，从而缓解企业的投资不足和过度投资倾向
公司管理者非理性（过度乐观、自信和迎合心理）	管理者的过度乐观会缓解或加剧企业的投资不足和过度投资，导致过度负债	① 对于股权依赖型公司：由于管理者的迎合心理，存在 ICM 时可能会缓解投资不足，但也可能会加剧过度投资； ② 对于非股权依赖型公司：在投资者悲观时，公司管理者的迎合心理导致投资不足，ICM 的存在可能缓解投资不足，也可能导致投资过度；在投资者乐观时，管理者的迎合心理会导致投资过度，ICM 的存在可能会加剧这种过度投资效应

资料来源：本书笔者整理。

3.3.2　行为公司金融对部门经理寻租效应的解释

分部经理的寻租问题一般是就 ICM 中集团总部和分部之间的关系而言的，是集团总部作为投资者的结果。资金是企业集团不可或缺的生产要素，然而资金的严重短缺一直是集团分部发展所面临的现实问题。集团总部作为资本配置的重要场所，掌握集团分部投资资金的分配权，因而集团总部实际上扮演着集团分部投资者的角色。传统金融学将寻租问题归于信息不对称和代理问题（即表 3-1 的 Ⅱ 象限），但本书认为分部经理的故意寻租是集团管理者非理性的结果，当然分部经理的羊群行为也可能导致其寻租。因此，下面主要基于集团总部管理者（投资者）的非理性（即模拟表 3-2 的 Ⅲ 现象）来解释分部管理者的寻租行为。而如果存在表 3-2 Ⅳ 象限的情形的话可能就是分部经理的羊群行为等偏差造成的，这种寻租导致的结果将使集团遭受更大的损失。也即是说，这里主要关注表 3-2 中 Ⅲ 和 Ⅳ 模型对部门经理寻租的影响。

本书认为，在企业集团 ICM 中，部门经理和企业 CEO 在寻租过程中除了会受到代理因素的影响之外，也会受到行为因素的影响。这些因素包括人在心理的认知过程、情绪过程和意志过程所体现出来的心理偏差。其中，基于认知活动而产生的偏差包括：易得性偏差、代表性偏差、框架偏差和锚定效应；在情绪过程中，管理者非理性因素主要包括由于不同的人格、偏好、情感与信念，容易产生过度自信、后悔厌恶、损失厌恶、模糊厌恶等现象，从而产生各种系统性或非系统性的自我控制偏差；在意志过程中，人们会受到以上的"认知过程"和"自我控制过程的存在"的影响，并伴随着羊群行为和自我控制所导致的偏差。ICM 中集团管理者的这十种心理偏差会对企业分部经理的寻租行为造成影响。心理因素对这种异化功能及其效应的影响机理如图3-3所示。关于图3-3的具体阐述将在第五章进行。

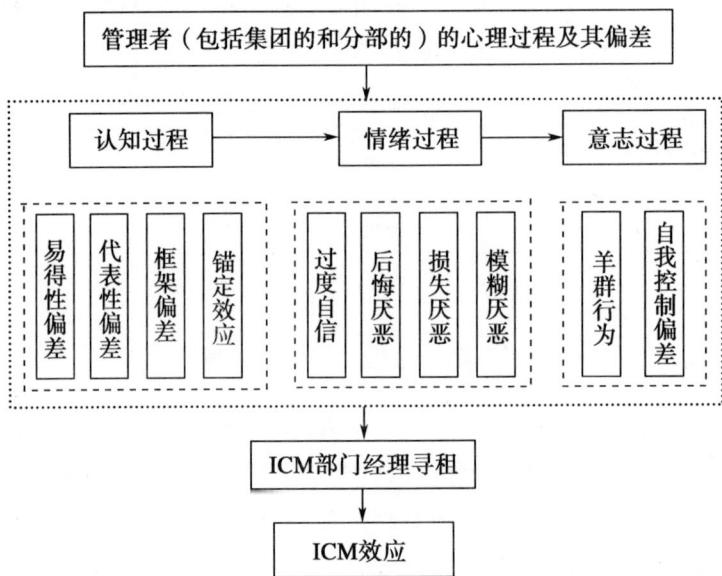

图3-3 企业 ICM 中管理者的心理偏差对部门经理寻租及其效应的影响

资料来源：本书笔者整理。

3.3.3 行为公司金融对内部资本市场利益侵占效应的解释

1. 投资者理性—管理者非理性

这里主要从管理者的过度自信以及自我归因偏差来解释 ICM 的利益侵占。

首先，大量的研究表明，过度自信的管理者有过度投资和进行频繁并购等交易的冲动，这种冲动可能会使投资效率大打折扣，同时这会通过股票市场价格的波动冲击中小股东的利益；其次，管理者的过度自信使其倾向于激进的债务融资（Nofsinger，2005）[124]，引起企业背负过高的负债水平，这不仅损伤企业经营业绩，也会降低股东收益；再次，过度自信的管理者对其薪酬绩效更加敏感，一般会高估自身的能力，追求更高的薪酬及在职消费,并且在业绩好的时候将功劳归于自己,业绩不好的时候将责任归咎于外部因素;最后,具有控制权的大股东一般更愿意任用具有过度自信倾向的管理者,以实施其决策(Hackbarth,2009)[125],这容易侵占中小股东利益。

2. 投资者非理性—管理者理性

Stein(1996)提出的"市场择机假说",分析了在投资者过度自信和过度悲观时,理性的管理层的融资策略。根据择机模型可知,当投资者过度悲观时,公司的股价被严重低估,使得公司股权融资的成本太高而不得不放弃一些带来正净现金流的项目,此时企业集团利用 ICM 将其他成员企业或是集团总部的自由现金流或是资产对上市公司进行利益输送活动,这在很大程度上缓解了股价被低估带来的融资困境,使得上市公司可以继续进行盈利项目的投资。可以看出,在这种情况下,虽是利益输送行为,却是发挥了 ICM 的功能,提高了资源配置效率,并提高了企业集团的整体价值。另一方面,由于利益输送行为的支撑也使得投资者很快地对公司恢复信心,至少可以减轻投资者的悲观情绪,能较正确地评价公司价值。当投资者过度乐观时,公司的股价会被严重高估,而作为理性的管理者,清楚地知道具有乐观倾向的投资者过高地预测了企业的未来收益,此时管理者应会根据"市场时机"理论,利用投资者的热情造成的权益融资的低成本进行权益融资,但理性的管理者也知道在公司内部并没有如投资者预测的高盈利项目。此时,为了充分利用自有现金流,他们很可能会进行利益输出活动,即将上市公司融得的资金对非上市的其他成员公司或是公司总部认为更好的项目进行投资。果真如此的话,这种利益输送也不一定会损害企业集团的整体利益。

传统的公司金融对此的研究仅站在理性角度,是在投资者理性和有效市场的基础上考虑了管理者的自利的行为特征,并没有考虑现实中投资者非理性对理性管理者财务决策制定的影响。从以上的分析可以看出,在我国企业并非整体上市的情况下,无论是利益输出行为还是输入行为并不一定会降低 ICM 的效率从而降低企业集团的价值,也并非是 ICM 功能异化的表现。或许,在某种程度上,利益输送行为却有着一定的积极意义,集团的 ICM 为资源配置提供了良好的平台。然而,我国典型的金字塔形的控股结构又不免让人联想到大股东对中小股东的利益侵占。例如当投资者过高地评价了上市公司的价值,控股股东和管理者正好趁机进行大量的低成本的股权融资,并以上市公司内部无好的投资项目为由,进行输出活动,将现金流移至更易于控制的其他成员企业或集团总部中，这可能会侵害小股东的利益。即是说利益输送行为本身可能侵占了中小股东的利益。另外，投资者的非理性和不作为也给了管理者以利益输送和侵占的机会，例如重大的财务决策以大股东利益为主等。除了投资者非理性，管理者的非理性也会直接影响到财务决策的制定。

3. 投资者非理性—管理者非理性

同样，如果外部投资者不理性，而集团管理者也非理性的时候，集团 ICM 的利益输送行为结果就比较复杂。例如企业集团管理者的迎合心理会导致 ICM 内部的有利和不利的情形（见过度投资或投资不足效应的分析），Wugler(2003)则指出，投资者和管理者的双重非理性会导致金融灾难。另外，中国投资者的非理性和不作为在集团管理者存在过度自信和其他心理偏差等非理性因素时会使得企业集团的发展具有很大的不确定性，德隆等的教训莫不如此。

以上分析可知，与传统的公司金融对利益输送行为的分析不同，从行为公司金融对利益输送（侵占）行为的分析，可以知道利益输送行为并不一定由代理问题造成，也可能是由于投资者的非理性或是管理者的非理性造成的，更为重要的是利益输送行为并不一定会造成大股东对中小股东的利益侵占，从而使得 ICM 功能发生异化。投资者—管理者的理性非理性模型对集团 ICM 利益输送的影响结果如表 3-4 所示。关于表 3-4 的具体阐述将在第六章进行。

表 3-4　三模型对 ICM 利益侵占效应的影响

	资本市场（投资者）理性	资本市场（投资者）非理性（过度乐观或悲观或不作为）
公司管理者理性	可能不存在 ICM	管理者可能以侵占中小股东利益为代价利用 ICM 进行利益的输入和输出，虽然这种利益的输送在企业集团层面具有积极影响
公司管理者非理性（过度自信）	管理者的过度乐观和自信会因为过度投资和过度交易、过度负债、自我归因等侵占股东利益	对 ICM 内部利益输送的影响结果具有不确定性

资料来源：本书笔者整理。

3.4 本章小结

本章是本书研究的重点和核心，主要搭建理论研究框架，先从理性（包括有限理性）和非理性的全视角来解释企业集团 ICM 的各种效应，认为 ICM 的基本功能及其效应已经在理性框架内获得较好的解释，而新兴市场 ICM 的异化功能及其效应无法在理性框架内获得解释，但却可以从基于非理性的行为视角来获得较好的解释。本书采用修改后的行为公司金融的外部投资者和集团管理者理性—非理性模型来解释 ICM 的各种效应，并针对 ICM 的三种异化功能：投资异化，部门经理寻租以及利益输送问题及其结果进行了框架式的描述。分析表明，过度投资或投资不足在很大程度上是由于外部投资者的非理性导致集团管理者的理性应对所致，集团 ICM 的存在可能会加剧集团内部的过度投资，也可能缓解投资不足；集团内部由于 ICM 的存在可能使具有乐观主义偏差和迎合心理的集团管理者加剧了集团的过度投资或者缓解了其原有的投资不足。分部经理的寻租可能是分部经理对集团总部非理性回应的结果，也可能是分部经理自身心理因素造成的，而集团总部及其分部经理的非理性主要是由于认知过程、情绪过程和意志过程的心理偏差所致。从行为分析来看，本书认为企业集团 ICM 的存在并不一定导致利益侵占和过度投资，外部投资者和管理者的非理性也不必定导致 ICM 的非效率，而是需要分别不同情况来探讨，尤其在我国企业集团并非整体上市的背景下，这种发现更符合我国的实际。稍后各章则分别从实证方面来验证上述观点。

第四章

基于 Q 方法的内部资本市场
功能异化效应分析

本章将在前面理论分析的基础上,采用行为分析的 Q 方法对 ICM 的各种异化功能及其效应进行分析。由于目前 Q 方法在经济管理领域的应用较少,人们对其并不熟悉,因此先对 Q 方法的由来、基本操作流程、优缺点以及国内外的研究应用现状进行描述;然后采用 Q 方法对 ICM 的各种异化功能进行分析。为了进行比较,分别设计了基于传统金融理论视角和基于行为金融视角的语句,选择 P 样本进行现场考察,并对已经收集的样本进行分析,整体上验证了第三章提出的基本观点。本章的分析结果对 ICM 的实践有重要的参考价值。

4.1 Q 方法

由于 Q 方法在我国的应用尚少,尤其在企业集团的研究中尚未见到,因此,本节先对 Q 方法本身进行介绍和评价,同时对国内外 Q 方法应用现状进行归纳和总结。

4.1.1 Q 方法概述

Q 方法(Q Methodology)于 1935 年由英国物理学家和心理学家威廉·

斯蒂芬森（William Stephenson）[126]在给《自然》杂志的一封信中首次提出。而关于 Q 方法论综合性的阐述主要体现在斯蒂芬森在 1953 年发表的《行为研究：Q 技术及其方法论》(The Study of Behavior：Q—Technique and Its Methodology)一文中[127]。与传统的研究方法（即斯蒂芬森所说的 R 方法①）相比，Q 方法研究的是人与人之间的关系，而 R 方法研究的是人们特性之间的关系。

在 Q 方法被提及之前，将人而非正在研究的相关项目作为因素的研究并不是一个新想法。早在 19 世纪初，斯皮尔曼、汤姆森和伯特已经将人与人之间的关系作为研究变量。然而，直到 1935 年，高德弗里·汤姆森和威廉·斯蒂芬森才通过发表文章，清楚地说明了将人与人之间的相互关系作为因素研究的潜力。虽然汤姆森对于这种新方法论的未来极为悲观，但斯蒂芬森却十分的乐观，也因此由他创造了影响深远的 Q 方法论。一位著名的传播学研究者马尔麦克·莱恩曾说过，斯蒂芬森是"人类行为学整个领域中最具有创造力的学者之一"。

Q 方法论的研究者认为，Q 方法论不仅是一种强有力的研究方法，而且称得上是研究方法上的一大突破，它在学术上的地位，至少可与因素分析法相媲美。虽然它已经有 70 多年的历史，但直到最近 20 多年，Q 方法论才真正为越来越多的学者所重新认识，并用它来研究人类的行为。虽然，国外已经将 Q 方法论广泛地运用于各个社会学科领域，但在国内却还不太为学者所熟悉。

Q 方法论强调人的意识是可以测量的，斯蒂芬森认为人的意识和自然界的许多现象，都是由系统组织起来的，经由适当的研究方法，应该可以测量出人类的主观意识。但他指出，一个人的意识，是他对事物的观念及看法，这些看法及观念，只有他自己才能表达出来，而 Q 方法正是帮助人类把他们主观意识表达出来的一种研究方法(Lo，1985)。斯蒂芬森对 Q 方法下的定义是：Q 方法论是受访者借试验者所指出的陈述（Statement）或意见，而由受访者界定态度的一种研究方法。用这种方法在研究人类的主观态度时，即使是对主观事物难以表达态度的人，也可以借由试验者指出的陈述而轻易表达受访者的态度(Stephenson，1953)。简言之，Q 方法是一种专门研究人的主观性的研究方法。而卢钦铭(1980)[128]则认为 Q 方法就是以一大堆事项来测验一小群人，然后根据测验结果将这群人对某一问题的态度分成几种不同的类型，即得出因素，此时的因素就是态度相似的人所组成的集合体。该 Q 方法定义的依

---

① 传统研究方法惯用问卷调查法进行研究，先从大量人群中抽样，然后运用统计分析，概括总体情况。这就是始于 19 世纪 90 年代的"R 方法"，一般通过求多主体均值，寻求普遍规律。

据是 Q 方法的具体操作流程更易于理解和接受，所以本书采用此种定义。

Brown（1980）[129]认为 Q 方法背后有个重要的概念，那就是对于任何议题，只存在数量有限的不同观点。所以在少量、背景各异的受访者中存在的观点，一定也在更大的群体中存在。因此，对少数人和单一个案的研究，也可以证实关于行为动机有意义的一般性结论。正是基于这一思想，Q 方法研究得以通过深入研究特定个体主观性的模式来了解人类行为的一般规律。在具体操作上，实施 Q 方法的程序称之为 Q 技术（Q-technique），其与传统的研究方法（R-methodology）有些差异，如表 4 - 1 所示。通过对两者的比较可初步了解 Q 方法。

表 4 - 1　Q 方法与 R 方法的比较

	Q 方法	R 方法
研究途径	① 以一大堆项目（items），来测验一小群人，然后根据测验结果，把这群人对某一问题的态度分成几种不同的类型； ② 主要研究的是人与人之间的关系； ③ 呈现出人们行为的主观反应	① 用少数的测验（tests），来测量一大群人，然后根据受访者在测验上的表现，找出一些影响受访者行为或态度的共同因素； ② 主要研究的是特性间的关系； ③ 呈现出人们行为的通则
研究对象	人	项目
样本	从意见母本中抽出的一定数目的陈述	从母本中抽出一定数目的人
抽样数（人数）	少	多
测量角度	从受访者的角度，了解人们内在行为的发生	从观察者的角度，了解人的行为
关注角度	强调特殊，被 R 方法当作"误差"的恰好是其研究的核心	关注共性、总体，并主观假定差异只是数量上的，主观性或偏差被认作为"错误"
受访者的状态	人是积极主动的	人是消极被动的
结论推导	基于个案研究	从均值出发
项目或陈述测评时的独立性	受访者在评价一个陈述时要考虑到其他陈述，Q 方法是自比性的（ipsative）	项目的评价彼此之间是独立的
适用范围	测量关于人类行为的构念假设	收集、反馈客观的信息

资料来源：整理自《Q 方法在运动教育学上的应用》①、*Q Technique and Its Methodology：A Brief Introduction and Consideration*② 和《Q 方法论评述》③。

① 廖智倩，阙月清. Q 方法在运动教育学上的应用[J]. 体育学报（台湾），2001,30(9)：19 - 28.

② Albert D Talbott. Q Technique and Its Methodology：A Brief Introduction and Consideration[M]. Iowa City：School of Journalism, University of Iowa,1971.

③ 赵德雷，乐国安. Q 方法论评述[J]. 自然辩证法通讯,2003(4)：15 - 27.

4.1.2 Q方法的基本流程

在了解了 Q 方法与 R 方法的差别之后，本小节简单介绍 Q 方法应用的操作流程，即 Q 技术（Q-Technique）。Q 技术主要包括下面五个具体流程。

（1）收集 Q 意见母本（Concourse）。所谓母本，是指有关某一主题的观点、意见、命题等的集合。Q 意见母本不限于语言文字，也可是绘画、艺术品、照片甚至音乐作品的集合。Q 意见母本可以通过报刊、文献和演讲等意见收集，也可以通过向本书研究对象调查收集。

（2）开发 Q 样本。Q 样本是从 Q 母本中抽出来让受访者进行排序所用的一系列陈述或项目。Q 样本确定的过程通常由研究主题领域的专家进行。Q 样本的确定通常使用两种技术方法（Brown，1980；McKeown 和 Thomas，1988）：非结构性的和结构性的。然而，到目前为止，用 Q 方法所发表的文章中，大都采用非结构性样本，因为非结构性样本选样过程简单，而且比较有弹性，适合对广泛的问题进行分析（罗文辉，1986）[130]。非结构性样本可以用于单一受访者前后两次测验结果的比较，以推估两次测验期间的行为变化。

究竟 Q 样本需要包括多少陈述或项目才算合适？众多的学者对此看法不一，有的认为最好在 55 个到 75 个之间，以增加研究结果的可靠度，并避免增加排序及结果分析的困难（Schlimger，1969）；Kerlinger（1973）建议采用 60 个至 90 个；卢钦铭（1988）的研究提出最少不要少于 60 个，多则不要超过 140 个，以免增加分类以及结果分析的困难；Sanders（1972），Brown（1980）和罗文辉（1986）等则指出 40 个到 60 个项目或陈述已经足以精确反映母本，而 Dennis（1986），Watts 和 Stenner（2005）则认为陈述句的数量可以是 20 个到 100 个。

（3）选择受访者（即 P 样本）和问卷的设计。Q 方法研究只需要较少数量的受访者，通常 P 样本的数量少于 Q 样本（Brouwer 1999）[131]。P 样本的选择的关键问题不在于受访者的多少，而是受访者是否是研究主题持不同观点的代表（Dennis，1988）[132]。因为 Q 方法的目标是描述不同观点的典型代表而非不同观点持有者的比例。

选择 P 样本常见的方式，遵循 Thompson 的分类方式，把受访者分为专家（Experts）、权威人士（Authorities）及特别利益人士（Special-interest），并且这三组人数应大致相等，男女性别比例及受访者其他特征（如职业、学历等）也需要特别注意，使 P 样本能广泛包括各种不同类型的人。

除了构建 Q 样本和选择 P 样本之外，还要设计一份问卷以了解受访者的背景。进行 Q 因素分析时，需要用这些资料解释 Q 因素的特征及每个因素究竟由哪种类型的人组成。同时在受访者完成 Q 排序之后，研究者要求每个受访者对他们最同意和最不同意的陈述或项目进行解释，使研究者对受访者的观点有更进一步的了解。在撰写研究报告时，也可以根据这些详述，解释受访者为什么对某些陈述呈现极端反应，而不必全凭推论来做解释。

（4）进行 Q 排序。首先，研究者将样本中每个陈述分别印在卡片上，然后交给受访者仔细阅读。受访者先将所有的卡片分成三堆：同意、不同意以及无意见，再按照同意与不同意的强烈程度，把这些卡片依次放在事先设计好的记分卡上。通常，记分卡呈准正态分布，记分卡如图 4-1 所示。

同意度	最不同意 ←						→ 最同意
程度	-3	-2	-1	0	+1	+2	+3
题号							

图 4-1　记分卡

资料来源：根据董小英等（2008）整理。

对于记分卡的等级数并无最理想的范围，它通常取决于样本的数量。一般来说，分为奇数个等级为宜，而且以分为九或十一等级最为普遍。然而，Brown（1980）认为不同的等级和分布对最终的结果没有太大的影响。所以，Q 排序表格的等级和分布比较随意，可以根据受访者的便利进行调整。

（5）分析与解释。所有的受访者都完成 Q 排序之后，将数据输入合适的程序进行分析。经常使用的两种程序是 Schmolck （2002）[133] 发明的 PQMethod 2.11 和 Stricklin（1996）[134] 创建的基于 Windows 的软件 PCQ 程序。具体的数据分析包括：① 计算所有 Q 排列的相关系数；② 提取因素；③ 因素旋转；④ Q 因素的分析。

除了上述的主要分析之外，还需要注意：仔细分析受访者对极端陈述的评述，选择适当的评述来解释因素；比较因素间的异同，分析这个因素和其他因素都有哪些相同或不同之处。罗文辉（1986）认为一篇典型的 Q 研究报告至少要包括：① 对所有因素意见相同事项的解释；② 每个因素的描述及解释；③ 因素异同的比较；④ 研究结果的含义。

4.1.3　对 Q 方法的评价

Q 方法发展至今，虽然在国外被广泛地应用于多个领域，但一直颇受争议，以下是众多学者对 Q 方法的评价。

1. Q 方法与其他的定性研究方法的比较

Q 方法与其他定性研究方法遵循的原则是一样的：从受访者的观点中探究主观看法，试图鉴别出广泛的类别和共同的看法。在 Q 方法中，因素是产生于受访者的排序活动，而在其他定性研究方法中，因素是通过研究者的分析和对主题的分类产生的。正是这个原因，"Q 方法论的分析比其他的解释技术会更少地含有'研究者的偏见'"(Cordingley，Webb 和 Hillier，1997)。Q 方法使得研究者在研究的早期就要对陈述进行选择以确定 Q 样本，受访者只能对已经确定好的陈述进行选择，而在其他的定性研究方法的调查中，受访者自己的看法最为核心。但是，在某种程度上，受访者自己的看法可以通过直接的访问融入 Q 样本中(Kitzinger，1987)。

2. Q 方法的定性

Q 方法被界定为定性研究方法，却可将严密的统计分析成分引入，Brown(1996)[135]认为 Q 方法是连接定性研究与定量研究之间的纽带，兼具定性研究与定量研究的优点。然而，没有一种研究方法是全面的，Q 方法也同样如此。

3. Q 方法的优缺点

总结而言，Q 方法具有以下优点：① 因引入了量化分析，Q 方法弥补了传统定性分析的不足。② Q 方法通常只需要少量的受访者，适合于个案的深度研究。③ 应用的范围很广，心理学、社会学、政治学、传播学等均可使用。④ 无处不在的微机及低成本的统计程序，使任何具备统计学基础知识的人都可以进行 Q 方法研究。现有的 Q 方法软件包对研究者理解因子分析的需要更少，这为缺少高深统计学技能的质化研究学者提供了一条捷径。⑤ 可做短期分析，也可做长期分析。⑥ Q 方法所搜集的资料，可以用于相关分析、因素分析及变异数分析等方法。⑦ 由于 Q 方法论提供了一个崭新的研究角度，受访者不会感到熟悉，对于调查的戒心会比面对传统问卷来得小，因而尤其适合于对争议性颇高的问题的调查。⑧ 实地访谈使得研究者可以根据受访者的反应，来判断资料的有效性；并且借由访谈直接接触受访者，以提升研究的真实性。

Q方法的缺点：① Q方法不适用于横断面（Cross Section）的研究，或是大样本受访者的研究，在使用Q方法的研究中，受访者样本往往不够大，而且不符合随机抽样的原则，因此，其研究结果难以作为概括性的推论，也无法说明各个因素在总体中的相对分布。② Q排序采用强制性选择程序，在这种程序下，受访者选择一个陈述，都会影响他下一个选择，这显然违反了统计实验独立的基本假设。但有许多的研究证明，强制选择与自由选择的结果并无太大差异。但就某种角度来说，这种程序也正是Q方法优于其他方法之处。强制选择迫使受访者在进行Q排序前，必须仔细比较所有的陈述。③ Q方法论未免过于依赖受访主体的口头报告，片面强调自由选择。口头表达毕竟不等于实际行动，而主观意识也不能涵盖所有行为驱动力，人的活动终归还要受各种非决定性的客观条件制约。④ Q方法需要向每一受访者仔细解释分类的程序原则、提供指示性问题，分类结束后又经常要有访谈，其实施过程太繁杂，会降低研究效率。⑤ 研究者从理论中找陈述句，并用意见陈述作为Q样本，再把人的特质加以分类，佐证原来的理论，陷入了一种因果循环论中，可能会呈现目的与过程不分的混淆现象。

4.1.4　国内外Q方法的研究和应用现状

尽管Q方法的提出已经有将近80年的历史，但直到近20多年Q方法才真正为越来越多的社会科学家所重新认识，并利用它所提供的工具来理解人类的行为。然而由于种种原因，Q方法论并不太为国内学者所熟悉。从可获得的资料来看，到本书定稿为止，大陆地区仅有十几篇的文献涉及Q方法。而且在这些文献中大部分是对Q方法的理论综述，真正的应用很少。但从对国外的相关文献分析来看，他们对此方法并不陌生，并应用Q方法进行了大量卓有成效的研究。因此，在国内大陆地区去推广并应用这种方法进行行之有效的研究，很有价值和创新性。

国外学者对Q方法进行了比较成熟的理论研究，为本章后续的研究作出了重要贡献（Stephenson，McKeown B. 和 Thomas D. ，1988；Brown，Steven R. ，1993；Barbosa J. C. 和 Willoughby P. ，1998；Job van Exel，2005）。此外，Won-Oak Oh 和 Judy Kendall（2009）、Zoë Darwin 和 Carol Campbell（2009）、G. Angelopulo（2009）、Denna L. Wheeler 和 Diane Montgomery（2009）等

学者运用 Q 方法对于不同领域（医疗、教育、经济等）进行了研究，取得了一定的成果。

近些年国内学者也对 Q 方法进行了理论研究。赵德雷、乐国安（2003）[136]对 Q 方法论做了深入的分析，他们在文中认为 Q 方法强调两个方面——主观性和个别性。周凤华、王敬尧（2006）[137]指出：Q 方法结合了量化研究传统与定性研究传统的优点，在两种传统之间架起了一座沟通的桥梁。冯成志和贾凤芹（2010）[138]比较详细地介绍了 Q 方法的原理以及实施步骤。

陶启程等（2007）[139]，胡振虎（2008）[140]，董小英等（2008）[141]成功运用 Q 方法分别对"ISO 认证感知"、"财政支农资金是否该整合使用的问题"、"我国企业 CIO 的角色"进行了探索性研究。但是采用 Q 方法进行公司财务问题尤其是集团财务问题的研究目前尚未见到。由于本书是基于行为角度来研究 ICM 的效应的，经过与 Q 方法应用条件的比对，发现完全可以采用 Q 方法来对研究选题进行综合分析，以填补目前 ICM 研究方法中的空缺。

4.2　内部资本市场功能异化效应的 Q 方法分析

本书的综合实证分析即是用 Q 方法对 ICM 功能异化效应进行基于理性和非理性的全视角解释。在计算分析的基础上，将结果分成几个因素，来确定传统公司金融的代理因素以及行为公司金融的行为因素分别对企业集团 ICM 功能异化的影响。实证分析的流程如图 4-2 所示。接下来，本章按照实证流程以及 Q 方法的操作流程对研究对象进行分析。

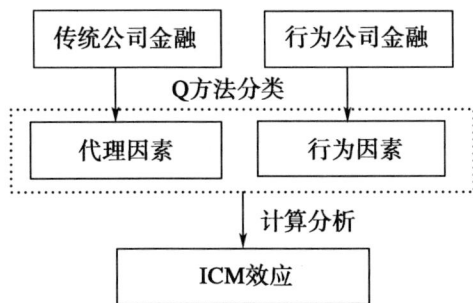

图 4-2　Q 方法实证分析流程图

资料来源：本书笔者整理。

4.2.1 收集 Q 意见母本以及开发 Q 样本

本书的研究主题是企业集团 ICM 的效应尤其是功能异化效应，目前尚未有以 Q 方法来探讨 ICM 功能异化的相关文献，所以无法直接从文献中获取有关 ICM 功能异化的意见母本；另一方面，Q 方法在国内的运用较少，很多人对此甚至全然不知，并且从行为公司金融角度对 ICM 功能异化的解释也是第一次，所以亦很难从对研究对象（受访者）的调查中获取有关 ICM 功能异化的意见母本。因此，本书试图从相关文献以及研究的理论部分提炼出相应的意见母本，并采用非结构性的方法来确定 Q 陈述句。

本章在 Q 样本设计时结合了前人的研究成果和本书尝试性的解释，分别从传统公司金融和行为公司金融角度对 ICM 功能异化效应进行解释。以上文中所述的 ICM 异化功能的情形以及它们对 ICM 效率的影响为基础进行 Q 样本的设计，如表 4-2 所示。基于理论和文献的研究结果以及书籍报刊等资料的查询后经过与不同行业背景的专家、学者和企业集团的实践者反复进行探讨和筛选后得出 38 条陈述语句①。再依照研究内容分别归至传统公司金融因素和行为公司金融因素两个大的方面，并分别测试这两个方面的因素对 ICM 效率的影响，表 4-2 是本章所使用的因子设计。

表 4-2　因子设计表

传统公司金融	投资异化	部门经理寻租	利益输送
行为公司金融	投资异化	部门经理寻租	利益输送
ICM 效应	ICM 的有效和非效率		
语句数目（条）	38		

注：38 条 Q 语句见附录 A 的 Part Ⅱ。
资料来源：本书笔者整理。

4.2.2 选择受访者（P 样本）和问卷调查

在确定了 ICM 功能异化问题的 Q 样本之后，就要选择受访者（即 P 样本），让他们按照一定的规则对 Q 样本进行排序。本书的研究对象是 ICM 的功能异化问题，在选择受访者时要考虑到他是否较能深刻地认识 ICM 或是

---

① 本次研究对 Q 样本的开发经过了广泛的文献阅读抽取、专家咨询、三轮现场测试等程序和步骤，反复修改和论证，最后确定为 38 个 Q 语句。

否是企业集团 ICM 的相关利益人等因素。所以本研究选择的受访者大都曾经或现在是企业集团的高层管理人员，并力图使 P 样本能广泛包括各种不同背景的人。经过对若干个企业集团的走访、面对面的交流、电话和 Email 沟通后，我们共得到 23 个 P 样本，其中通过邮件调研的有 3 份，其余一律通过面对面的现场调研获得，剔除掉对我们设计的语句不懂和知识面较窄，或者根本就不能理解上市公司有关情形的样本的 5 份后，剩下 18 个具有代表性的 P 样本。① 18 个 P 样本中企业集团实践人士占 50%，专家和权威人士各占 50%；男女比例各占一半。这种样本分类和分布方式符合 Thompson 关于 P 样本选择的原则。

　　本章在设计问卷时，对受访者的背景调查考虑到多个方面。首先是受访者的基本资料，如性别、年龄、学历、职位等，因为这些背景情况都会影响到他们排序的结果，也对排序结果的分析提供了一定的基础。其次是测试受访者是否具有某些特征，如过度自信、控制幻觉等。本书在理论分析部分假设管理者存在某些心理特征，由此产生的行为特征会影响到财务决策的制定，所以以问卷的形式对此进行论证，问卷的结果证明大部分受访者都存在过度自信、过度乐观以及控制幻觉等行为特征（见附录中的表附 A‐1~表附 A‐5)，也因此为进一步的研究提供了坚实的基础。最后，受访者在对 Q 样本排序结束之后，会被要求通过问卷对他们最同意和最不同意的陈述或项目进行解释，这使研究者对受访者的观点有更进一步的了解。在因素分析时，也可以根据这些论述，解释受访者为什么对某些陈述呈现极端反应，而不必全凭推论来做解释。最终，完成一份完整的问卷。（详见附录 A：Q 语句 Q 样本调查设计）

4.2.3　受访者的排序以及数据分析

　　在受访者对 Q 样本进行排序之前，我们会将 Q 样本中的每个陈述句分别印在卡片上，并交给受访者，让其仔细阅读。要求受访者先将所有的卡片分成三堆：同意、不同意以及无倾向性意见；再按照同意与不同意的强烈程度，把这些卡片依次放在事先设计好的记分卡上（见图 4‐1)；最后要求受访者针对其所选择的最同意与最不同意的各自三项陈述句进行评述。

---

　　① 本次 P 样本的选取具有典型性，每个 P 样本的现场调研都是基于笔者现场对样本对象的面对面的卡片游戏过程，每个现场调研需要花费至少 1 个小时的时间，而且需要笔者控制现场的情绪（使得调研对象处于相对平静的自我状态）和适时进行语句的解释。

在所有的受访者都完成了对 Q 样本的排序之后,将得到的数据输入相应的程序进行分析,本章选择的是常用的 PQMethod 软件程序。具体的数据分析有以下几个步骤:

第一,计算所有 Q 排序的相关系数。软件运行后会自动计算出 18 个 P 样本的相关矩阵(见表 4-3),并会计算出相关矩阵的所有特征值。因为本章是 18×18 的矩阵,所以最多能得出 18 个相异的特征值。这 18 个特征值及其解释变量的比例见表 4-4 所示。

第二,提取因素。通常情况下,研究者会将特征值超过 1 以上的因素留下,以便进一步的分析。本章的表 4-4 中前 6 个特征值大于 1,且累计解释比例达到 70%,剩下的特征值对解释样本的贡献率较低。因此,本章从中提取 6 个因素做后续的分析。

第三,因素旋转。为了得到更有价值和更易分析的因素,这里将上一步提取的因素以最大方差法进行旋转。

第四,Q 因素的分析。可以从两个方面对 Q 因素进行分析。首先从组成各个因素的受访者出发,计算出每个受访者在各个因素上的负荷量,提取出需要研究的因素;然后,分析组成各个因素的陈述句。

1) 提取分析因素

提取分析因素需要有判断受访者应负荷于哪个因素的标准,这个标准就是依据下列公式计算得出因素负荷量的临界值:

$$因素负荷量 > \frac{2.58}{\sqrt{n}}\ (n = Q\ 陈述句的个数),$$

$$因素负荷量 > \frac{2.58}{\sqrt{38}} = 0.419\ (n = 38)$$

分析因素负荷量大于 0.419 的因素。

通过对每个受访者的因素负荷量与临界值的比较,可以初步判定受访者是否为某因素的代表。在研究中,若某位受访者在某一因素上的负荷量大于 0.419,原则上,我们就认为该受访者属于该类因素,即其持有与该因素所表示的相似的观点。此外,在将受访者归类的过程中,我们希望各类因素间没有相关性或者相关性很低,这样才能明显区分其应所属的因素,即理想的情况是,受访者在其所属类型的因素负荷量明显高于 0.419,而在其他类型上的因素负荷量皆明显低于临界值。

表 4 - 3 相关矩阵

	1	2	3	4	5	6	7	8	9	10	11	12	13	14	15	16	17	18
1	100	27	20	1	18	34	8	27	32	15	9	11	27	4	-9	31	25	18
2	27	100	-6	5	31	47	19	49	50	58	10	55	27	-13	16	44	40	23
3	20	-6	100	65	35	13	-6	-28	6	-14	7	-22	6	39	6	-27	5	19
4	1	5	65	100	24	17	-19	-35	7	-8	32	-2	9	41	35	-21	-10	23
5	18	31	35	24	100	0	31	6	11	22	11	25	10	23	19	-9	13	1
6	34	47	13	17	0	100	1	17	43	33	9	12	26	25	-7	44	42	-2
7	8	19	-6	-19	31	1	100	8	-6	27	23	29	28	-2	-10	5	12	0
8	27	49	-28	-35	6	17	8	100	26	28	0	27	8	-45	-6	51	32	7
9	32	50	6	7	11	43	-6	26	100	28	26	20	58	6	33	44	25	31
10	15	58	-14	-8	22	33	27	28	28	100	26	26	47	21	-5	17	9	6
11	9	10	7	32	11	9	23	0	26	26	100	17	13	-6	-6	35	-2	17
12	11	55	-22	-2	25	12	29	27	20	20	26	100	18	-22	16	35	3	6
13	27	27	6	9	10	26	28	8	58	30	47	17	100	18	23	36	12	31
14	4	-13	39	41	23	25	-2	-45	6	21	13	-22	18	100	11	-6	-19	21
15	-9	16	6	35	19	-7	-10	-6	33	-5	-6	16	23	11	100	14	13	15
16	31	44	-27	-21	-9	44	5	51	44	17	35	35	36	-6	14	100	32	25
17	25	40	5	-10	13	42	12	32	25	9	-2	3	12	-19	13	32	100	4
18	23	19	19	23	1	-2	0	7	31	6	17	6	31	21	15	25	4	100

资料来源：本书笔者整理。

表 4 - 4　相关矩阵的 18 个特征值以及解释变量的比例

	特征值	解释样本的比例(%)	累计解释样本的比例(%)
1	4.155 6	23.086 5	23.086 5
2	2.810 0	15.611 2	38.697 7
3	1.690 4	9.391 3	48.088 9
4	1.425 7	7.920 3	56.009 2
5	1.370 8	7.625 7	63.625 0
6	1.107 0	6.150 3	69.775 2
7	0.941 0	5.220 0	75.003 2
8	0.902 8	5.015 6	80.018 9
9	0.721 7	4.009 5	84.028 3
10	0.688 7	3.825 9	87.885 42
11	0.543 6	3.020 0	90.874 2
12	0.454 5	2.525 2	93.399 4
13	0.381 8	2.120 9	95.520 3
14	0.229 4	1.274 7	06.795 0
15	0.201 2	1.117 6	97.912 7
16	0.180 4	1.002 2	98.914 9
17	0.113 4	0.629 8	99.544 7
18	0.082 0	0.455 3	100.000 0

资料来源：本书笔者整理。

　　用 PQMethod 软件对数据处理后,研究得出每个受访者在各因素上的负荷量。在判断因素负荷量的显著性上,往往存在一定的困难,存在一位受访者的因素负荷量的值中有两个以上因素大于 0.419 的临界值的情形,比如第 2、9、14、16 位受访者;还存在某一位受访者因素负荷量的值中没有一个因素超过 0.419 的临界值,比如第 4 位受访者。本章研究使用了 PQMethod 软件中的自动归类功能对受访者进行分类,并将受访者的因素负荷量显著地以 X 表示出来(见表 4-5),也就是表示他属于此种类型。Q 方法认为,提取的因素至少有两个及两个以上的显著负荷量,而本章的第 2 和第 5 类型只有一个显著负荷量,所以本章将不考虑这两个类型。于是,本章将具体分析剩下的四种类型,将 1、3、4、6 类型分别称为因素 F1、F2、F3 和 F4。

表 4-5　受访者的因素负荷数

	1	2	3	4	5	6
1	0.022 0	0.187 0	0.060 0	0.358 1	−0.277 9	0.640 9X
2	0.437 3	−0.118 1	0.418 3	0.080 3	0.356 2	0.544 5
3	−0.092 7	0.887 4X	−0.017 0	0.066 3	−0.059 8	0.147 5
4	0.039 0	0.391 0	−0.011 3	0.179 9	0.322 1	−0.132 1
5	0.026 3	0.483 2	0.659 3X	−0.132 2	0.176 5	0.195 6
6	0.720 2X	0.133 5	−0.137 8	0.083 5	−0.042 1	0.482 7
7	0.059 5	−0.080 0	0.726 0X	0.131 9	−0.262 3	0.000 5
8	−0.003 7	−0.473 2	0.209 3	0.063 7	0.035 1	0.630 2X
9	0.349 5	−0.004 8	−0.091 4	0.457 1	0.422 7	0.418 0
10	0.731 6X	−0.113 9	0.400 5	0.091 8	−0.023 0	0.066 8
11	0.156 7	0.094 6	0.403 5	0.595 6X	−0.127 1	−0.210 8
12	0.055 9	−0.278 3	0.603 0X	0.155 8	0.376 8	0.139 3
13	0.290 3	0.010 7	0.166 4	0.756 3X	0.117 2	0.065 4
14	0.483 3	0.593 3	−0.124 2	0.188 1	−0.038 7	−0.302 1
15	−0.056 4	0.160 3	−0.016 1	0.112 7	0.862 9X	−0.016 9
16	0.246 5	−0.399 2	−0.066 7	0.428 6	0.195 2	0.497 2
17	0.111 7	0.017 0	0.034 1	−0.079 7	0.062 1	0.717 0X
18	−0.169 6	0.170 4	−0.064 8	0.685 6X	0.125 4	0.153 0

资料来源：本书笔者整理。

接下来分析组成各个因素的陈述句。此时，需要计算出每个陈述句在各个因素上的得分，即因素得分。虽然 PQMethod 软件会自动计算出每个陈述句在各个因素上的得分，但为分析方便，本章列出各因素得分最高和最低前四位的陈述句（如表 4-6～表 4-9 所示）。

2）对因素进行分析

（1）对因素 F1 的分析

本章结合各陈述句在 F1 上的因素得分以及 F1 的代表受访者的现场意见对 F1 类型进行具体分析。

投资异化：代理因素和行为因素皆会造成企业（集团）的过度投资。而行为因素的影响更为显著，如陈述句 28、33 因素得分明显高于陈述句 4（代理因素对过度投资的影响)的因素得分。而无论是上市公司还是企业集团的过度投资都会降低上市公司或是企业集团的价值。

表 4‐6　F1 类型最认同和最不认同的观点

得分最高的四个 Q 陈述句	因子得分
28. 企业管理者的急功近利会导致投资决策的失误	2.150
38. 分部经理的公关活动会导致集团资源配置的扭曲,同时还会在企业集团内部形成不良的文化	1.783
6. 集团总部在资本配置中如果存在一些非最优或是低效率的决策,分部管理者会采用某种手段进行纠正	1.452
8. 上市公司有前景好的项目需要投资,但股市整体状况不佳,比较难以进行股权融资或是成本太高,这时企业集团会采用某些方式支持上市公司项目的投资	1.066
11. 当企业有较高盈利和现金流时,与发放股利相比,经理人员或控股股东更乐意将剩余的现金流进行投资,扩大集团的规模	1.066
33. 当股市整体状况很好时,上市公司会想进行 IPO 或增发股票;如果超额募资,上市公司容易将超额募集的资金进行宽松的投资	1.066
得分最低的四个 Q 陈述句	因子得分
22. 在金字塔结构(指具有母公司、子公司、孙公司等这样的结构)的控股公司内,集团母公司的最终控制人(具有集团股权的实际控制人)倾向于投资高风险的项目	−2.150
18. 企业集团在资本配置过程中往往会出现"平均主义"的现象,即业绩差的部门会得到比其本身正常需要还多的资本	−1.801
3. 企业总部在配置内部资金时,允许各部门借入(使用)与其部门资产或现金流成比例的投资资金	−1.783
35. 部门经理为了提高自己的声誉,会花费更多的时间和精力去总部进行公关活动	−1.452

资料来源:本书笔者整理。

　　部门经理寻租:在企业集团 ICM 运作中,不存在分部管理者外部和内部公关活动。然而分部经理的公关活动本身会对企业集团造成不良的影响。企业集团的财务决策中一般不存在交叉补贴的现象,即使偶尔存在"平均主义",也不会是部门经理游说的结果。但经理游说的这种现象会降低企业集团的整体价值。

　　利益输送:企业集团会对上市公司进行利益输入,并都是基于行为因素即管理者非理性和投资者非理性的影响(陈述句 8 和 14),然而这种利益输入的行为动机并不是为了进一步的利益侵占(陈述句15),也因此,利益输入行为在一定程度上不会导致上市公司或企业集团整体价值的下降(陈述句24、25)。企业集团中会存在利益侵占行为,究其原因,是由于中小投资者的非理性(陈述句10),亦是行为因素,而此种行为会使得企业集团的价值下降。

从表4-5中可以看出F1类型的典型代表是第6位和第10位受访者。这两位受访者都是国有企业的高管人员。第6位受访者赞同陈述句28(企业管理者的急功近利会导致投资决策的失误),并认为管理者的急功近利会导致调研的不充分,易导致投资的失误,若是拥有过多的自由现金流,则会造成更大的损失。受访者不赞同陈述句3(企业总部在配置内部资金时,允许各部门借入(使用)与其部门资产或现金流成比例的投资资金),因为他所在企业在做预算或是资金分配时,会考虑各个分部的实际情况,以企业集团价值最大化为行为准则进行统筹考虑。受访者也说明该企业在制定决策时,一般都是集体决策,所以集团母公司的最终控制人不会也不可能以投资高风险的项目来侵占中小股东的利益(陈述句22)。一般来说,国企整体上都较为稳健保守,其企业内部制度在很大程度上受到宏观环境和国家政策的影响,而企业内部制度又影响着企业财务政策的制定。

第10位受访者赞同陈述句6(集团总部在资本配置中如果存在一些非最优或是低效率的决策,分部管理者会采用某种手段进行纠正),并解释说:该企业是全国性的企业,事业部按地区来划分,实行分权式管理。总部授权于各个事业部,总部只是给出大体上的战略规划,各个事业部的发展靠自己,所以事业部的管理者可以自行进行具体战略方面的调整,尤其是当各事业部执行力不强,整体效率低下的时候,部门经理进行调整的空间更大,即是说当执行决策较慢时,投资还不是很大时,一旦发现失误,可以及时进行纠正。受访者虽也不认同陈述句22的说法,但是因为她所在的国有企业的大股东(国有资产监督委员会)对该企业的主营业务IT不熟悉,导致了只能将事权下放,所以此时的大股东是不作为的,企业是由其董事长控制,因此受访者不同意最终控制人的说法。受访者亦不赞同陈述句35(部门经理为了提高自己的声誉,会花费更多的时间和精力去总部进行公关活动),因为她所在的企业集团的部门经理根本没有权利进行公关活动,而且该企业集团是业绩导向的,公关活动也无用,因此分部经理不会进行寻租。

(2)对因素F2的分析

本章结合各陈述句在F2上的因素得分以及F2的代表受访者的现场意

见对 F2 类型进行具体分析。

投资异化：管理者或控股股东与中小股东之间的代理问题会造成企业（集团）的过度投资（陈述句 11）。而管理者的自信和乐观不会造成过度投资，此种观点与 F1 相反。上市公司的过度投资不一定会导致上市公司价值的下降，而企业集团对个别下属企业（如上市公司）的过度投资会导致整个企业集团价值的降低。这种观点亦与 F1 观点不一致。

表 4 – 7 F2 类型最认同和最不认同的观点

得分最高的四个 Q 陈述句	因子得分
2. 企业管理者往往喜欢马上执行能立即带来报酬的事情，推迟报酬滞后的任务	2.068
11. 当企业有较高盈利和现金流时，与发放股利相比，经理人员或控股股东更乐意将剩余的现金流进行投资，扩大集团的规模	1.812
29. 在对项目进行可行性论证时，人们往往会采用投资回收期法进行项目的取舍	1.524
22. 在金字塔结构（指具有母公司、子公司、孙公司等这样的结构）的控股公司内，集团母公司的最终控制人（具有集团股权的实际控制人）倾向于投资高风险的项目	1.476
得分最低的四个 Q 陈述句	因子得分
5. 企业管理者在一个投资项目投入大量资源（如资金和时间）后发现完成该项目并取得收益的可能性非常小，在这种情况下，管理者还会不自觉地继续增加投入	−2.405
31. 在我国资本市场上越容易融资的企业，其分部或下属企业的经理越愿意通过公关活动来获取更多的资源	−1.603
1. 企业管理者的自信和乐观容易导致投资决策的失误	−1.443
19. 企业集团资本配置中出现的"平均主义"现象，是部门经理游说的结果	−1.395

资料来源：本书笔者整理。

部门经理寻租：在企业集团 ICM 运作中，不存在分部经理外部和内部公关活动，因此不存在分部经理的公关活动对企业集团的影响问题。企业集团的财务决策中存在交叉补贴的现象，究其原因，是行为因素或制度因素造成的（陈述句 3 和 34），而不会是部门经理游说的结果。并且这种现象也不一定会降低企业集团的整体价值，这与 F1 观点不一致。

利益输送：最终控制人（大股东）与中小股东的代理问题会导致利益侵

占问题(陈述句22);控制性股东也会利用中小股东的非理性进行利益侵占(陈述句10)。企业集团会对上市公司进行利益输入,并都是基于行为因素即管理者非理性和投资者非理性的影响(陈述句8和14),这与F1相似,然而这种利益输入就是为了进一步的利益侵占(陈述句15),这与F1的观点相反。企业集团会利用外部市场投资者的非理性获益,并将获得的利益进行输出,但这种做法不一定使得企业集团的价值下降,还得看集团总部的行为动机。

从表4-5中可以看出F2类型的典型代表是第5位,第7位和第12位受访者。

第5位受访者是国企的高管人员,他在解释陈述句2(企业管理者往往喜欢马上执行能立即带来报酬的事情,推迟报酬滞后的任务)时,认为这主要与企业集团的战略目标以及相应的财务政策有关。因为他所在企业的负债较高,资金也有限,所以需要投资小见效快的项目,一般会投资于马上有市场的项目。然而,若有足够的资金,也会考虑投资于风险大收益大的项目。受访者在解释陈述句3(企业总部在配置内部资金时,允许各部门借入(使用)与其部门资产或现金流成比例的投资资金)时说道"这是企业集团风险控制原则的体现,下属企业上年的折旧与利润之和就是企业集团下年资金分配的基础"。他认为这是国企严格控制风险的做法,采用保守投资的财务政策,是国企体制所要求的,资金有限也是原因。这与传统意义上的交叉补贴说法不一,在这更多的是企业制度使然。而在解释陈述句34(规模大的部门相对于规模小的部门在获取总部资源时更容易成功)时,他说道"因为企业集团相信规模大的部门实力较强,能获得更好的收益,提高企业集团的价值"。这说明在企业集团的财务决策中,存在着非理性的因素。

第7位受访者解释陈述句30(在集团资本配置中,部门(子公司)需要的资金较少时,其申请比较容易获得通过)时说"部门(子公司)需要的资金较少时,其需要的审批程序简单,较容易通过,而不需要大项目冗长的审批程序,管理层的授权加速了小项目的审批"。这也与企业的制度相关。

第12位受访者对于陈述句11(当企业有较高盈利和现金流时,与发放股利相比,经理人员或控股股东更乐意将剩余的现金流进行投资,扩大集团的规模),他的解释是企业的目标是追求利润最大化,而企业的扩大再生产需要资本。但该CFO也强调这是在有项目的情况下的决策。从中可以看出虽然事实上利益侵占的行为已经发生,但其出发点还是希望有利于企业的发展。

（3）对因素 F3 的分析

本章结合各陈述句在 F3 上的因素得分以及 F3 的代表受访者的现场意见对 F3 类型进行具体分析。

表 4-8　F3 类型最认同和最不认同的观点

得分最高的四个 Q 陈述句	因子得分
13. 上市公司是企业集团的"融资窗口"	1.973
1. 企业管理者的自信和乐观容易导致投资决策的失误	1.829
28. 企业管理者的急功近利会导致投资决策的失误	1.483
15. 集团总部或上市公司的控制性股东对上市公司的支持性行为是为了能够进一步从上市公司中获取更大的收益	1.448
得分最低的四个 Q 陈述句	因子得分
4. 当企业存在实际控制权股东时，企业集团更容易过度投资	−2.081
26. 在股权全流通环境下，大股东通过操纵上市公司的股价来获取超常收益会降低整个企业集团的价值	−1.541
37. 企业集团内部资本配置中的"照顾"现象会使整个企业集团价值降低	−1.483
19. 企业集团资本配置中出现的"平均主义"现象，是部门经理游说的结果	−1.463

资料来源：本书笔者整理。

投资异化：代理因素和行为因素皆会导致过度投资。其行为因素包括了管理者的乐观自信和急功近利的心理状态，也包括了投资者非理性因素，这与 F1 的观点相似，但在这里更多强调的是管理者的非理性因素，又与 F1 有差别。上市公司的过度投资不一定会导致上市公司价值的下降，而企业集团对个别下属企业（如上市公司）的过度投资会导致整个企业集团价值的降低。这种观点与 F2 观点相似。

部门经理寻租：在企业集团 ICM 运作中，存在分部经理进行外部公关活动（陈述句 20），而不会向总部进行内部公关活动（陈述句 35），也因此分部经理不能影响集团总部的决策（陈述句 6）。但承认公关活动会对企业集团造成不良影响。企业集团的财务决策中不会存在交叉补贴的现象（陈述句 18），这与 F1 观点相似。然而若存在"平均主义"，不会是部门经理游说的结果（陈述句 19）。而这种现象也不一定会降低企业集团的整体价值。

利益输送：上市公司是企业集团的"融资窗口"，这就意味着集团会将上市公司的利益输出。而集团总部也会对上市公司进行利益输入（陈述句8），而这种行为是为了能够进一步从上市公司中获取更大的收益（陈述句15）。这与F2相似。利益侵占行为一定会使得企业集团的价值下降。

从表4-5中可以看出F3类型的典型代表是第11位，第13位和第18位受访者。

第11位受访者是一个民营企业集团的高管人员，他赞同陈述句28（企业管理者的急功近利会导致投资决策的失误），因为管理者急功近利的心态使得其不能听取反面意见，导致了短期行为。而对于陈述句1，受访者认为管理者容易在企业发展过程中自信心急剧膨胀，最终导致投资的失误。受访者不赞同陈述句37（企业集团内部资本配置中的"照顾"现象会使整个企业集团价值降低），他解释到：企业集团内部就算有"照顾"现象，但一方面企业自身有一个价值标准，另一方面这种"照顾"现象只是局部的、暂时的，所以暂时的"照顾"现象不会影响到集团整体的价值。

第13位受访者也是一个民营企业集团的高管人员。对于陈述句1（企业管理者的自信和乐观容易导致投资决策的失误），她认为自信和乐观是很多企业家的特质。这也是本章问卷第一部分所证明的。受访者不赞同陈述句4（当企业存在实际控制权股东时，企业集团更容易过度投资），因为如果股东是理性的，就不会过度投资。对于陈述句26（在股权全流通环境下，大股东通过操纵上市公司的股价来获取超常收益会降低整个企业集团的价值），受访者认为企业（集团）价值依靠的是企业（集团）的运营，而非其他方面，所以大股东也不会以操纵上市公司股价的方式来获取超常收益。

第18位受访者是一家合资（外资控股）企业的高管人员，他在解释陈述句13（上市公司是企业集团的"融资窗口"）时，认为融资就是上市公司的根本目的。对于陈述句15（集团总部或上市公司的控制性股东对上市公司的支持性行为是为了能够进一步从上市公司中获取更大的收益），他认为对于大股东来说，趋利是制订所有计划的目标。受访者不赞同陈述句19（企业集团资本配置中出现的"平均主义"现象，是部门经理游说的结果），他说到"大企业往往很少有平均主义"。

（4）对因素 F4 的分析

表 4-9　F4 类型最认同和最不认同的观点

得分最高的四个 Q 陈述句	因子得分
8. 上市公司有前景好的项目需要投资,但股市整体状况不佳,比较难以进行股权融资或是成本太高,这时企业集团会采用某些方式支持上市公司项目的投资	2.175
28. 企业管理者的急功近利会导致投资决策的失误	1.942
25. 集团总部通过某些途径将上市公司的资产或是利润输出,这种行为会使上市公司价值下降	1.232
15. 集团总部或上市公司的控制性股东对上市公司的支持性行为是为了能够进一步从上市公司中获取更大的收益	1.136
得分最低的四个 Q 陈述句	**因子得分**
21. 在股权全流通环境下,上市公司的大股东会通过操纵股价来获取超常收益	−1.689
2. 企业管理者往往喜欢马上执行能立即带来报酬的事情,推迟报酬滞后的任务	−1.622
23. 在我国,由于中小投资者的不作为,控制性股东和集团的管理者会通过某些途径,比如关联交易、担保、股权投资、不公允的并购等来获得相应的额外收益	−1.612
22. 在金字塔结构(指具有母公司、子公司、孙公司等这样的结构)的控股公司内,集团母公司的最终控制人(具有集团股权的实际控制人)倾向于投资高风险的项目	−1.612

资料来源：本书笔者整理。

本章结合各陈述句在 F4 上的因素得分以及 F4 的代表受访者的现场意见对 F4 类型进行具体分析。

投资异化：代理因素和行为因素皆会导致过度投资。而行为因素（即管理者的急功近利的心理状态）的影响更为显著。当投资者非理性时,管理者在充分利用投资者高涨情绪的同时,并不会进行过度投资。与其他因素相比,这是其独特之处。上市公司的过度投资不一定会导致上市公司价值的下降,而企业集团对个别下属企业（如上市公司）的过度投资会导致整个企业集团价值的降低。这种观点与 F2、F3 观点相似。

部门经理寻租：在企业集团 ICM 运作中,不存在分部管理者进行外部和内部公关活动,这与 F1 和 F2 相似。但分部经理能采取某些手段来影响集团总部的决策（陈述句 6）。而公关活动一定会对企业集团造成不良影响。

利益输送：集团总部会对上市公司进行利益输入（陈述句 8）,而这种行为是为了能够进一步从上市公司中获取更大的收益(陈述句15),这与F2、F3相似。在集团中不会存在着基于代理因素的利益侵占行为。而利益侵占行为一定会使得企业集团的价值下降(陈述句25和26)。

从表4-5中可以看出F4类型的典型代表是第1位,第8位和第17位受访者。

第1位受访者是一个军工国有企业的高管人员,她不赞同陈述句2(企业管理者往往喜欢马上执行能立即带来报酬的事情,推迟报酬滞后的任务),并解释到:企业重视其可持续发展,不会有上述短视的行为。她强调企业的发展战略一般与企业CEO有关,而该企业CEO会考虑职工的利益,甚至还会考虑职工退休后的福利等一系列可持续发展事项。

第8位受访者是一家国企的高管人员,他赞同陈述句8(上市公司有前景好的项目需要投资,但资本市场整体状况不佳,比较难以融资或是成本太高,这时企业集团会采用某些方式支持上市公司项目的投资),因为他认为有收益好的项目,就要竭尽全力对其进行投资,这对企业集团本身是有利的。受访者不赞同陈述句21(在股权全流通环境下,上市公司的大股东会通过操纵股价来获取超常收益),他认为这是一种违规违法行为,是不允许发生的。然而在监管不到位的情况下,可能会发生。

第17位受访者赞同陈述句25(集团总部通过某些途径将上市公司的资产或是利润输出,这种行为会使上市公司价值下降)和陈述句28(企业管理者的急功近利会导致投资决策的失误),他认为这些事项之间的因果关系很清晰。由于该受访者是我们通过邮件方式联系的,所以不能像面对面地了解具体情况。但从他的排序中至少可以了解他的主要观点。

4.3 Q方法研究结论和启示

以行为公司金融理论为基础,本章采用用于研究主观性行为的Q方法对企业集团ICM异化功能形成原因(代理因素和行为因素)以及其是否对企业(集团)业绩造成影响进行了检验。结合Q方法调研取得的信息以及Q技术分析结果,本章得出如下结论:

1. 管理者的认知偏差会对企业的财务决策产生影响

研究的调研对象主要是大型企业(集团)的高层管理人员。行为公司金融在分析行为因素对财务决策影响之时,强调管理者的非理性尤其是管理者的过度自信和过度乐观会对企业的财务决策造成影响,所以本章的调研问卷

第一部分设计了几个问题以测试受访者（管理者）是否存在过度乐观、自信和控制幻觉等行为特征。在本次调研中，一共收回 23 份问卷，有效问卷是 18 份。其中有超过一半以上（58.8%）的受访者都较为乐观，还有 23.5% 的受访者十分的乐观，较不乐观的受访者只占占 17.7%（见附录 A 中的表附 A-1）；52.9% 是非常自信，而 41.2% 是较为自信（见附录 A 中的表附 A-2）；有超过 80% 的管理者存在控制幻觉（见附录 A 中的表附 A-3 和表附 A-4）；但只有一成多的人存在较轻的自我归因偏差（见附录 A 中的表附 A-5）。这个背景式的调研表明：总的来说，高管人员普遍自信乐观，并相信自己能很好地控制局面，而在面临困境时，也能清晰地思考，并不是一味地从外部环境寻找问题和答案。这个结论与我们的研究设想基本是一致的①。这个前景式的调研结果必定对受试者后续的行为结果造成影响。

2. 我国企业集团的 ICM 中广泛地存在着投资异化、部门经理寻租和利益侵占等各种异化功能，并且行为因素是主要的影响因素，这些因素对 ICM 的效率产生不同的影响。具体体现在：

（1）对于投资异化，首先，调查结果表明，70.5% 的受访者都认为企业集团更容易过度投资，其中还有 17.6% 的受访者对此十分肯定（见附录 A 中的表附 A-6）。其次，代理因素和行为因素都会对企业的过度投资产生影响，而行为因素（如自信乐观和急功近利）的影响更为显著。自信乐观虽被很多受访者认为是过度投资的主要原因，但也有些受访者认为自信乐观也是领导人必须有的素质。最后，大多数的受访者认为，上市公司的过度投资不一定会导致上市公司价值的下降，而企业集团对个别下属企业（如上市公司）的过度投资会导致整个企业集团价值的降低。

（2）对于企业集团的寻租行为，大多数的受访者认为不存在分部管理者外部和内部公关活动。然而分部经理的公关活动本身会对企业集团造成不良的影响。少数人认为，如果存在分部经理的公关活动，就可能对集团总部的决策造成影响。这表明当集团总部相对理性时，分部经理的非理性行为往往能够受到限制。另外，企业集团存在的"平均主义"行为，不一定是部门经理寻租的结果。

（3）对于企业集团的利益输送和侵占行为，所有的受访者都认为企业集

---

① 这个调研中的管理者基本不存在归因偏差的原因可能是语句设计太过暴露其缺点，使得受试者不愿意承认。

团都会对上市公司进行利益输送。大多数受访者认为集团总部对上市公司的利益输送行为的最终目的是进一步从上市公司获得更多的利益或进行利益侵占，并且这种利益侵占的原因，大多是因为外部市场投资者和集团管理者的非理性因素造成；进一步的，由于利益侵占的动机不一样，所以不一定会导致整个企业集团价值的减损，这与理论分析和本章的实证分析相一致。但也有受访者认为，实际控制人对上市公司进行利益侵占是非法的，是不允许的。

根据 Q 方法分析以及调研过程中所得到的信息，我们认为企业（集团）财务决策的制定由以下几个方面的因素决定。

首先，企业家和 CEO 等企业财务决策的制定者以及分支机构的参与者本身的特质（不仅包括学历、知识背景等客观条件，也包括自身的行为和心理特征等主观条件）很大程度上影响着企业财务决策的制定。就如"平均主义"，它的存在不太可能是分部经理游说的结果，而是由决策制定者自身的认知和处事原则所决定的，也就是说如果他想实行"平均主义"，才会存在这样的现象。另外，决策者的阅历也会影响集团的财务决策。例如，经受过更多挫折的决策参与者会变得相对理性。

其次，企业（集团）制度会影响着其财务决策。企业（集团）制度由企业（集团）的性质、组织结构以及管理模式等决定。如"寻租行为"，当企业集团的制度规定，在资源分配时是以业绩为导向，这种制度也就直接使得寻租行为无可作为；另一方面，如果集团总部进行绝对的分权管理，那么分部对自己的部门有着绝对的控制权，也不需要进行寻租。

再次，法律法规的相关规定以及违反成本的高低也会对企业（集团）财务决策造成很大的影响。如相关法律明确规定上市公司运作的规范以及出现违法违规行为后其违法成本较高时，企业（集团）的运作必定会更为规范，而我们在调研中就遇到这样的事例。某集团上市公司曾经因为不当关联交易和欺骗等行为受到香港联交所的处罚，后续被内地证监会暂停上市，但该集团也从中吸取了教训，现在该上市公司的运作更为正规。该受访者在总结集团上市公司以前的经历时说，如果企业对市场不诚实，那么市场也会对企业不信任。而该集团的管理者们在经历这些坎坷之后也成长了，变得相对理性了。

最后，外部市场（投资者）的非理性亦会影响企业（集团）的财务决策。有时表面上，虽然企业利用了投资者的非理性，或许在某种程度上也侵占了外部投资者的利益，但从总体上来说，这或许更有利于企业集团的整体发展。本书认为这或许是我国目前许多企业集团在不健全的市场环境下的一种理性选择。

4.4　本章小结

鉴于目前中国大陆的研究中对 Q 方法的应用不太常见,所以本章先介绍了 Q 方法的概念、一般程序和方法,并对国内外采用 Q 方法进行研究的现状进行了简述,揭示了 Q 方法的特点,认为该方法适用于本书对 ICM 效应的研究。然后,采用 Q 方法对我国 ICM 中的各种效应,包括正常功能效应和功能异化效应进行了基于传统金融视角和行为金融视角的全视角考察,得出了与过去采用纯粹理论研究和统计实证研究不一样的结论和实践启示。

本章采用的面对面现场考察的 Q 研究方法本身花费了笔者几乎两年的时间。这些过程包括 Q 母本的海选和一再与专家、学者以及实践一线高管之间的访谈和交流,并采用非结构性的方法确定 ICM 效应研究的 Q 语句 38 条;按照 Q 方法对受访者选择的要求,考虑 ICM 效应研究的视角、内容和我国企业集团实践基础等,通过比较艰苦地对全国几个大中型城市集团①高管的走访、面谈和交流,并同时采用 E-mail 加电话沟通的方式获得了 23 个 P 样本,经过效度分析,获得有效 P 样本 18 个;采用 Q 方法的专用软件PQMethod软件程序对 Q 排序,提取特征因子,进行因素旋转和具体的四因素分析;结合受访者对极端值的当面解释和评价,得出了相应的结论: ① 我国企业集团中的管理者普遍存在诸如过度自信、控制幻觉等的认知偏差,管理者的认知偏差确实会对企业集团的财务决策产生影响;② 我国企业的 ICM 中广泛地存在着投资异化、部门经理寻租和利益侵占等各种异化功能,并且行为因素是主要的影响因素,这些因素对 ICM 的效率产生了不同的影响。这些影响有些是正面的,有些是负面的。所以这三种所谓的异化功能在我国市场不完备、管理者存在较严重的认知偏差的情况下,并不一定会导致企业集团价值的毁损,有时反倒是一种理性的选择。这种结论如从传统金融视角是无法进行完满地解释的。但是在调研中发现的一些问题和集团高管对集团财务决策的反思给我国企业集团 ICM 的后续发展以启示。

本章基于传统金融和行为金融视角进行的 ICM 效应 Q 语句的设计以及研究结论为后续各章分别针对不同异化功能及其效应的实证检验提供了基础。

---

① 主要包括具有悠久历史的当时属于国家 50 多个苏联项目的洛阳大型企业集团,代表了传统和新兴产业的北京、上海、南京、广州等地的上市以及非上市公司,代表世界 500 强的公司(合资)等。

第五章

基于行为金融的内部资本市场
投资异化效应的分析

本章基于行为金融,采用表3-2的三个模型,对ICM的投资异化问题进行分析。这里,投资者的非理性主要表现为过度乐观或过度悲观;管理者的非理性主要表现为过度乐观或迎合心理。本章主要基于管理者过度乐观与迎合心理来研究ICM的一种异化功能及其效应——过度投足或投资不足,从投资者与管理者非理性入手,并结合传统的ICM治理问题研究ICM的配置效率。

5.1 理论分析

虽然第三章对过度投资或投资不足的行为因素进行过分析,但本章的分析更具有实证的针对性。本章将先描述管理者过度乐观和ICM之间的关系,论证在投资者理性而集团管理者存在过度乐观倾向时,ICM内部的资本配置结果;然后分别在投资者存在过度乐观和悲观的非理性偏差情绪时,管理者的理性和非理性行为导致ICM中资本的配置后果。进一步构建存在非理性因素时ICM配置效率的测试模型。最后,利用构建的模型采用我国上市公司2008年的数据资料进行理论观点的实证分析。

5.1.1　投资者理性—管理者非理性

这里管理者的非理性主要是指管理者的过度乐观,本部分探讨在投资者理性,管理者过度乐观时,ICM 的存在会导致什么结果。

在管理者明显过度乐观的情况下,大量流动着的资金对公司到底是有利还是有害,要看管理者的乐观程度和投资机会对企业回报高低的影响。乐观的管理者一般倾向于增加投资。但乐观程度越高,他们通过外部市场融资的可能性也越小,因而投资机会越好,由于缺少资金而放弃投资给股东带来的成本就越高。因此,当公司管理者很乐观并且有很好的投资机会时,保留足够的资金对股东是有利的。而当公司管理者很乐观但投资机会不好,管理者却要求公司增加投资时,资金过多可能导致公司投资过度,这时减少公司的富余资金显然对增加公司价值有利。容易获得大量自由现金流的 ICM 的存在可能会缓解或加重上述两种投资异化情形。

一般认为企业集团这种组织结构是内部资本市场的载体和存在依据。企业集团的管理者更容易过度自信和乐观,尤其集团总部的管理层是整个集团的核心,他们所处的地位和拥有的权力容易增强其成功感,进而滋长其过度乐观的情绪。Paredes(2005)[142]认为在以 CEO 为中心的公司治理模式中,公司一方面给予 CEO 高权力,另一方面在 CEO 决策失误时不能让其有效地承担相应的责任,从而导致了管理层的过度乐观心理。在企业集团中,由于 ICM 对各分部现金流的聚集作用以及"多钱效应",使得集团总部 CEO 较之单一企业管理者拥有更大的剩余控制权,可以让内部资金和资源在集团内各分部间自由流动。如在企业集团某一分部资金不足时,调用其他分部放在 ICM 中的资金进行弥补;或在企业集团内部各分部之间进行关联交易。

企业集团总部 CEO 若存在过度乐观心理,即 CEO 高估新项目收益或是低估新项目的风险,集团内部资金的充足以及外部融资的便利性会使总部 CEO 投资于净现值为负的项目,导致过度投资,内部资本的融通则可能加剧过度投资,进而损害企业集团的利益。例如,在企业集团中,由于 ICM 内部融资的便利性,集团总部会将其他成员企业及总部的资金输入上市公司中。一方面,该上市公司的投资项目并不如过度乐观的管理者预测的那样,此时的资金输入就会导致 ICM 资源配置效率低下。而另一方面,由于集团总部将资金输入到上市公司中,导致对总部和其他分部更好的项目投资不足,这加剧了企业集团整体价值的下降。另外,过度乐观的管理者会进行过度交易,经常会出现企业自有资金不能完全满足资金需求的情况,而集团中交易的规模往往比一般企业更加庞大,这时集团管理者通常会选择激进的债务融资达到融资的目的,进而导致集团背负过高的负债水平。如果过度乐观的管理者凭借集团融资的便利性借入过高的债务,使得财务杠杆达到企业无法承受的高度,其所带来的财务风险巨大。也就是说,ICM 的"多钱效应"会使得过度乐观的集团管理者融入过高的债务资金,导致集团资金链非常脆弱,一旦某个环节出错,资金链断裂,集团便会崩溃。德隆等集团的轰然倒塌莫不如此。当然,当过度乐观的管理者认为外部投资者低估了其公司价值,认为融资成本很高时,会放弃具有净现值为正的项目,ICM 的存在却可能缓解这种投资不足。但是,如果过度乐观的管理者认为投资者低估了公司股票价值,即外部融资成本太高,而自身内源性融资不足,即便 ICM 配置了资本,仍不满足投资项目需要,导致公司投资不足,这说明内部资本配置功能未能发挥;而当管理者不合理地高估投资项目收益时,在内源性融资充足或外部融资成本相对不高的情况下,则会投资于净现值为负的项目,形成过度投资,内部资本配置融通可能加剧了投资过度,进而损害投资者的利益。

所以,正如 Heaton(2002)[143] 所言,当管理者存在过度乐观的非理性情绪时,自由现金流可能起着双重作用,即缓解投资不足和过度投资或加剧过度投资,当然这里还存在加剧投资不足的情形。这是外部投资者理性,而管理者非理性又存在 ICM 时的企业投资情形,如图 5-1 所示。

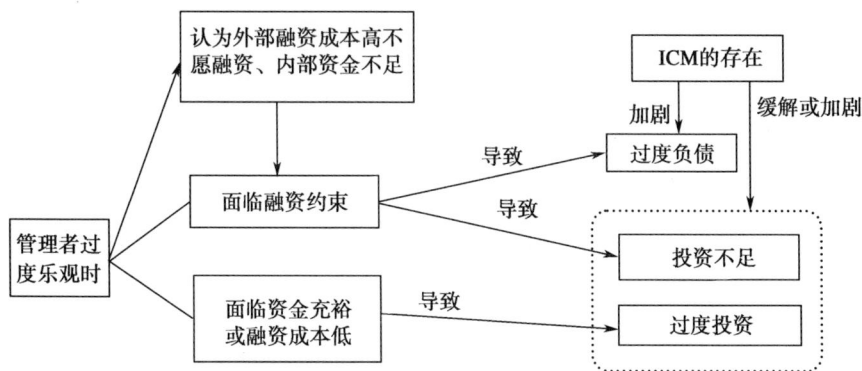

图 5-1 投资者理性—管理者过度乐观时 ICM 的配置后果

资料来源:本书笔者整理。

而当外部投资者非理性,ICM 的存在会导致管理者的不同反应,主要表现为理性的利益输入输出行为和迎合效应(非理性)。

5.1.2 投资者非理性—管理者理性

Stein(1996)提出的"市场择机假说"分析了在投资者过度乐观和过度悲观时,理性的管理层的融资策略。根据择机模型可知,当投资者过度悲观时,公司的股价被严重低估,公司的股权融资的成本太高,管理者不得不放弃一些带来正净现值的项目,此时,企业集团利用 ICM 将其他成员企业或是集团总部的自由现金流或是资产对上市公司进行利益输送,可以很大程度上缓解股价被低估带来的融资困境,使上市公司可以继续进行盈利项目的投资。所以,在这种情况下,虽是利益输送行为,却发挥了 ICM 的功能,提高了资源配置效率,并提高企业集团的整体价值。另一方面,由于利益输送行为的支撑也使得投资者很快对公司恢复信心,至少可以减轻投资者的悲观情绪,能较正确地评价公司价值。而当投资者过度乐观时,公司的股价会被严重高估,而作为理性的管理者,清楚地知道具有乐观倾向的投资者过高地估计了企业的未来收益,此时管理者应会根据"市场时机"理论,利用投资者热情造成的权益融资低成本进行权益融资,但理性的管理者也知道在公司内部并没有如投资者预测的高盈利项目。此时,为了充分利用自由现金流,他们很可能会进行利益输出活动,即将上市公司融得的资金对非上市的其他成员公司或是公司总部认为更好的项目进行投资。在这种情况下,ICM 就是有效的,我国企业集团并非整体上市时尤其如此。图 5-2 是企业集团管理者理性时的模型。

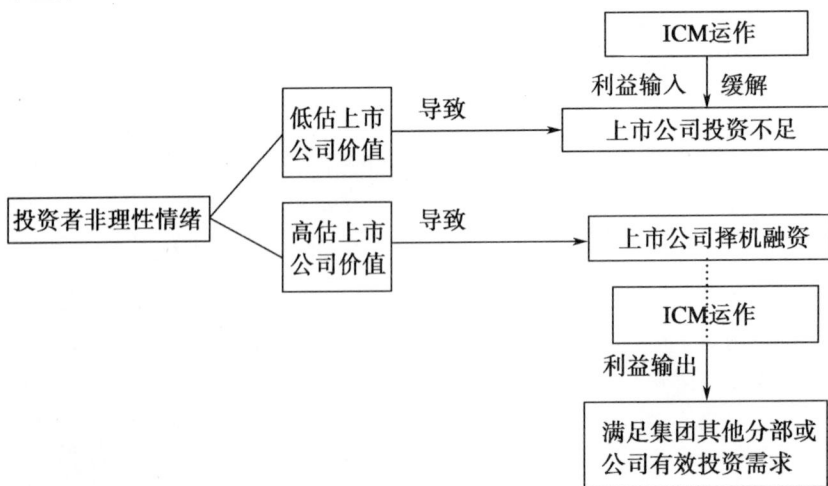

图 5-2 投资者非理性—管理者理性时 ICM 的配置结果

资料来源：本书笔者整理。

但是，在外部投资者非理性的情况下，管理者的行为不一定理性或者会符合投资者非理性预期，后面这种现象被称为"迎合效应"，它也可能导致内部资本配置与投资机会的倒置，从而影响 ICM 配置效率。

5.1.3 投资者非理性—管理者非理性

这里管理者的非理性主要指迎合心理。迎合效应是指当投资者过度高估或低估公司价值时，管理者可能主动或被动地接受投资者非理性从而行动上符合投资者的非理性预期，管理者具有的这种心理叫迎合心理。投资者非理性，而管理者也非理性时，ICM 的配置效率如何要分别就股权依赖型公司和非股权依赖型公司进行探讨。

1. 股权依赖型公司

迎合效应下，管理者会迎合或利用投资者的乐观情绪，低估投资风险，高估投资价值，导致过度扩张，ICM 的存在则加剧了这种倾向。而当投资者悲观时，外部股权融资成本过高，若该公司属于股权融资依赖型，公司会因股权融资依赖而资本严重不足[①]，这时，管理者不得不放弃某些有吸引力的投资项目甚至迎合投资者的需求清理一些好的项目，导致公司停滞不前；但 ICM 如果具有了"多钱效应"，则 ICM 的资金融通可能减缓这种投资不足。因而投资者的非理性与管理者决策中的迎合心理影响了 ICM 的配置效率，如图 5-3 所示。

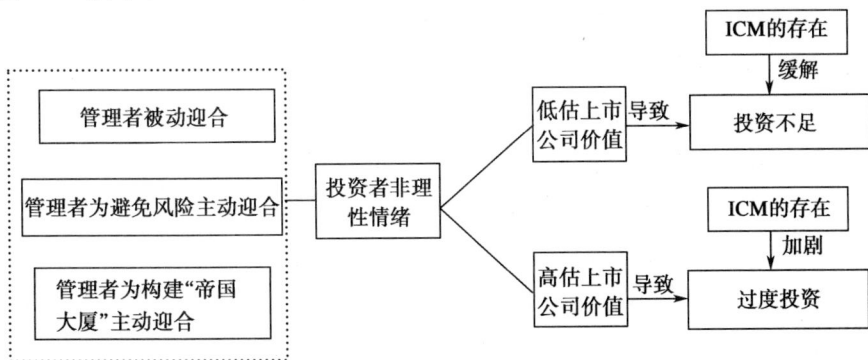

图 5-3 对于股权依赖型公司，投资者非理性—管理者非理性时 ICM 的配置结果

资料来源：本书笔者整理。

---

① 如整个集团由于债务已经很高或担保额度太高或债务评级太低，无法进行债务融资，许多好的项目却等着股权融资来解决，或者债务急需股权资金来偿还等。

尤其在股权结构集中的 H 型控股公司中，这种通过 ICM 配置的资金有着准内部现金流或者准外部融资的特征，这些资金的配置会受到上述管理者迎合心理的影响。

2. 非股权依赖型公司

而对于非股权依赖型公司其投资情况则可能不同。这类公司举债能力强，并未受到债务融资约束，或者公司资本存量充裕，因此股权融资约束影响不大。但公司股票价格被市场不合理地低估，投资者信心不足，认为企业没有好的投资项目而应当缩减投资。面对这一情况，Stein(1996)认为理性的管理者不应当缩减投资，因为他知道公司拥有好的投资项目；但非理性的管理者则会迎合投资者非理性情绪，主动缩减投资，形成投资不足。Polk 和 Sapienza(2001)[144]最早取得了投资扭曲的证据。他们将具有高留利和具有高的净股权的公司视为价值高估的公司。在尽可能准确控制实际投资机会的前提下，发现价值高估的公司比其他公司投资更多。Polk 和 Sapienza (2008)[145]研究发现股票市场的异常定价会影响公司的投资决策，异常的投资与股价偏离程度正相关，这项研究基于非股权依赖型公司，不同于通过股权依赖途径引起的投资扭曲。因此，非理性的管理者主动迎合投资者的非理性情绪，导致了投资不足。为了缩减投资，公司在 ICM 中的融资决策亦受到投资者非理性情绪的影响。借助于 Vogt (1994)[146]研究上市公司是否存在过度投资的模型，本章将考察是否存在管理者迎合心理以及 ICM 对管理者迎合心理的影响，即是否加剧了迎合心理或者扭转了迎合心理，从而考察 ICM 的资本配置效率。

Vogt(1994)曾用模型讨论了自由现金流的代理问题，而在现实中管理者迎合投资者非理性情绪给企业投资带来的影响是无法忽视的。为了阐述管理者迎合投资者非理性情绪给企业投资带来的影响，本章在 Vogt 的研究基础上设计了一个模型。该模型和 Vogt 所讨论问题的主要区别在于这里的模型不仅考虑了代理问题，更考虑了投资者和管理者的非理性因素给企业投资带来的影响。

假设在 t 期企业价值被外部投资者低估，而管理者作为内部投资者知道公司的真实情况，投资者低估了公司资产的现行价值，并低估可获利项目的投资机会或低估投资项目的预期收益。假定公司并非股权依赖型公司，并未受到外部融资约束。投资者对公司未来价值估计为 $X_f = X + X'$，其中，X 为投资者认为的公司资产的现行价值；X' 为投资者认为公司应投资项目的预期收益；t 期，目前公司整体价值 $V=X$。管理者认为公司未来价值为 V_{mf}，$V_{mf}=X_m+X'_m$，其中，X_m 为管理者对公司资产现行价值的客观估计；X'_m 为管理者所知道的具有正 NPV 的公司投资项目的预期收益。管理者认为目前公司整体价值 $V_m=X_m$。由于信息不对称，投资者对公司未来价值的估计低于管理者对其的客观估计值，其偏离值为 Ω。$\Omega=(X_m-X)+(X'_m-X')=\Omega_1+\Omega_2$，$\Omega_1$ 为投资者对公司现行资产价值的估计偏差；Ω_2 为外部投资者对公司可获利投资项目收益的估计偏差。Ω、Ω_1、Ω_2 都大于 0。

面对外部投资者非理性的估计偏差，理性的管理者应当尽量取得资金，投资于净现值为正的项目，即要满足式 (5.1) 的条件：

$$V/(V+I) \times (X_m+X'_m) \geqslant X_m \Rightarrow X'_m/I \geqslant X_m/V = (X+\Omega_1)/V$$
$$= 1+\Omega_1/V$$

$$(5.1)$$

其中，I 为具有正 NPV 项目的投资额。

式 (5.1) 意味着，只要项目投资收益大于 $1+\Omega_1/V$，管理者则会首先利用内部资金为项目融资，若内部资金不足则会从外部融资，直到投资收益不能满足这一条件为止。

但是，管理者存在非理性迎合投资者非理性情绪的倾向（Polk，Sapienza，2008），可能放弃一些 NPV 为正的投资项目。假设公司真实的投资收益函数满足式 (5.2)：

$$X'_m(I)=\begin{cases} -aI^2+bI+c & a>0, \dfrac{b}{2a}>I_0>0, c<0, \dfrac{b^2}{4a}+c>X'_{\max}; & I\in[I_0,I_{\max}] \\ 0; & I\in(0,I_0) \end{cases}$$

$$(5.2)$$

如图 5-4 所示，由于项目投资的不可分割性，因此只有当初始投资额达到 I_0 时，投资才会产生价值，此时的投资回报为 X'_0。根据式 (5.1)，当外部投资者与管理者都能对公司现行资产价值合理估计，即投资者不存在低估偏差（$\Omega_1=0$）时，理性的管理者的投资约束条件是边际投资回报等于 1，即图中函数与切线 l_1 的切点 $A(I_{\max},X'_{\max})$；当投资者对公司现行资产价值的估计与管理者存在偏差时，即投资者低估公司价值（$\Omega_1>0$），理性的管理者仍应尽力融取资金，直到边际投资回报等于 $1+\Omega_1/V$，即图中函数与切线 l_2 的切点

$B(I_2, X'_2)$①；但如非理性的管理者主动迎合投资者对公司现行价值的估计，缩减投资，使公司的投资规模为 $C(I_1, X'_1)$，$I_0 < I_1 < I_2$，这使投资规模比理性的管理者面对投资者非理性低估时做出的投资决策下降了 $I_2 - I_1$，并使投资回报比不存在投资者低估偏差时下降了 $X'_{max} - X'_1$。为使公司投资更符合外部投资者对投资价值的估计，非理性的管理者会努力使 $X'_{max} - X'_1$ 趋近于 Ω_2。因此，投资者低估偏差越大，即 Ω_1、Ω_2 越大，非理性的管理者会缩减更多的投资。

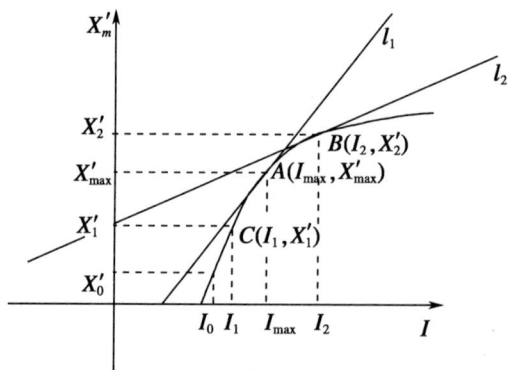

图 5-4　非股权依赖型公司投资回报与投资规模关系图

资料来源：本书笔者整理。

以上的推导是以独立公司为对象的，而在由控股股东及实际控制人所控制集团的核心公司中还存在不同的情况。根本原因是核心公司是集团控股股东及实际控制人发展壮大的根本，控股股东了解公司的盈利能力及所需要的投资规模，因而对核心公司管理者所做出投融资决策并非不加干涉，而是会根据实际情况对核心公司的投资决策进行监督。

假设控股股东对集团内核心公司价值估计与管理者一致，公司未来价值为 V_{cf}，$V_{cf} = X_c + X'_c = X_m + X'_m$，其中，$X_c$ 为控股股东及实际控制人对公司资产现行价值的估计，X'_c 为控股股东所知道的具有正 NPV 的公司投资项目价值。和管理者一样，控股股东及实际控制人也知悉公司真实的投资收益函数。因此，控股股东及实际控制人预期公司合理的投资规模应是点 A (I_{max}, X'_{max})。管理者为迎合投资者情绪倾向于缩减投资，其做出这一决策

①　$B(I_2, X'_2)$ 点的投资和收益水平会高于投资者和管理者都理性时的最佳投资点 A (I_{max}, X'_{max})，是因为理性的管理者不一定以获取的资金去进行项目投资，而可能以回购股票的方式进行替代投资，或同时回购股票和项目投资，直到投资者回归理性。

的唯一可能理由是存在外部融资约束且内部资金不足,因为就公司的投资机会大股东与管理者并不存在信息不对称,缺乏 $I_{max}-I_1$ 的投资资金来源便成为在点 $C(I_1,X'_1)$ 投资的原因。为此,控股股东及实际控制人会通过 ICM 为控股子公司融通资金以使集团整体收益增加,边际资本收益大于或等于边际资本成本。另一方面,对于非股权依赖型公司,其外部融资并非与股权融资型公司一样受到严重约束,即控股股东及实际控制人通过 ICM 所融通的资金超过了其实际所需的资金规模 I_2,管理者则会将这部分剩余资金进行过度投资。

综上所述,对于非股权依赖型公司,投资者非理性低估情绪并不会影响公司外部融资,而管理者的迎合效应可能会使投资不足,但集团控股股东及实际控制人通过 ICM 所提供的资金可能扭转投资不足,而过量的资金融通也会导致管理者过度投资。当然,如果外部市场乐观时,上市公司管理者的迎合心理可能会导致投资过度,而 ICM 的存在则会加剧这种过度投资效应。

5.2 基于行为金融的内部资本市场资本配置效率模型的提出

对 ICM 的配置效率探讨,必定要涉及对 ICM 效率的测度问题。因此,本节先分析影响投资效率的因素;在此基础上,引入目前常用的测度 ICM 配置效率的模型,分析其不足;导入非理性因素后提出新的关于测度 ICM 配置效率的模型,并区分股权依赖型和非股权依赖型公司。

5.2.1 投资、现金流与内部资本市场的关系

1. 影响企业投资的因素

理论界普遍认为企业选择内部现金流进行投资的主要原因是 ECM 不完善带来的外部融资约束,使得企业偏好用内部现金流进行融资来满足投资需要。Myers 和 Majluf(1984)的融资优序理论(Pecking Order Theory)表明在信息不对称的市场环境下,企业的投资活动对内部现金流的依赖性较强。这一理论为企业投资活动与内部现金流的关系提供了理论基础。Fazzari,Hubbard 和 Petersen (1988)(FHP)[147]认为当企业的融资受到限制,即内外部融资存在较大差别时,企业不得不更多地依赖成本较低的内部融资进行投资。Kaplan 和 Zingales(1997)[148]认为对于任何一个企业而言,外部融资的

费用都比使用自有资本的费用高。Bernanke 和 Gertler(1989)[149]认为内部资金匮乏和外部融资高成本造成投资减少的问题，使得投资和负债同向变化，即企业的投资活动所需要的资金主要通过企业负债来筹集。Dekle(2002)[150]研究了投资与资产、预期利润现值和现金流三个变量之间的关系，他们发现投资与现金流的相关性最大。Kadapakkam 等(1998)[151]对加拿大、法国、德国、英国、美国、日本六国上市公司分别用总资产、市值与销售额来衡量公司规模，对样本进行大、中、小的划分，对公司规模、投资、现金流间的关系进行了实证检验，研究发现不同规模公司的投资对于现金流的影响存在显著性差异，大公司投资对于现金流的影响比小公司更敏感。企业在受到外部融资约束的情况下，投资应该首先依赖于企业的内部融资，即依靠企业内部自有资金进行投资。

投资者或管理者非理性影响企业投资决策已成为共识。Polk 和 Sapienza(2001)最早取得了投资者情绪会影响企业投资决策从而扭曲投资的证据。Polk 和 Sapienza(2008)则进一步研究了股票市场的异常定价如何影响公司的投资决策，实证发现异常投资与股价偏离程度正相关，对于资产价值难以估计或公司股东持有股票时间持续时间更短的公司而言这种关系更强，这项研究不同于通过股权依赖途径引起的投资扭曲，说明了投资者情绪导致管理者投资行为扭曲的其他渠道。Roll(1986)认为企业那些没有任何收益的并购投资活动源自于经理人的过度自信和乐观，并通过提出"狂妄假说"来解释并购中收购方出价偏高的现象。Malmendier 和 Tate(2002)[152]研究证实过度乐观的管理者进行并购活动比理性的管理者频繁，特别是在公司现金流充裕时。大量的研究表明管理者过乐观扭曲了公司的投资决策，从而损害了公司价值。

因此，除了内部现金流影响企业投资外，投资机会①，外部融资约束②，投资者或管理者非理性因素都是影响企业投资的主要因素。

---

① 投资机会指市场对企业效益的估价，也是企业成长性及绩效的表现。衡量企业投资机会的经济指标有许多，其中托宾 Q 是具有代表性的。托宾 Q 值等于企业的资本市场上股票价值和负债价值之和与企业现有资本重置成本的比率。Q 值大于1，则会刺激投资，从而使其投资超过重置和正常增长的需要；Q 值小于1，则会抑制投资；Q 值在1处则获得均衡。

② 外部融资约束。企业投资受到外部融资约束，市场的信息不对称程度越高，企业在资本市场筹集资金的能力就越弱，进而造成企业投资减少。若信息不对称状况得到改善，投资机会增加，企业受到融资约束减少，企业的投资也随之增加。

2. ICM 对投资的影响

在企业集团中总部现金流来自于不同的分部,各分部现金流与总部现金流的融通形成了 ICM,因此,企业集团总部投资、分部投资与该分部现金流、其他分部现金流、企业总现金流之间存在相互依赖的关系(Lamont,1997)。Shin 和 Stulz(1998)以及 Scharfstein(1998)使用托宾 Q 与投资的关系来检验 ICM 是如何分配投资的,如果 ICM 是有效率的,那么企业集团的分部投资与托宾 Q 的关系和单分部企业与托宾 Q 的关系应该是相似的。此外,他们还检验了企业分部投资除取决于边际托宾 Q 外,还取决于本分部的现金流以及企业整体的现金流。分部现金流与投资的这种关系形成了典型的 ICM,而在以 H 型控股企业集团中,关联方交易形成的资金融通形成了另一类 ICM。

综上所述,企业投资受到现金流、ICM、投资机会、外部融资约束的影响,同时受到投资者与管理者非理性因素的影响。

5.2.2　加入非理性因素后的内部资本市场配置效率测度模型

1. 目前 ICM 配置效率的测试方法

ICM 配置效率实证研究方法分为两类:直接研究法和间接研究法。直接研究法是直接利用企业各分部相关数据,通过比较企业分部与可比性单分部企业的投资效率来判断 ICM 是否有效率;间接研究法是事先假定企业价值与 ICM 存在某种关系,在引入对企业价值产生影响的控制变量后,通过比较不同企业价值变化来推断 ICM 是否有效率。在早期研究中,因为无法获取所需分部数据,研究者基本上采取了间接研究方法。但是,由于对企业价值产生影响的因素很多,即便在回归模型中加入一些影响企业价值的控制变量,仍然还会有未被考虑的影响因素,所以,根据不同企业价值变化来推断 ICM 是否有效率不可能准确,因而这是一种粗略的测度方法。而内部资本配置效率的直接研究法,主要有三种:相对价值增加法(Rajan 等,2000)、q 敏感性法(Peyer 和 Shivdasani,2001)和现金流敏感性法(Maksimovic 和 Phillips,2002[153])。研究中,最后一种方法比较通用。

Stulz 和 Shin (1998)曾用投资现金流敏感性分析方法来研究 ICM 的配置效率。他们认为在投资受到现金流约束的情况下,有效率的 ICM 使企业内部最好的投资机会最先得到资金的支持,具体标准是:① 在资金配置方面,最好的投资机会被重点考虑;② 分部的投资主要受投资机会的影响,对分部自身现金流和其他分部的现金流不敏感;③ 分部投资机会的好坏是各分部相互比较的结果，当其他分部有更好的投资机会时，分配给当前分部的资金将下降。他们把分部投资分别与本分部现金流、本分部投资机会、其他分部的现金流进行回归分析，构建了数学模型来测度 ICM 的配置效率，但是模型没有考虑决策参与人的非理性因素。

2. 管理者过度乐观、迎合心理与投资效率测度

Heaton(2002)提出了关于管理者过度乐观的两阶段研究模型，通过该模型 Heaton 得出了一系列关于融资、管理者未来现金流预测、自由现金流双重功能的结论。

Baker,Stein 和 Wurgler(2003)[154]构造模型研究了被动迎合效应经由股权依赖途径而引起的公司投资扭曲。其后，Polk 和 Sapienza(2008)对迎合效应做了进一步研究，但不同于 Baker,Stein 和 Wurgler(2003)从股权依赖的途径研究投资者情绪导致扭曲，他们是从管理者自身非理性的主动迎合说明了投资者情绪引起投资扭曲的原因，如管理者可能会投资负 NPV 的项目，只要这种策略能维持股票价格在短期内上涨。他们运用未使用股权融资的样本公司，以排除股权依赖途径，其检验模型如式(5.3)。

$$\frac{I_{i,t}}{K_{i,t-1}} = f_i + \gamma_t + b_1\alpha_{i,t} + b_2Q_{i,t-1} + b_3\frac{CF_{i,t-1}}{K_{i,t-2}} + \varepsilon_{i,t} \tag{5.3}$$

其中，$I_{i,t}$ 为 i 公司当年的投资额；$K_{i,t-1}$ 为 i 公司前一年度的长期总资产；f_i 为 ICM 中 i 公司的固定效应；γ_t 为 ICM 的年度效应；$\alpha_{i,t}$ 为 i 公司股票价格对理性价值的偏离，用公司的操控性应计利润（Discretionary Accruals）表示（Polk 和 Sapienza，2008）；$Q_{i,t-1}$ 为 i 公司前一年度的投资机会；$CF_{i,t-1}$ 为 i 公司前一年度的经营现金流量。

为进一步验证投资者非理性情绪对管理者做出非理性投资决策的影响，他们还建立了如下模型：

$$R_{i,t} = a_t + b_{1,t}\ln\frac{I_{i,t-1}}{K_{i,t-2}} + b_{2,t}\ln Q_{i,t-1} + b_{3,t}\frac{CF_{i,t-1}}{K_{i,t-2}} \tag{5.4}$$

其中，$R_{i,t}$ 为股票收益率；其他变量意义同式(5.3)。

Baker,Stein 和 Wurgler(2003)与 Polk 和 Sapienza(2008)研究的区别在于主动与被动，前者研究股权依赖型公司的投资被动地依附于股价变动，如果股价下降，股权依赖型公司会受制于投资者的非理性，从而缩减股权融资规模和投资规模；后者的研究说明管理者的决策迎合股票价格的变动，即因

投资者的乐观或悲观非理性情绪，而不恰当地增加或减少投资，如当股票价格上升时，管理者会利用投资者的乐观情绪而增大投资力度，进一步推动股价上扬。

3. 考虑非理性因素后测度我国 ICM 配置效率的方法

研究多分部企业（企业集团）中 ICM 配置效率必须要有完整的分部财务数据；否则，只能进行理论层面的探讨。美国 COMPUSTAT 和 LRD 数据库都详细提供了联合大企业内各业务单位或分部的重要财务数据，包括业务单位或分部的资产账面价值、投资支出、现金流、销售额和净利润等。我国资本市场起步较晚，相关制度不完善，上市公司分部财务数据披露还处于探索阶段。目前，上市公司的财务报告附注中对分部信息的披露仅限于主营业务收入、主营业务成本和毛利率三个指标。仅凭这三个指标，无法运用前述直接方法测度 ICM 配置效率。

以上市公司为纽带，我国企业集团内形成了更多层次、复杂的 ICM（如图 1-1），集团上市公司作为 ICM 核心为研究我国 ICM 配置效率提供了一个较好的分析样本。这是因为：首先，由于分部数据披露不够，因而无法通过分部投资研究此类 ICM 的配置效率；此外，上市公司是集团发展战略部署形成的，上市公司与控股公司、实际控制人及受其控制的其他企业之间的资金融通体现了在金字塔控股结构中 ICM 配置情况，并且通过与子公司、联营、合营公司等其他关联方之间的交易部分地体现了分部与总部之间 ICM 配置状况，并反映在自身的财务信息中。

结合我国资本市场的特点和以上讨论，本书认为我国度量 ICM 效率的模型不仅要考虑各分部自身现金流以及其他分部现金流对其投资的影响，还要考虑管理者的过度乐观和迎合效应对 ICM 效率的影响。因而这里借鉴 Vogt(1994)的研究方法，并结合测度投资现金流敏感性的欧拉方程(FHP)，以及 Baker,Stein 和 Wurgler(2003)的管理层迎合效应研究模型逐渐推导出测度我国企业 ICM 效率的检验模型，见式(5.5)和式(5.6)。

（1）Vogt 模型

$$\left(\frac{I}{K}\right)_{i,t} = \beta_1 \left(\frac{CF}{K}\right)_{i,t} + \beta_2 \left(\frac{S}{K}\right)_{i,t} + \beta_3 (Q_{i,t-1}) + \beta_4 \frac{Q_{i,t-1} \times CF_{i,t}}{K_{i,t}} + \mu_i + \varepsilon_{i,t}$$

$$(5.5)$$

其中，K 为长期资产存量；I 为资本支出；CF 为经营现金流量；S 为销售收入；Q 为投资机会；最后两项是误差项，前一项与企业特有情况有关，后一项与商业周期和外部政策有关。

文中的交叉项用于检验投资过度或不足，当交叉项系数为正时，表示上市公司受到融资约束，存在投资不足；当交叉项系数为负时，则存在投资过度。

（2）欧拉方程

$$\frac{I_{i,t}}{K_{i,t-1}} = \alpha + \beta_1 Q_{i,t-1} + \beta_2 \frac{CF_{i,t}}{K_{i,t-1}} + \beta_3 \frac{\text{Slack}_{i,t-1}}{K_{i,t-1}} + \beta_4 \frac{D_{i,t}}{K_{i,t-1}} + \beta_5 \frac{S_{i,t}}{K_{i,t-1}} + \varepsilon_{i,t}$$

$$(5.6)$$

其中，D 为未偿付有息债务；Slack 为滞后一期的现金流；其他变量意义同式（5.5）。

（3）股权依赖型公司模型

因为不同类型的上市公司，其对资本市场的反应是不一样的，因此，按照 Baker, Stein 和 Wurgler(2003) 以及 Polk 和 Sapienza(2008) 的思路，将上市公司分为股权依赖型和非股权依赖型，并分别对其 ICM 的配置效率进行建模。为测度股权融资依赖型并且管理者存在过度乐观的非理性的集团上市公司 ICM 配置是否缓解了融资约束，本书提出模型式(5.7)。

$$\frac{I_{i,t}}{K_{i,t-1}} = \alpha + \beta_1 \frac{\text{Cash}_{i,t}}{K_{i,t-1}} + \beta_2 \frac{\text{InvestOpp}_{i,t-1} \times \text{Cash}_{i,t}}{K_{i,t-1}} + \beta_3 \text{InvestOpp}_{i,t-1} +$$

$$\beta_4 \frac{\text{transfer}_{i,t}}{K_{i,t-1}} + \beta_5 \frac{\text{BLR}_{i,t-1}}{K_{i,t-1}} + \beta_6 \frac{\text{slack}_{i,t-1}}{K_{i,t-1}} + \frac{\delta S}{S_{t-1}} + \varepsilon_{i,j}(t) \quad (5.7)$$

其中，$\text{Cash}_{i,t}$ 为 i 公司第 t 年的现金流；$\text{InvestOpp}_{i,t-1}$ 为 i 公司前一年的投资机会；$\text{transfer}_{i,t}$ 为 i 公司第 t 年从 ICM 中的资金融取量；$\text{BLR}_{i,t-1}$ 为 i 公司前一年度的有息负债；δS 为增加的销售收入。

如果 β_2 为正，表示上市公司受到融资约束，存在投资不足；为负，则表示存在过度投资。当上市公司存在投资不足时，β_4 为正，表示 ICM 有效；为负，则表示 ICM 无效。模型式(5.7)中变量解释如表 5-1 所示。

（4）非股权依赖型公司模型

为测度非股权依赖型公司是否存在管理者非理性迎合投资者非理性低估情绪而扭曲投资的情况，并且 ICM 如何应对这一状况，本书提出模型式(5.8)。

$$\frac{I_{i,t}}{K_{i,t-1}} = \alpha + \beta_1 \frac{\text{Cash}_{i,t}}{K_{i,t-1}} + \beta_2 \frac{\text{InvestOpp}_{i,t-1} \times \text{Cash}_{i,t}}{K_{i,t-1}} + \beta_3 \text{InvestOpp}_{i,t-1} +$$

$$\beta_4 \frac{\text{transfer}_{i,t}}{K_{i,t-1}} + \beta_5 \text{mispricing}_{i,t} + \beta_6 \frac{\text{BLR}_{i,t-1}}{K_{i,t-1}} + \beta_7 \frac{\text{slack}_{i,t-1}}{K_{i,t-1}} +$$

$$\frac{\delta S}{S_{t-1}} + \varepsilon_{i,j}(t) \tag{5.8}$$

其中,β_2 为正,表示上市公司受到融资约束,存在投资不足;为负,则表示存在投资过度。β_5 为正,表示存在管理者迎合心理;为负,则表示不存在管理者迎合心理。当上市公司存在投资过度且 β_5 为负时,说明不存在管理者迎合投资者非理性低估情绪的心理,β_4 为正,表示 ICM 在一定程度上有效,ICM 提供了有效的融资来源,扭转了管理者迎合效应;但过量的 ICM 资本配置使得上市公司投资过度,因此 ICM 并不完全有效。模型式(5.8)的变量定义如表5-1 所示。

5.3 研究假设与设计

本章的研究背景是 2007 年美国爆发的以次贷危机为导火索的金融危机。这次金融危机随后蔓延至全球,给全球实体经济以重创。2008 年大量企业的经营业绩受到不利影响,从而使企业面临内部现金流与对外担保价值下降带来的双重威胁,在这样的背景下,投资作为企业经营和未来成长的一项重要决策会做出何种反应、ICM 在企业的投资决策中有无重要影响等是非常值得探讨的问题。研究上述问题,有助于了解 ICM 是否发挥了应对经济周期转换的积极作用,而这一作用在我国 ECM 尚不完善的情况下更为重要;此外,投融资决策不仅对企业自身资本结构及未来的发展有重大影响,还影响着整个经济走出衰退的时间与程度。

因此,本次金融危机带来了一次重新审视 ICM 配置效率及其影响因素的重要契机。本章以集团上市公司为研究对象,从研究我国 ICM 配置效率出发,了解其投资状况,探讨提高 ICM 运行效率的途径。本章的实证研究思路如下:首先,企业的经营业绩或营运状况受到金融危机的冲击(导致外部投资者不理性),但并不一定导致行业成长空间或企业的发展前景受到打击,企业可能还存在大量的投资机会。如果企业投资机会未受削弱,理性的公司投融资决策表明企业不应因为经营业绩的暂时下降就缩减投资,引起投资不足。其次,企业自身产生的内部现金流以及外部负债能力的下降,受到不同程度的融资约束,这时企业应充分利用 ICM 资本配置功能融通资金,防止投资不足。再次,若企业从 ICM 融通资金为净融入,又或者能够利用外部负债能力一定程度地缓解融资约束,企业投资情况应与理性预期一致并确定;但是,资本市场一片低迷,投资者信心受到打击对市场前景可能存在非理性预期,同时管理者也可能存在一定的非理性预期,这些都会对企业的投资决策及 ICM 的配置功能产生影响。这就需要考虑在受到金融、市场等外部环境的影响下企业的投资决策是否遭到扭曲,如果被扭曲则是否与投资者非理性相关,以及是否和管理者的非理性一同影响 ICM 功能的发挥。即是说,这个实证考察的是投资者非理性,管理者是否理性时,并存在 ICM 时企业集团的投资状况[①]。

5.3.1　研究假设

本章研究的背景是 2007 年爆发的金融危机。这次危机具有普遍性与外生性,引起了全球性经济衰退,使许多企业的经营业绩包括经营现金流量大幅下降,即企业的内源资金及对外担保价值大幅下降。虽然这种影响并不一定导致公司的投资机会或发展前景出现不利变化,但公司的投资水平在 2008 年度可能发生显著的变化。因此,提出假设 1。

H1：虽然集团上市公司的投资机会未遭受显著不利影响,但其投资水平会有显著变化。

如本章 5.2 节所述,投资的决定因素主要包括内部现金流、投资机会、外部融资约束、管理者或投资者非理性。具体到以上市公司为中心的企业集团,其投资还取决于 ICM 融资。

理论界普遍认为企业选择内部现金流进行投资的主要原因在于 ECM 不完善带来的外部融资约束,使得企业偏好于内部现金流进行融资来满足投资需要。大量的实证研究证明投资与内部现金流间存在显著的相关性,并探讨融资约束和企业规模对这种相关性的影响。Greenwald(1984),Fazzari(1998)认为当企业面临外部融资约束时,企业更偏好内部融资方式,因此,投资规模随内部融资规模的波动而波动,企业投资与内部现金流呈正相关关系。Kaplan,Zingales(1997)对使用现金流敏感性来解释融资约束程度的实用性进行了批判,对融资约束与投资现金流敏感性进行了实证分析,认为融资约束并不影响投资现金流敏感性。Cleary(1998)认为非融资约束企业的投资和内部现金流呈正相关关系。Bernanke 和 Kearney(1990)认为内部资

---

①　我国的资本市场整体呈现出非理性状况,所以对于理论分析中的外部投资者理性,管理者非理性时 ICM 的配置情况在我国目前暂时无法考察。

金缺乏和外部融资的高成本使得投资减少,投资和负债同向变化,即企业的投资活动所需资金主要通过负债来筹集。我国学者冯巍(1999[155],2002)认为公司内部现金流是公司投资决策的重要影响因素;而当公司面临融资约束时,两者之间的关系更为显著。因此,提出假设2。

H2:若投资与内部现金流量呈正相关关系,则内部现金流下降会直接导致投资不足。

投资机会衡量企业投资项目的成长空间与盈利能力,投资效率的高低则取决于投资决策是否依投资机会的优劣而做出。但是,这种投资现金流敏感性可能造成公司滥用现金流,不根据投资机会实际情况而随意追加投资,造成过度投资。Jensen(1986)认为自由现金流是留存于企业内部超过净现值为正的项目投资所需资金的剩余部分。管理层倾向于利用公司自由现金流进行过度投资,管理层自利行为产生了自由现金流代理成本。Vogt(1994)在研究上市公司是否存在过度投资时,采用投资机会和内部现金流的交叉项与投资的系数来衡量是否存在过度投资,即当该交叉项的系数为正时,上市公司受到融资约束,存在投资不足;当交叉项系数为负时,则存在过度投资。因此,提出假设3。

H3:若投资机会和内部现金流的交叉项与投资呈正相关关系,则公司存在融资约束。

2008年上证指数一度从最高点5 484.68降低到最低点1 706.61,总体上持续一年下跌,只是在年末稍有回升。从证监会的统计资料看出,当年全年境内筹资总额较2007年降幅超过1/2,全年内资A股首发筹资降幅超过2/3①。这说明证券市场受到不利影响,投资者对经济形势表现出普遍的信心不足,因此,上市公司可能受到股权融资约束,对股权依赖型公司其融资必然受到约束。Baker,Stein和Wurgler(2003)实证发现股权依赖的公司投资易受股票市场上价格异常波动的影响,这种敏感性是非股权依赖公司的三倍。这项研究也证明了投资者情绪可能扭曲某些公司的投资行为,而且这种扭曲是通过股权依赖途径进行的。因此,当上市公司属于股权依赖型公司,加之内部现金流的下降时,其投资必然受到影响。Heaton(2002)认为当公司受到融资约束而必须通过外部融资时,过度乐观的管理者会认为投资者低估了企业股票价值,外部融资成本(包括股权和债务成本)太高,公司自身现金流等

---

① 资料来源于证监会网站股票市场统计资料。

内源性融资来源又不足，因而不得不放弃 NPV 为正的投资项目，出现公司投资不足。而 ICM 具有"多钱效应"。Lewellen（1971）指出存在 ICM 的大型公司担保价值相对更大，所以拥有更大的举债能力。Stein（1997），Peyer（2002）认为有效率的 ICM 的存在使多元化企业比单分部的企业更容易从 ECM 上融得资金。这说明 ICM 具有缓解融资约束的功能，当外部融资受到约束时，ICM 这一功能能够得到更有效的发挥。但 ICM 这一功能受到外部融资约束和管理者非理性过度乐观的制约，ICM 可能并不会从根本上免除投资不足的发生。因此，提出假设 4。

H4a：若 ICM 融资与投资呈正相关关系，则 ICM 有效率，在一定程度上缓解了外部融资约束。

H4b：若 ICM 融资与投资呈负相关关系，则 ICM 无效率，ICM 并未发挥缓解外部融资约束的作用。

对于非股权依赖型公司其投资情况则可能不同。这类公司举债能力强，并未受到债务融资约束，或者公司资本存量充裕，因此股权融资约束影响不大。但公司股票价格被市场不合理地低估，投资者信心不足，认为企业没有好的投资项目而应当缩减投资。面对这一情况，Stein 认为理性的管理者不应当缩减投资，因为他知道公司拥有好的投资项目；但非理性的管理者则会迎合投资者非理性情绪，主动缩减投资，形成投资不足。Polk 和 Sapienza（2001）最早取得了投资扭曲的证据。他们将具有高留利和具有高的净股权的公司视为价值高估的公司。在尽可能准确控制实际投资机会的前提下，他们发现价值高估的公司投资比其他公司更多。Polk 和 Sapienza（2008）研究发现股票市场的异常定价影响公司的投资决策，异常的投资与股价偏离程度正相关，这项研究基于非股权依赖型公司，不同于通过股权依赖途径引起的投资扭曲。因此，非理性的管理者主动迎合投资者的非理性情绪，导致了投资不足。为了缩减投资，公司在 ICM 上的融资决策亦受到投资者非理性情绪的影响。

从本章的 5.1 节可知，对于非股权依赖型公司，投资者非理性低估情绪并不会影响公司外部融资，而管理者的迎合效应可能会使投资不足，但集团控股股东及实际控制人通过 ICM 所提供的资金可能扭转投资不足，但是过量的资金融通却会导致管理者做出过度投资的投资决策。因此，提出假设 5。

H5：在公司价值被低估时，若投资对 ICM 融资具有敏感性，则 ICM 的存在能够纠正管理者的迎合心理，但也会造成过度投资。

5.3.2 研究设计

1. 样本选择与数据来源

本处以 2007—2008 年度的数据为研究样本,选取沪、深两市 A 股上市公司为研究对象,分析了在经济衰退的情况下企业集团上市公司投资及 ICM 的功能发挥情况。

本处的研究对象为集团上市公司,即由一个最终控制者控制的集团所属上市公司,具有第一大股东控股高于 20% 或其他表明其具有控制地位的特征,上市公司是集团战略的组成部分。本章试图通过集团上市公司之间、上市公司自身或其子公司与集团控股公司、实际控制人及其控制的其他公司之间的特定关联交易来描述其 ICM,但是不包括集团上市公司与其子公司之间以及其子公司与子公司之间的关联交易,因为上市公司年报反映的是上市公司及其子公司作为一个整体与外部发生的经济活动,而不是上市公司作为母公司自身的。本处主要考虑的是第 Ⅱ 类 ICM,母公司和子公司作为一个整体参与到 ICM 中,便形成了本章的研究对象。选择样本的过程中剔除了那些纯粹在二级市场上游离的集团上市公司、在国外上市的集团上市公司,并剔除了所有者权益为负值、数据缺失的上市公司、金融类上市公司和研究期间被 ST 的公司。此外,受同一最终控制人控制但存在控股与被控股关系的集团上市公司不包含在本章研究样本中,因为财务报告中已对公司间的交易进行了抵消而不能获取相关数据。

经过以上的筛选,最终样本为集团上市公司 721 家。研究主要需两类数据,即财务数据和股权结构数据,其中部分财务数据来源于国泰安研究数据库和上市公司年报。目前,股权实际控制人情况等股权结构数据只能从上市公司年度财务报表中分析获得,并且关联交易形成的 ICM 资金融通量则通过集团上市公司年度财务报表分析而得。此外,此处有关资本市场数据来自于证监会统计信息,交易所统计年鉴,沪、深证券交易所网站及巨潮资讯网。

2. 研究变量

1) 被解释变量

本处的被解释变量是公司的投资水平,以公司第 t 年固定资产、工程物资、在建工程及无形资产、研发支出等长期资产总额的变动来表示公司资本支出,并用 $t-1$ 年末公司资产总额控制规模的影响。

2）解释变量

（1）ICM 资金融通量指标 $transfer_{i,t}/K_{i,t-1}$。本章用集团上市公司的关联交易来描述 ICM 的资金融通。集团上市公司关联方资金融通的方式主要有两类：一是销货关系形成的应收应付款项以及其他短期借贷等交易形成的流动资产与流动负债融通；二是相互之间提供担保，或因长期借贷关系或委托理财、股权转让处置、融资租赁、转让应收账款等债权、向特定对象发行股票等交易而形成的长期资本融通。日常经营活动交易形成资产负债具有短期性、金额小的特点，或产生的现金流金额小，往往不能满足投资的长期性、金额大的要求，由于本章研究 ICM 融资与投资间的关系，因此本章仅考虑具有资本特性的关联方交易资金融通，即第二类关联方交易。

（2）管理者过度乐观指标 $overoptimistic_{i,t}$。根据贝恩管理咨询公司2008 年公司高层管理者对金融危机的态度与管理工具选择的问卷调查分析报告，标杆法首次超过战略规划成为管理者运用最多的管理工具，管理者在重视长期发展的同时把控制成本、费用看成首要的管理任务。研究显示乐观的管理者对费用和成本的控制意识不强，因此，本章用当年公司管理费用、销售费用之和的变动情况来表示管理者是否存在过度乐观，若增加则存在管理者过度乐观，该增加值越大说明乐观程度越高。

（3）投资者情绪非理性指标 $mispricing_{i,t}$。投资者非理性情绪反映在他对公司价值的判断上，通过买入或卖出体现在股票价格上。Baker，Stein 和 Wurgler（2003）对股权依赖型公司投资对股票价格非理性波动，即对投资者非理性情绪的敏感性研究中，以托宾 Q 表示股票价格的非理性波动，进而反映投资者的非理性情绪。Q 包括三方面的内容：股票市场的异常估价；关于公司投资机会的信息；计量方面的误差，如不能准确地计量重置成本。为排除其他信息的干扰，他们用后一期的实际股票收益率作为投资者估计值偏离期望收益率的程度指标，间接反映投资者非理性情绪。Polk 和 Sapienza（2008）以操控性应计利润表示非理性的投资者情绪，可操控性应计利润即指公司会计利润超过经营活动产生的现金流的部分。此外，他们仍用事件后一期的股票收益率作为投资者情绪与公司投资非理性指标，而将 Q 作为投资机会指标。郝颖和刘星（2009）[156]研究股权融资依赖与投资行为时，以市盈率作为公司股价非理性变动指标。本章将采用 Q 表示投资者非理性情绪，即股价非理性波动，此外，采用郝颖和刘星（2009）的方法，利用市盈率、市净率进行稳健性检验。

（4）股权融资依赖程度 EauityDependent。本章借鉴 Kaplan，Zingales（1997）对股权融资依赖程度的计算公式。对样本计算后分组，属于股权融资依赖程度最高组别的样本被定义为股权融资依赖型公司；分组后属于股权融资依赖程度最低组别的样本被定义为非股权融资依赖型公司。

（5）现金流指标 $\text{Cash}_{i,t}/K_{i,t-1}$。ICM 的投资现金流敏感性研究表明企业某一分部的投资不仅受该分部产生的现金流的影响，还受企业其他分部产生的现金流的影响。本章主要研究由企业集团形成的第 II 类 ICM，因此文中的现金流即是集团上市公司整体在 t 年度产生的内部现金流，即内源性融资，用以解释内源性融资对公司投资的影响，同时也作了控制规模的处理。

（6）投资机会或盈利能力指标 $\text{InvestOpp}_{i,t-1}$。本章选择主营业务利润率，用以解释投资机会对企业投资决策的影响，并辅之以营业利润率、营业毛利率。通常衡量赢利能力的指标还包括净资产收益率、每股收益，本章并未选取，这主要是因为 2008 年大部分公司的金融性投资净损益都大幅下降，以此绝对数据来衡量公司经营业务是否具有发展前景不够充分，相反，主营业务毛利率这样的相对数据则能够很好地剔除金融危机这一特殊因素，更真实地反映公司的赢利能力。

3）控制变量

检验模型中还包括成长能力指标营业收入增长率 $(\delta S)_{t-1}/S_{t-2}$，用以控制市场环境、行业前景等外部因素对企业投资的影响。

4）变量描述

本章对股权融资依赖程度的描述采用了 Kaplan，Zingales（1997）的基本方法，并按照 Baker，Stein 和 Wurgler（2003）的研究对其进行了调整。

$$KZ_{i,t} = -1.002\frac{CF_{i,t-1}}{A_{i,t-2}} - 39.368\frac{DIV_{i,t-1}}{A_{i,t-2}} - 1.315\frac{C_{i,t-1}}{A_{i,t-1}} + 3.139LEV_{i,t-1}$$

(5.9)

其中，KZ 为股权融资依赖指数；$\dfrac{CF_{i,t-1}}{A_{i,t-2}}$ 为当期现金流与期初总资产之比；$\dfrac{DIV_{i,t-1}}{A_{i,t-2}}$ 为当期现金股利与期初资产之比；$\dfrac{C_{i,t-1}}{A_{i,t-1}}$ 为当期现金余额与资产之比值；$LEV_{i,t-1}$ 为有息负债率。

综合以上的解释变量、自变量、控制变量的选取，具体描述如表 5 - 1 所示。

表 5 - 1　变量的选取及其说明

代码	名称	定义
被解释变量		
$I_{i,t}/K_{i,t-1}$	资本支出与期初资产总额的比值	公司第 t 年的资本支出为该年度的固定资产账面总值的变动额；公司第 $t-1$ 年末的资产总额，用于控制规模的影响；衡量公司 t 年投资水平
解释变量		
$transfer_{i,t}/K_{i,t-1}$	集团上市公司资金融通量与期初资产总额的比值	资金融通量是当年度集团上市公司与控股股东、实际控制人及其控制企业关联交易产生的资本性资金来源
$overoptimistic_{i,t}$	管理层过度乐观	用 t 年度管理费用、销售费用率之和较上年度相应值的增加幅度表示
$mispricing_{i,t}$	投资者非理性情绪，或称股价异常波动	托宾 Q 以公司股票、债务总市值与公司总资产账面价值之比表示；公司市盈率 $(PE_{i,t})$ 的对数，以每股市价与每股收益的比值的对数表示；公司市净率 $(PB_{i,t})$，以每股市价与每股净资产比值表示
$Cash_{i,t}/K_{i,t-1}$	现金流与期初资产总额的比值	现金流是企业当年税前营业利润与固定资产折旧之和，即企业经营活动产生的现金流量
$BLR_{i,t-1}/K_{i,t-1}$	有息负债与期初资产总额的比值	公司 $t-1$ 年末的有息负债＝银行短期借款＋一年内到期的银行长期借款＋银行长期借款＋应付债券
$InvestOpp_{i,t-1}$	赢利能力或投资机会	公司 $t-1$ 年度的主营业务利润率，辅之以营业利润率、营业毛利率来表示
$slack_{i,t-1}/K_{i,t-1}$	松弛变量与期初资产总额比值	松弛变量指公司期初存在的闲置资金，包括现金、短期投资以及未使用的负债能力
$EauityDependent$	股权依赖型程度	KZ 指数大于 0 属于股权依赖型，KZ 指数小于 0 则属于非股权依赖型
控制变量		
$(\delta S)_{t-1}/S_{t-2}$	成长性	公司 $t-1$ 年度主营业务收入增长率

3. 检验和研究模型

本章的两个检验模型分别是式(5.5)和式(5.6)。本章主要的研究模型为：为检验股权融资依赖型并且管理者存在过度乐观的非理性的集团上市公司 ICM 配置是否缓解了融资约束的模型式(5.7);为检验非股权依赖型公司是否存在管理者非理性迎合投资者非理性低估情绪而扭曲投资的情况,并且 ICM 如何应对这一状况的模型式(5.8)。

5.4 实证分析

为了对 5.3 节提出的 5 个假设逐渐进行检验,本节先进行描述性统计分析,区分股权依赖及非股权依赖型公司管理者的乐观程度,并进行配对变量检验两类公司的投资情形(过度投资还是投资不足);然后进一步采用多元回归方法分析在引入集团 ICM 后,两类公司的投资结果,并对结果进行稳健性检验。

5.4.1 描述性统计分析与配对变量检验

1. 描述性统计(表 5－2)

表 5－2　变量描述性统计

变量		股权依赖型并存在管理者过度乐观情绪的公司	非股权依赖型公司	总体样本
样本个数		284	437	721
KZ	均值	0.704 9	－1.099 5	－0.388 8
	中值	0.584 9	－0.733 1	－0.208 8
	最小值	0.005 7	－11.172 6	－11.172 6
	最大值	8.309 5	－0.007 0	8.309 5
	标准差	10.646 7	1.229 6	1.363 1
$CF_{i,t-1}/A_{i,t-2}$	均值	0.028 0	0.114 5	
	中值	0.045 0	0.099 1	
	最小值	－0.970 4	－0.474 0	
	最大值	0.567 9	1.814 4	
	标准差	0.134 6	0.158 5	

续表

变量		股权依赖型并存在管理者过度乐观情绪的公司	非股权依赖型公司	总体样本
$DIV_{i,t-1}/A_{i,t-2}$	均值	0.045 0	0.292 1	
	中值	0	0.022 6	
	最小值	0.000 0	0.000 0	
	最大值	0.031 7	0.293 2	
	标准差	0.007 2	0.030 0	
$C_{i,t-1}/A_{i,t-1}$	均值	0.113 8	0.213 2	
	中值	0.103 2	0.177 8	
	最小值	0.000 0	0.004 8	
	最大值	0.478 3	0.795 3	
	标准差	0.072 7	0.127 2	
$LEV_{i,t-1}$	均值	0.319 2	0.113 8	
	中值	0.297 2	0.109 4	
	最小值	0.028 8	0.000 0	
	最大值	2.822 6	0.478 3	
	标准差	0.198 7	0.072 7	
$I_{i,t}/K_{i,t-1}$	均值	0.055 3	0.007 9	0.069 9
	中值	0.032 9	0.055 9	0.047 5
	最小值	−0.618 3	−0.912 0	−0.912 0
	最大值	0.555 3	0.667 0	0.667 0
	标准差	0.087 4	0.100 6	0.096 3
$Cash_{i,t}/K_{i,t-1}$	均值	0.042 0	0.084 9	0.068 0
	中值	0.047 0	0.077 8	0.063 1
	最小值	−0.377 5	−0.530 5	−0.530 5
	最大值	0.537 0	0.620 2	0.620 2
	标准差	0.107 0	0.121 3	0.117 7

变量		股权依赖型并存在管理者过度乐观情绪的公司	非股权依赖型公司	总体样本
$transfer_{i,t}/K_{i,t-1}$	均值	0.011 4	0.010 2	0.010 8
	最小值	−0.038 7	0.000 0	−0.260 6
	最大值	0.349 1	0.691 0	0.862 6
	标准差	0.037 9	0.050 6	0.046 3
$Q_{i,t}$	均值		1.401 0	
	最小值		0.548 8	
	最大值		8.563 2	
	标准差		0.786 5	
$overoptimistic_{i,t}$	均值	0.038 5		
	最小值	0.000 1		
	最大值	1.510 9		
	标准差	0.038 5		
$InvestOpp_{i,t-1}$ 主营业务利润率	均值	0.216 3	0.262 7	0.244 4
	最小值	−0.260 6	0.018 2	−0.260 6
	最大值	0.740 8	0.862 6	0.862 6
	标准差	0.137 8	0.159 9	0.153 2

表 5-2 列示了主要变量的描述性统计量,根据 KZ 指数对股权依赖型公司与非股权依赖型公司进行了分类,并进行了描述性统计。

描述性统计中,284 家集团上市公司存在管理者过度乐观,2008 年管理费用与销售费用率较 2007 年大幅上涨,增长均值达 0.038 5;这些公司的股权依赖程度较高,KZ 系数最小值和最大值分别是 0.005 7、8.309 5,均值为0.704 9;因此,这些存在管理者过度乐观情绪的集团上市公司属于股权依赖型公司。而对于其他 437 家集团上市公司而言,KZ 系数均值达到−1.099 5,属于非股权依赖型上市公司。两类公司均存在 ICM 的资本融通量,均值分别为 0.011 4 和 0.010 2。

2. 配对变量检验

1) 过度投资与投资不足

运用均值 T 检验、Wilcoxon 符号秩检验以及符号检验,对股权依赖型公司和非股权依赖型公司两个子样本 2007 年和 2008 年的投资水平、代表投资机会的主营业务利润率、营业毛利率、营业利润率等指标进行了一系列的检验,结果显示 2008 年度存在管理者过度乐观的股权依赖型公司投资水平显著下降、非股权依赖型公司投资水平显著上升,而两类公司 2007 年和 2008 年的投资机会并无显著差异,这说明两类公司总体来看分别存在投资不足与投资过度(如表 5-3 所示)。

表 5-3　配对变量检验

变量		均值 T 检验		Wilcoxon 符号秩检验（z 统计量）	符号检验（z 统计量）
		均值	T 统计量		
overoptimistic$_{i,08}$	股权依赖型公司	0.037 5	4.710***	−14.431***基于负秩	−16.556***
$I_{i,08}/K_{i,07}-$ $I_{i,07}/K_{i,06}$	股权依赖型公司且管理者过度乐观	−0.010 0	−1.934**	−2.479***基于负秩	−2.853***
	非股权依赖型公司	0.013 3	2.165**	1.763*基于负秩	1.531*
InvestOpp$_{i,07}$-InvestOpp$_{i,06}$（投资机会分别以主营业务利润率、营业利润率、营业毛利率指标表示）					
主营业务利润率（主营业务利润/主营业务收入）	股权依赖型公司且管理者过度乐观	0.001 9	0.370	−0.869基于负秩	−0.476
	非股权依赖型公司	0.006 0	1.718*	−0.782基于负秩	0.000
营业利润率（营业利润/营业收入）	股权依赖型公司且管理者过度乐观	0.009 0	0.755	−3.772***基于负秩	−3.448***
	非股权依赖型公司	0.031 3	1.568*	−5.690***基于负秩	−4.401***
营业毛利率（营业收入－营业成本）/营业收入	股权依赖型公司且管理者过度乐观	0.006 3	1.162	−1.427基于负秩	−0.476
	非股权依赖型公司	0.007 2	2.029**	−1.255基于负秩	−0.957
投资者异常情绪					
$Q_{i,08}-Q_{i,07}$	非股权依赖型公司	−1.099 4	−23.670***	−17.773***基于正秩	−20.283***
$\ln PE_{i,08}-$ $\ln PE_{i,07}$	非股权依赖型公司	−0.720 9	−18.714***	−14.349***基于正秩	−16.139***
$PB_{i,08}-PB_{i,07}$	非股权依赖型公司	−4.430 9	−24.653***	−18.067***基于正秩	−20.570***

注: *** 表示显著水平为 1%, ** 表示显著水平为 5%, * 表示显著水平为 10%;下标 06、07、08 表示所属年度 2006 年、2007 年和 2008 年。

对金融危机出现前后投资水平的配对变量检验证实,存在管理者过度乐观的股权依赖型公司投资水平显著下降、非股权依赖型公司投资水平显著上升,而两类公司 2007 年、2008 年的投资机会并无显著差异,这证明了假设 1。

2) 管理者过度乐观与投资者低估非理性情绪

为对属于股权依赖型公司且同时存在管理者过度乐观的样本进行研究,本章运用均值 T 检验、Wilcoxon 符号秩检验以及符号检验对股权依赖型公司是否存在管理者过度乐观进行了检验,最终挑选出了 284 家属于股权依赖型公司且存在管理者过度乐观的集团上市公司。这些公司管理费用率与销售费用率较 2007 年度显著上升,与金融危机影响下应该努力缩减费用成本的做法相反,表明管理者的乐观主义。对不同变量所表示的投资者情绪指标在金融危机前后的配对检验表明,非股权依赖型公司的投资者对公司价值的估计均显著下降,结合公司投资机会并无显著差异这一情况,这说明投资者存在一定程度的低估异常情绪(如表 5-3 所示)。

5.4.2 多元回归分析与稳健性检验

1. 多元回归分析

1) 存在管理者过度乐观的股权依赖型集团上市公司投资影响因素回归结果

表 5-4 是存在管理者过度乐观的股权依赖型集团上市公司投资影响因素回归结果。其中,(3)是股权依赖模型式(5.7)的回归,结果显示加入 ICM 因素和控制变量后,回归方程的拟合优度更好。投资与现金流呈正相关关系,显著水平为 5%,内部现金流是决定投资的重要因素,内部现金流下降是造成投资不足的重要原因,因而证明了假设 H2;投资机会和投资正相关,而投资机会和现金流交叉项与投资显著正相关,并且显著水平达到 1%,这说明受到融资约束且投资不足,证明了假设 H3。与(1)不同的是,引入 ICM 变量后,集团上市公司从 ICM 的融资与投资呈显著的正相关关系,这说明 ICM 在一定程度上缓解了融资约束,ICM 是影响投资的重要因素,缓解了投资不足,ICM 是有效率的,证明了假设 H4a。ICM 与投资系数达到 0.186,说明 ICM 是影响投资的关键因素。投资还与期初有息负债、期初现金及等价物余额显著正相关,显著水平为 1%。

实证结果表明,对于股权依赖型集团上市公司来说,受到金融危机的不利影响,其股权融资受到约束,存在过度乐观非理性的管理者认为外部融资太高而不愿或无力进行股权融资,同时其产生的内部现金流不足以弥补具有获利机会的新增投资缺口,因此其投资不足。集团上市公司运用 ICM 筹集资金成为增加投资来源的重要渠道,检验结果表明,集团上市公司通过控股股东及实际控制人及其控制的其他企业所构成的第Ⅱ类 ICM 所取得的资金融通对投资具有显著影响,ICM 发挥了缓解融资约束、减轻投资不足的作用。

表 5-4　存在管理者过度乐观的股权依赖型集团上市公司投资影响因素回归结果

解释变量	(1)		(2)		(3)	
	b	t	b	t	b	t
$Cash_{i,t}/K_{i,t-1}$	0.031**	3.358	0.033**	3.376	0.035**	3.394
$InvestOpp_{i,t-1}$	0.011**	2.309	0.018**	2.489	0.022**	2.583
$InvestOpp_{i,t-1} \times Cash_{i,t}/K_{i,t-1}$	0.998***	3.592	1.047***	3.721	1.06***	3.805
$BLR_{i,t-1}/K_{i,t-1}$	0.076***	3.167	0.069***	2.808	0.065***	2.647
$slack_{i,t-1}/K_{i,t-1}$	0.144***	2.430	0.184***	2.838	0.196***	3.057
$transfer_{i,t}/K_{i,t-1}$			0.178*	1.439	0.186*	1.514
$(\delta S)/S_{t-1}$					−0.000	−0.821
样本数	284		284		284	
R^2	0.213		0.223		0.228	
调整 R^2	0.199		0.206		0.209	

注: *** 表示显著水平为 1%, ** 表示显著水平为 5%, * 表示显著水平为 10%。

2) 非股权依赖型集团上市公司管理者的迎合效应—ICM 回归结果

表 5-5 列示了对非股权依赖型集团上市公司投资—管理者迎合效应—ICM 回归结果。(4)是对非股权依赖模型式(5.8)的回归,模型拟合优度好,各解释变量系数均显著,显著水平为 1%。投资与现金流显著正相关,但投资机会、现金流交叉项与投资呈显著负相关关系,这说明存在过度投资。投资与投资者异常低估情绪负相关,但与 ICM 呈显著正相关关系,这说明投资者低估情绪并未使投资不足,管理者迎合效应被扭转,而投资对 ICM 具有敏感性,ICM 具有资本配置功能。但是,过度投资的存在说明 ICM 资金融通的功能并不是完全有效的,虽然其在一定程度上改变了管理者迎合效应可能带来的投资不足,另一方面却引起了投资过度。

2. 稳健性检验

为了确定测试模型是否稳定,另对投资—管理者迎合效应—ICM 回归方程进行敏感性检验。如表 5-5 中(5)、(6)所示,用市盈率对数、市净率代替 Q 值表示投资者非理性情绪所得到的回归结果与(4)一致,进一步说明该回归结果的可靠性。

表 5-5　非股权依赖型集团上市公司投资—管理者迎合效应—ICM 回归结果

解释变量	(4)		(5)		(6)	
	b	t	b	t	b	t
$Cash_{i,t}/K_{i,t-1}$	0.513***	8.572	0.503***	8.259	0.518***	8.717
$InvestOpp_{i,t-1}$	0.132***	3.808	0.109***	3.184	0.129***	3.805
$InvestOpp_{i,t-1} \times Cash_{i,t}/K_{i,t-1}$	−0.670***	−3.474	−0.737***	−3.823	−0.623***	−3.243
$Q_{i,t}$	−0.017***	−2.902				
$\ln PE_{i,t}$			−0.006*	−1.386		
$PB_{i,t}$					−0.009***	−3.915
$transfer_{i,t}/K_{i,t-1}$	0.638***	6.474	0.656***	6.602	0.639***	6.556
$BLR_{i,t-1}/K_{i,t-1}$	0.207***	5.605	0.210***	5.629	0.204***	5.563
$slack_{i,t-1}/K_{i,t-1}$	0.096***	2.847	0.082***	2.435	0.090***	2.715
$(\delta S)/S_{t-1}$	0.002*	1.821	0.002*	1.719	0.003*	2.108
样本数	437		437		437	
R^2	0.332		0.330		0.342	
调整 R^2	0.319		0.317		0.330	

注: *** 表示显著水平为 1%, ** 表示显著水平为 5%, * 表示显著水平为 10%。

5.5　本章小结

通过以上的理论分析和对变量进行的描述性统计、对模型进行的回归检验,本章得出以下结论:

第一,受到 2007 年金融危机的影响,股权依赖型集团上市公司与非股权依赖型集团上市公司投资反应不同。这些公司的投资机会并无显著变化,投资水平则显著地上升或下降。就存在管理者过度乐观的股权依赖型集团上市公司而言，出现了投资不足；而非股权依赖型集团上市公司则出现了过度投资。

第二，实证检验结果表明投资者的非理性情绪、管理者的过度乐观与迎合效应是存在的，这些非理性因素对集团上市公司的投资产生重要影响。

第三，集团上市公司与其控股股东、实际控制人及其控制的其他企业所构建的 ICM 所进行的资金融通，对上市公司管理者非理性、缓解融资约束等起着重要的作用。具体说来，存在管理者过度乐观的股权依赖型集团上市公司面临着融资约束，ICM 起到了缓解融资约束的作用，投资对 ICM 具有敏感性。而对非股权依赖型上市公司而言，控股股东及实际控制人大量的资金输入使得管理者迎合投资者非理性情绪的非理性倾向受到抑制，阻止了投资不足的出现；另一方面，过量的资金融通使得资金使用效率低，从而出现了投资过度，ICM 配置并非完全有效。

第四，控股股东及实际控制人是决定 ICM 配置效率的重要因素，依托于其董事会重大经营决策权，决定内部资本融通的规模，并影响了集团上市公司投资决策。而集团管理层则可以积极地运用 ICM 融通资金，从而优化其投资决策。

本章的实证研究基本上证实了本书关于投资异化理论分析提出的基本观点。

第六章

基于行为金融的内部资本市场
部门经理寻租效应的分析

以往国内外对 ICM 功能异化的研究,尤其是对部门经理寻租的研究起步较晚,相关研究和文献不多。已有的研究也几乎全是基于传统金融理论的,主要是以代理理论为基础,对部门经理寻租进行建模和相关分析。本章首先用表 3-1 中 II 象限的模型基于传统金融理论对部门经理寻租进行理论解释,然后分析其不足,并分别采用表 3-2 中的 III 和 IV 象限的模型将行为金融相关理论引入到对部门经理寻租的研究中,尝试用行为金融理论对部门经理寻租进行解释,然后采用调查问卷的方法进行实证检验。

6.1 理论分析

由于表 3-1 中的 I 和 II 象限的模型是基于传统金融视角,而表 3-2 则将所有象限都置于行为金融视角,但以前对于部门经理寻租的研究都是基于传统金融视角,本节需要将部门经理寻租基于传统金融的因素和行为因素进行对照研究,因此,本节将采用表 3-1 中的 II 象限模型和表 3-2 中的 III 和 IV 象限模型来对部门经理寻租行为及其结果进行对照分析。

6.1.1 投资者理性—管理者非理性

Shefrin(2001)将资本市场理性而公司管理者非理性时的公司决策问题

归于代理模型和信息不对称模型，这两者都属于传统金融学的范畴，而且是对一般企业的分析。对于 ICM，从理性的传统金融角度对部门经理寻租的解释可以从四个方面进行：双层代理理论、信息不对称理论、管理者激励理论和外部市场摩擦理论。

1. 双层代理与部门经理寻租

传统的公司金融理论认为在 ICM 中，存在外部投资者与集团 CEO 以及 CEO 与部门经理之间的双层代理问题，在这样的双层代理模式下，CEO 所拥有的资本配置的权利导致了部门经理的寻租，而部门经理的寻租行为最终会损害公司价值。部门经理进行寻租活动是为了影响 CEO 在资本配置过程中的决策，通过向 CEO 的公关活动来争取本部门的资本分配，从而使得其私人利益最大化；而对于企业 CEO 来说，部门经理的寻租行为使得其有机会从中收取权利租金，从而实现其自身利益的最大化。寻租活动的存在干扰了企业 CEO 对企业资源的最优配置，使得企业资源没有按照最优分配策略进行分配。

2. 企业内部信息不对称与部门经理寻租

在 ICM 中，资金流是经由 CEO 自上而下向每个部门流动的，而企业的信息流则是自下而上传递。就部门投资项目而言，由于 CEO 不具体经营项目，部门经理也存在着为了自身利益而故意隐瞒信息的倾向，所以部门经理对部门投资项目的前景更为了解，比 CEO 掌握着更多的私人信息。因此，在企业总部的投资无法同时满足多个部门投资需求的情况下，部门经理会倾向于进行影响力活动，通过向 CEO 夸大本部门的投资信息或是扭曲对手部门的投资信息，从而使本部门获得更多的资本配置。我国企业集团内部的信息问题也比较严重，存在大企业病，容易导致经理寻租。

3. 管理者激励与部门经理寻租

代理问题和信息不对称的存在，使得企业在通过 ICM 进行资本配置时，需要给予分部经理适当的激励，以促使他们努力经营并向总部提供真实的经营管理信息。与此同时，外部投资者和企业 CEO 的代理关系的存在使得企业 CEO 个人利益函数与企业整体价值函数不尽相同。外部投资者希望企业 CEO 在经营中执行股东会的决议，以企业价值最大化为最终经营目标，最优化企业的资源配置；而由于 CEO 并不是企业的所有者，他追求的是自身利益的最大化，Scharfstein 和 Stein(2000)的研究表明，企业总部 CEO 会追求其个人利益，所以在没有足够激励的情况下 CEO 也倾向于接受部门的寻租。

在我国,尤其是国有企业对经营者没有建立起有效的激励约束机制,经营者的报酬普遍偏低,股票期权等长期激励方式的应用也很有限,对经营者短期和长期激励的缺失,使得经营者工作动力不足,通过寻租等方式获取私人利益的现象严重。由此可见,管理层激励是影响企业 ICM 配置效率的一个非常重要的因素。

4. ECM 摩擦与部门经理寻租

邹薇、钱雪松(2005)的分析表明,ECM 运作的不完善促进了企业内部管理者寻租,而企业内部管理者的寻租行为又反过来对企业的融资决策产生影响,进而使得企业的资本配置发生扭曲。融资成本偏低的 ECM 不仅会促使企业 CEO 过分扩大融资规模,而且会加剧企业内部管理者的寻租行为,导致资本配置不当、投资缺乏效率。ECM 的不规范加剧了企业内部管理者的寻租行为,使得企业内部资本配置的扭曲程度更加严重。

这第四个方面虽然也可以置于外部投资者理性—管理者非理性的模型中来进行分析,但是这里的管理者不是集团管理者,而是部门经理;并且,以前的这种研究都是置于理性框架来分析的,所以本节也就将其置于代理框架来解释。

以上的这些研究较好地解释了企业的组织设计、外部环境等对部门经理寻租行为的影响,有非常大的理论价值。但以上的这些解释中忽略了对于作为寻租主体的企业 CEO 和部门经理的个人行为和心理的研究。行为金融学指出,在不确定的环境中进行决策时,人们并不是严格按照完全理性的思维模式和完全的信息进行客观分析和判断的,而是要受到自身的经验、心理偏差等非理性因素的影响的。那么在企业 ICM 中,部门经理和企业 CEO 在寻租过程中是否也要受到行为因素的影响呢? 如果有,具体要受到哪些行为因素的影响? 接下来本章将尝试从人的心理的三个过程来分别分析每个过程中对部门经理寻租可能形成影响的因素,并进行理论分析。

6.1.2 投资者非理性—管理者理性或非理性

就人的心理过程而言,行为金融将人的心理过程划分为三个阶段:认知过程、情绪过程和意志过程,在每一个阶段中,人都有不同的启发式和偏差,这些心理因素最终导致了对人们的行为和决策的影响(Kahneman 和 Tversky,1974)。由于企业集团的 CEO 和部门经理在决策过程中都不可避免地会受到这三个过程中的心理偏差的影响,导致部门经理可能利用 CEO 的非理性来寻租（即 CEO 非理性—部门经理理性），也可能因为其本身的心理偏差来寻租（即 CEO 理性或非理性—部门经理非理性）。所以，本章下面的分析也是基于表 3-2 中除象限Ⅰ之外的其他三个象限中的模型来对这三个过程中部门经理寻租的可能非理性因素进行探讨和分析。并且，在没有特别强调的情况下，本小节的投资者特指集团 CEO，管理者特指部门经理。但由于是从三个心理过程来分析的，所以并没有将三个模型一一截然区分。

1. 认知过程中管理者非理性因素与部门经理寻租

在认知过程中，人们因为感觉、知觉、思维、记忆及语言等因素的作用而导致其认知活动出现偏差。基于认知活动而产生的偏差包括：易得性偏差、代表性偏差、框架偏差和锚定效应。

易得性偏差是由于个人不能从记忆中完全获得相关的信息，因此对于不太能想象的事件，个人会低估其发生的概率，即容易让人联想到的事情会让人误以为此事经常发生；代表性偏差是由于太过强调把事物划分为各个典型类别，而不去关注潜在的其他信息和证据；框架偏差是指在面对本质相同的事情时，人们会因为其形式的不同而做出不同的判断和决策；锚定效应则指人们最初得到的关于某件事情的信息可能会限制其对该事件的估计，对开始参考点的不同设定会产生不同的估计。

1）易得性偏差与部门经理寻租

易得性偏差是指在日常生活中，当人们对某个事件进行判断和决策时，常常会根据他回忆相关例证事件的容易程度，来评估事件发生的概率或频率。这种容易程度，又称为易得性，与人们对事件的熟悉程度及事件的显著特征相关。具有易得性偏差的个体会认为，与难以联想到的事件相比，容易联想到的事件发生的概率更高。现实中大概率事件比小概率事件更容易发生，因此在记忆中更容易检索到，故而易得性启发法有着客观上的合理性。但除了事件发生的客观频率外，时间的生动性、显著性以及事件发生时所伴随的情感相似性都会对记忆的易得性有所影响，从而导致人们对事件发生概率的错误估计。

Ross(1986)的研究发现，企业中投资额较大的项目需要进行大量的可行性研究，而且其投资额越大，决策层次也就越高；相反，投资规模较小的项目则比较容易获得通过。企业总部通过 ICM 进行资本配置时，也可能会存在该种现象。这种现象很难用传统金融理论来解释，因为在传统公司金融理论中，项目应该严格按照净现值或与净现值相关的指标（如内部收益率）来进行评价。一项针对国际金融管理家组织的研究发现,有75%的CEO表明他们在资本预算过程中采用内部收益率或净现值法进行评价,更有57%的CEO表明他们会采用广受学术界批评的回收期法,调查发现,使用回收期法的大都是年纪较大的CEO。另有调查发现,相对于净现值法来说,内部收益率或者其他收益变量的使用频率更大。之所以后两类方法会胜过传统公司金融所强调的净现值法,是因为相比净现值法来说,这两类方法更为直观,从可得性偏差的角度来看,这会让管理者感觉更心安。规模较小的投资意味着较快的回收投资成本,这就可以对Ross的发现进行解释,也说明了在企业中,管理者存在易得性偏差心理,而管理者的心理状态会直接影响到企业的资本配置。万良勇(2005)也认为管理者自身能力的局限可能会造成管理无效,而其能力的局限可能是由本身知识的有限性所致,也可能是由某些认知偏差导致的。

作为企业管理者和资源配置者的CEO在做决策时可能会受到其认知过程的易得性偏差的影响。这就使得部门经理有可能利用企业CEO的这种心理,在向CEO游说其部门的投资项目时用较为直观的回收期法或是内部收益率法进行解说,或是将部门投资项目和以前较成功的项目进行类比,甚至扭曲竞争对手的项目前景,使企业管理者相信其部门投资项目更可能获得成功,从而更容易寻租成功,获得企业ICM更多的资源配置。

2)代表性偏差与部门经理寻租

代表性偏差是一种基于成见的判断。Kahneman,Tversky和Slovic(1982)[157]认为,在不确定性条件下进行决策和判断时,人们往往会关注于一个事物与另一事物,或者该事物与一个整体的相似性,一旦相似则把它们归于同一范畴,而不是利用概率统计等数理工具进行客观的分析和判断。认知心理学将这种偏差称之为代表性偏差。该偏差常见的表现有:人们往往会用大样本中的小样本去替代大样本;或是凭经验对个体进行判断时,如果所得信息与大脑中已存某种类似原型概念偏差较小时,则会迅速判断该信息代表该原型概念。然而,这种判断过程忽略了判断所需考虑的前提条件,如样本大小、事件的独立性或是先验概率的大小等,从而引发错误的判断和决策。

在金融市场中,代表性偏差有很多表现。De Bondt和Thaler(1987)的研究表明,对于过去业绩不好的股票,投资者往往会表现得过于悲观;相反,对于过去业绩较好的股票,投资者则往往会表现得过于乐观。这种偏差导致了股票价格与其基本价值的偏离。Shin和Stulz(1998)发现,在多分部企业的资本配置过程中,企业总部习惯于按照分部的现金流或资产的规模比例来进行资本配置。例如,若一个分部的收入占企业总收入的 10%,那么它所获得的资本配置为企业总资金的 10%,而不管它的相对利润是多少。这就意味着一旦一个分部的现金流减少,那么它所能获得的投资也会相应减少。这种"黏性"的资本配置将会导致对一些业务分部的投资不足和对另一些业务分部的过度投资。基于"黏性"规则,企业总部在资本配置过程中,会根据现金流或是资产规模相对较大的分部进行更多的资金分配,而分部的现金流或资产是其在以往的经营过程中产生的,也就是说企业总部在资本配置决策中存在着代表性偏差。

基于企业 CEO 的这种代表性偏差,以往绩效较好或是分部规模较大的分部经理的寻租行为就更容易获得成功。当现金流或是资产规模相对较大的分部经理向企业 CEO 进行资源配置的寻租和游说时,由于 CEO 的这种代表性偏差的存在,他在潜意识里已经认定资产规模较大的分部就应该获得较大的资源配置,所以就更容易被游说成功,批准大分部经理的资金申请。这种资源配置决策是基于其分部的现金流或是资产规模的,而不是基于对分部投资项目的具体收益分析的,显然是不理智的。

3) 框架偏差与部门经理寻租

框架偏差有时也称框架依赖或心智账户,是指人们的判断与决策常常会受到事件呈现形式或是描述方式的影响,即使是本质相同的问题,但当其以不同的形式被描述或表现出来时,也会导致人们做出不同的决策。

在现实的金融市场中,根据事件的表达方式,框架偏差可以分为两类:正框架偏差和负框架偏差。这两个分类可以看作是对事件乐观和悲观的表达方式。如对同一个投资,"本项目投资回报达到 100 万的概率是 35%",则是一个正框架的陈述;而"本项目投资回报达不到 100 万的概率是 65%",则是一个负框架的陈述。由于陈述的不同,人们对相同事件的决策也有可能出现矛盾。以上面的表述为例,如果一个投资分析师以乐观的正框架陈述讲解其投资建议,则会引导投资者积极的投资行为;相反,如果投资分析师以悲观的负框架陈述讲解其投资建议,那么显而易见,将极大程度地消减投资者的投资热情。

同样,基于企业 CEO 的这种认知过程中的框架偏差,部门经理对其部门投资项目的未来前景或是资本回报的不同陈述,会在很大程度上影响企业 CEO 对其所在部门的资源配置。因此,为了争取更多的资源,部门经理在进行寻租时可能会向 CEO 极力描述甚至夸大其部门投资项目的经营前景和未来的项目收益,而受这种正框架描述的影响,企业 CEO 也就有更大的可能会因部门经理对项目前景描述的美好而对其资金申请予以通过,使部门经理寻租成功。

4）锚定效应与部门经理寻租

当人们对未知的事件进行评估和判断时,其决策往往会受到其他因素的影响。锚定效应即是指在判断和评估中,人们往往会先设定一个最容易获得的信息来作为判断的初始值或基准值来进行估计和调整,该初始值或基准值称为锚点,最终的判断和决策是以锚点为基础,结合其他相关信息进行综合调整而得出。在估计过程中,人们往往是通过最初的信息,而非最新和最全面的信息来进行调整和分析的,这种调整往往也是不充分的,从而导致估计值与真实值的偏差。

在企业的 ICM 资本配置过程中,企业总部 CEO 往往会基于各部门以往的绩效表现,将其之前的经营业绩作为其下一期经营结果的参考和估计值,并作出以往业绩较好的部门在将来仍会保持较好业绩的判断,从而使得以往业绩较好的部门在再申请资源配置时更容易获得成功。因此,为了能在下期获得更多的资本配置,部门经理可能会向企业 CEO 隐瞒或是虚报其分部的真实经营状况,或是贬低其对手部门的经营成果;而企业 CEO 受到其自身锚定效应的影响,很可能会因为分部经理虚假的经营信息而给予其较高的资源配置。

2. 自我控制过程中决策者参与者的非理性因素与部门经理寻租

在自我控制过程中,投资者通过各自不同的人格、偏好、情感与信念,容易产生过度自信、后悔厌恶、损失厌恶、模糊厌恶等现象,从而导致各种系统性或非系统性的自我控制偏差。

过度自信是指在现实生活中,人们往往会过于相信自己的判断;后悔厌恶是指错误的决策会使人们感到痛苦;损失厌恶是指面对同样的损失和收益时,损失对人们自我控制的影响更大;模糊厌恶是指人们对不熟悉的事情会产生厌恶自我控制。

1）过度自信与部门经理寻租

过度自信是人们普遍存在的心理特征,而作为拥有极高控制权和决策权的企业管理者,其过度自信的程度又高于一般大众。Sivanathan 和 Galinsky（2007）的研究表明,管制者的权利意识将会导致其过度自信,影响公司决策。

在企业中,管理层尤其是总部的管理层作为整个企业的核心,有着极强的优越感和成就感,而这些都进一步加剧了管理者过度自信的程度。

对于之前经营不善的部门或是项目,在进行下一期投资考虑时,如果管理者放弃了已经亏损的分部或是项目,就等于承认了自己之前决策的失误,同时还必须接受之前所投入的成本白白浪费掉的事实,这将严重损害其自信心。对于过度自信的管理者来说,这种挫败心理是不可忍受的。企业 CEO 和部门经理都存在着不同程度的过度自信心理,对部门经理来说,分部或是项目的亏损让其自信心大幅受挫,这就促使他更积极地在 CEO 面前进行游说,以争取资金进行今后经营的改善;另一方面,对于企业 CEO 来说,作为整个企业的负责人,分部或是项目的亏损与他也有不可推卸的责任,如果放弃该分部或项目,则他就必须接受之前决策的失误和成本浪费的事实。基于此种心理再加上部门经理的积极游说,CEO 很可能会接受部门经理的寻租而对该分部或项目投放更多的资金和资源,并相信资金的投放会使其经营状况得到改善。

2) 后悔厌恶、损失厌恶与部门经理寻租

后悔厌恶是指当人们进行决策时,通常会考虑未来的心理感受而选择那些能够给自己带来较少后悔的方案,即决策的目标可能是最小化未来的后悔而非最大化将来的收益。该理论还认为,个人在决策前会估计自己在未来可能出现的处境中的感受,并且采取行动的后悔程度要远高于没有采取行动的后悔程度。

损失厌恶是指在经济活动中,人们首先考虑的是如何避免损失,其次才是获得收益,即对于等量的亏损和收益,前者给人们带来的不悦感要远远大于后者给人们带来的满足感。

损失厌恶是导致后悔厌恶的直接原因。正是因为损失给人们所带来的痛苦才会使得人们感到后悔;另一方面,损失厌恶认知偏差的存在,还会使得人们产生沉没成本效应、机会成本效应等心理偏差。因此,后悔厌恶和损失厌恶是人们经济生活中非常重要的心理特征。

在金融市场上,为了避免以后后悔,投资人会倾向于继续持有已经亏损的股票,而急于将价格上升的股票套现,这种心理称为"处置效应"。在企业管理实践中,也存在着"恶性增资问题"(Staw,1981)[158],即管理者在对一个投资项目投入大量资源后发现完成该项目并从中取得收益的可能性非常小,有明确的信息表明应放弃该项目,但管理者却并没有选择放弃而是选择继续增加投入,从而产生"恶性增资问题"。国外研究发现,有75%的投资者在对已存在的不成功项目进行后续决策时会选择恶性增资(Conlon和Parks,1987);周齐武等(2000)[159]对国内管理者的调查也表明,有93%的企业管理者承认自己的企业中存在一定程度的恶性增资现象,其中56%的管理者认为恶性增资现象较广泛。

在企业中,部门经理和CEO在自我控制过程中都存在后悔厌恶和损失厌恶心理。"恶性增资"很可能会使企业陷入失败,而其之所以还广泛存在,一方面是因为部门经理的后悔厌恶和损失厌恶心理,一旦项目停止,就意味着要遭受损失,也要承认自己之前的决策失误,这将使得部门经理产生心理上的痛苦,因此,他会极力向企业CEO进行游说和寻租,以争取资金的注入和期望项目后期形势的转好;另一方面,作为企业的CEO,分部项目的决策是由他之前确定的,因此项目的失败他也要负很大责任,同样基于后悔厌恶和损失厌恶心理,企业CEO倾向于接受部门经理的寻租,为该项目注入更多的资金。

3) 模糊厌恶与部门经理寻租

模糊厌恶是指相对于客观的不确定性来说,人们对主观的、或含糊的不确定性的厌恶程度要更强,即出于对未知的恐惧,当在熟悉的事情和不熟悉的事情之间进行选择时,人们往往会倾向于选择熟悉的事情,而回避不熟悉的事情。著名的"埃尔斯伯格悖论"实验就对人们的这种厌恶模糊的心理进行了验证,实验结果显示,人们确实更加偏好熟悉的或者确定性的事件。艾斯伯格(1996)通过实验还指出,在人们曾经有过决策失误的经历时,他们将会产生更严重的模糊厌恶心理。

基于企业CEO存在的这种模糊厌恶的心理,分部经理在向CEO进行寻租的过程中就有可能会采用"死缠烂打"的方式,通过多次、经常性地向CEO进行部门投资项目的讲解,使CEO对该项目从陌生到充分的了解,那么,相比其他虽然投资机会更好但是对CEO来说不是那么熟悉的项目来说,该项目的资本配置申请获得通过的可能性就更大。

3. 意志行使过程中管理者非理性因素与部门经理寻租

在意志行使过程中,人们会受到以上的"认知过程"和"自我控制过程"的影响,并伴随着羊群行为和自我控制所导致的偏差。

1) 羊群行为与部门经理寻租

在一定程度上,"共同承担责备效应"的心理导致了羊群行为。在进行决策时，若某决策者逆流而动，那么一旦他失败了，则这一行为往往会被视为是其能力不够，决策者也往往因此受到抱怨和责备；但如果他的行为与其他人保持一致，那么即使最后结果是失败，他也会因为有其他许多和他有同样结果人的相伴而不那么难过，而他周围的人也不会过分怪罪于他，这样决策者也就达到了推卸自己承担决策错误责任的目的。

在企业 ICM 资源的争夺中，如果没有部门经理进行寻租活动，那么受周围环境和出于与其他人行为保持一致的心理因素的影响，各部门经理可能都会通过提高本部门经营绩效的方式而提高个人收益，某些部门经理打破这种格局，通过寻租争取资本配置的可能性相对较小。而当 ICM 中出现部门经理寻租活动时，不管是出于与其他人保持行为一致的心理因素，还是出于"共同承担责备效应"的影响，为了避免因其他部门经理寻租而造成的本部门可用资源减少而带来的经营绩效下滑的声誉与报酬风险，部门经理都有模仿其他部门经理也进行寻租的动机。因此，部门经理往往会关注其他部门经理的行动，当对方采取寻租行为时，他很可能会出于以上心理而采取同样行为。

2）自我控制与部门经理寻租

众所周知，人的情绪是相当易变和不稳定的。在现代社会，人们处在快节奏的生活状态下，时刻面临生活和工作中的各种压力，而这些压力会影响我们的心境，甚至是天气的好坏也有可能会对我们的自我控制产生或多或少的影响。

自我控制指的是人们对于自身心理和行为的控制，但实际上个人往往无法有效地进行自我控制。心理因素中一个重要的方面便是心境。当人们处在好的心境中时，会偏向于积极的判断，也会更乐于实施行动；而当人们处于坏的心境中时，则会相反的偏向于消极的判断和预期。当人们处于不同的心境中时，即使是同一项投资，其作出的最终决策也有可能是完全不同的。根据这一理论，在一天当中，人们只有很少一段时间处于绝对理性的状态，而在大部分的时间内我们所做出的决策都可能会受到自身心境的影响而只存在有限理性，只有在少部分时间内作出的投资决策才是完全客观和理性的。当存在自我控制问题的时候，人们无法依据理性来作出判断和决策。Shefrin和 Thaler(1981)[160]将自我控制归纳为人们内心深处理性部分(计划人)和原始情感冲突的短视部分(实施人)的冲突。如果计划人在和实施人的较量中处于弱势时，则人们往往无法很好地控制自己，最终导致认知偏差和行为的非理性。

企业 CEO 作为整个企业运营的责任人,身处在日益激烈的竞争环境之下,面临着工作中的种种压力与挑战,这些都会对其情绪产生影响,而其所处的心境很可能会对其经营决策产生影响。当心情极度愉快和极度低落时,CEO 所作出的决策可能存在极大差别。因此,部门经理为了实现其寻租目的,很有可能会选择在企业 CEO 自我控制较好时进行部门投资项目资金的申请,或是通过公关、受贿等活动人为地使 CEO 心情愉悦,再趁机提出资本配置申请。另外,当部门经理和 CEO 的私人关系较好时,在进行资源分配中,CEO 很可能会因为情感的因素而对其配置更多的资金,基于此,部门经理可能会通过刻意与 CEO 交好,通过拉近彼此间的私人关系而争取更多资源配置。

以上的分析虽然是从认知、情感和意志的三个过程来阐述这些过程中的心理偏差对部门经理寻租的影响,但总结而言也可以归结为人的认知、偏好和自我控制因素对部门经理寻租的影响。

6.2 研究设计

由于部门经理的寻租无法以代理变量来进行统计分析,因此,本处采用发放问卷进行调查研究的方法来对理论分析的结果进行实证检验。

1. 调查目的

本章实证分析的目的在于用问卷调查的方法对企业 ICM 中部门经理寻租的行为金融理论进行验证,同时也会对企业 ICM 部门经理寻租的传统金融理论进行验证,旨在确定传统金融理论因素和行为金融理论因素分别对 ICM 部门经理寻租的影响。

2. 调查对象

本处问卷采取匿名调查的方式,一部分对东南大学在读的 2012 级 MBA 学员进行随机抽样调查,发出 130 份调查问卷,回收问卷 109 份,剔除无效问卷 8 份,有效问卷 101 份;另一部分对浙江和江苏南京、高邮部分企业管理人员进行抽样调查,发出 30 份调查问卷,回收问卷 23 份,剔除无效问卷 4 份,有效问卷 19 份;总计有效回收率为 75.0%。①

---

① 无效问卷剔除原因:问卷中问题没有完全填完,数据不完整;问卷中部分量表答题结果全部选择了同一答案;问卷中单项选择题勾选了两项以上(包括两项)答案;调查对象中管理经验不足者(主要是任职时间太短或年纪太轻者)。

3. 调查问卷设计

1）问卷编制过程

首先，全面搜索有关 ICM 部门经理寻租问题和行为金融理论的研究资料和相关文献，然后对所搜集的文献资料进行细致的阅读与整理分析，由此把握相关基础理论与具体的研究脉络；其次，通过面谈的形式对 ICM 部门经理寻租问题的影响因素进行讨论和收集；最后，通过对前期调查结果及文献资料的归纳整理，形成本调查问卷。

2）问卷结果与内容

本问卷由两部分内容组成。第一部分主要是关于调查对象的一些基本信息，通过本部分，可以了解到被调查者的性别、年龄、受教育程度、所担任职位、任职时间、所任职企业性质、对目前薪酬的满意程度、在企业中拥有的股份比例等信息；第二部分为调研信息，我们试图通过多方调研和访谈，总结 ICM 中部门经理寻租问题的影响因素。第二部分主要内容如表 6-1 所示。

3）计分方式

本处主要采用李克特（Likert）五级量表计分法，问题答案区分为"非常不同意、不同意、一般、比较同意、非常同意"五种答案，供被调查者选其一作答，计分方式为对上述五种答案分别赋予"1,2,3,4,5"的分值。

表 6-1　问卷第二部分主要内容

层次	问　卷　题　目	题项考察因素
传统金融理论因素	12. 部门经理寻租活动的根源在于企业集团中 CEO、部门经理、外部投资者三者之间目标的不一致、激励不到位所致	双层代理理论与部门经理寻租
	13. 多元化公司中存在着信息不对称问题，该问题导致部门经理往往高报项目收益，从而引起公司价值的贬损	企业内部信息不对称与部门经理寻租
	14. 我国企业，尤其是国有企业，由于对经营者短期和长期激励的缺失，部门经理寻租现象更为严重	管理者激励与部门经理寻租
	15. 融资成本偏低的外部资本市场会促使企业 CEO 过分扩大融资规模，其分部或下属企业的经理也越倾向于通过寻租和公关活动来获取更多的资源	外部资本市场与部门经理寻租
	16. 在总部和分部之间信息不对称情况下，部门经理的游说活动有利于该分部获得更多资金，导致各分部竞相从事成本较低的游说活动而忽视提升经营能力	企业内部信息不对称与部门经理寻租

层次	问 卷 题 目	题项考察因素
行为金融理论因素	17. 在对某些目前未达到预期目标的项目进行决策时,管理者会对该项目继续增加投入,以免后期项目形势好转时自己会后悔	后悔厌恶与部门经理寻租
	18. 部门经理和 CEO 的个人关系较好时,其所属部门的资金审批更容易获得通过	自我控制与部门经理寻租
	19. CEO 心情较好时,部门资金申请获得批准的可能性更大	自我控制与部门经理寻租
	20. 在进行资本配置时,集团总部管理者往往相信历史会重演,而按照分部的资产或现金流的规模比例来进行配置	锚定效应与部门经理寻租
	21. 规模大的部门相对于规模小的部门在获取总部资源时更容易成功	锚定效应与部门经理寻租
	22. 在集团资本配置中,部门(子公司)需要的资金较少时,其申请比较容易获得通过	易得性偏差与部门经理寻租
	23. 在进行资本预算时,相对于传统公司金融强调的净现值法,管理者往往喜欢采用投资回收期法或内部收益率法	易得性偏差与部门经理寻租
	24. 当一个部门经理实施寻租行为时,会导致另一个或其他部门经理随之效仿	羊群效应与部门经理寻租
	25. 以往业绩较好部门的资源配置申请较易获得通过	代表性偏差与部门经理寻租
	26. 在对某些目前未达到预期目标的项目进行决策时,管理者可能会不愿承认自己之前的决策失误,而倾向于对该项目投放更多的资金	过度自信与部门经理寻租
	27. 在对某项目已经投入大量资源后,已知该项目取得收益的可能性很小,管理者也可能选择继续增加投入,而非放弃该项目	损失厌恶与部门经理寻租
	28. 对同样的项目,部门经理向 CEO 描述的项目前景越好,其获得资金审批的可能性越大	框架偏差与部门经理寻租
	29. 相对于新开立的项目,老的项目更易获得资源配置	模糊厌恶与部门经理寻租

6.3 实证分析

6.3.1 调查问卷基本分析

1. 问卷的分析方法

在社会科学研究中，研究变量的缩减常用主成分分析法。采用主成分分析法可以抽取变量间的共同因素，以较少的指标代表原来比较复杂的数据结构。基于主成分法的优点，本章采取这种方法作为对行为金融理论因素的主要分析工具。

取得调查问卷的数据后，先用 Excel 软件进行数据的整理和统计，然后通过专用统计软件 SPSS17.0 对问卷进行主成分分析。

2. 问卷的信度及效度分析

1）问卷的信度分析

本章利用 SPSS 17.0 求出了调查问卷的总体以及传统金融理论、行为金融理论各部分的 Cronbach's Alpha 信度系数及标准化信度系数（标准化信度系数是指将每位受试者在题项的数据转化为标准化 Z 分数，使每个题项新的平均数为 0，标准差均为 1，然后再计算而得到的量表的信度），如表 6-2 所示。

表 6-2　问卷的 Cronbach's Alpha 系数

测量项目	传统金融理论因素	行为金融理论因素	总体
Cronbach's Alpha	0.823	0.776	0.812
基于标准化项的 Cronbach's Alpha	0.835	0.778	0.816

如表 6-2 所示，问卷的主要两部分的 Cronbach's Alpha 系数和基于标准化项的 Cronbach's Alpha 系数都高于 0.70，且问卷总体的 Cronbach's Alpha 系数和基于标准化项的 Cronbach's Alpha 系数均大于 0.80，由此可见，问卷具有良好的内部一致性，有较高的可信度。

2）问卷的效度分析

在社会科学领域，近年来倡导专家效度。本研究搜集参考了以往的研究文献，并通过该领域的专家，评定题项是否反应被测项目的特征，即经过了专家效度的评定，因此本处的量表题目和构架具备良好的表面效度和内容效度。

3. 有效样本基本情况的描述性分析

本章分别对有效样本的：性别分布情况，年龄分布情况，学历背景分布情况,在公司所担任的职位分布情况,担任现有职位(最高职位)的时间分布情况,所在企业的性质分布情况,所在企业上市分布情况,调研对象对目前薪酬的满意程度分布情况,以及在企业中拥有的股份比例分布情况等九个方面的基本信息进行了描述性统计,结果分别见附录 B 中的图附 B-1～图附 B-9 所示。其中对学历背景分布情况的统计基于发放对象有一部分为东南大学在读 MBA 学员,这些学员中有些刚入学,有些则即将毕业,故将其学历划分为本科和硕士学历。统计结果表明:问卷具有一般代表性。

6.3.2 调查问卷深入分析

下面对调查问卷的第二部分进行主成分分析、满意度和相依样本 t 检验的分析。

1. 企业 ICM 部门经理寻租存在性和影响的描述性分析

本部分首先对受试者就部门经理寻租现象的存在性、对企业文化的影响程度和对 ICM 资本配置的影响程度进行分析。该部分我们使用满意度来进行分析,分别如表 6-3 至表 6-5 所示。

表 6-3 部门经理寻租存在性的描述统计量

非常不同意		不同意		一般		比较同意		非常同意		总体均值 M
频数	百分比	频数	百分比	频数	百分比	频数	百分比	频数	百分比	
0	0	2	1.7	20	16.7	67	55.8	31	25.8	4.06

表 6-4 不良企业文化的描述统计量

非常不同意		不同意		一般		比较同意		非常同意		总体均值 M
频数	百分比	频数	百分比	频数	百分比	频数	百分比	频数	百分比	
1	0.8	8	6.7	33	27.5	61	50.8	17	14.2	3.71

表 6-5 ICM 配置失效的描述统计量

非常不同意		不同意		一般		比较同意		非常同意		总体均值 M
频数	百分比	频数	百分比	频数	百分比	频数	百分比	频数	百分比	
0	0	6	5.0	38	31.7	60	50.0	16	13.3	3.72

调查发现,受试者对企业部门经理寻租存在性的同意程度均值为 4.06,处于较高的水平,说明受试者对企业中存在寻租现象的认可程度较高。受试

者对部门经理寻租导致不良企业文化和 ICM 配置的失效的同意程度均值分别为 3.71 和 3.72，数值相差不大，但也都较高，说明受试者对部门经理寻租会造成不良企业文化和 ICM 资源配置的失效还是比较认可的。

2. 基于传统金融理论和行为金融理论两个层面部门经理寻租的差异比较

在问卷调查分析中，我们通常用相依样本 t 检验来描述两种量表或层面分数或测验分数平均数的差异。首先，我们求出传统金融理论因素和行为金融理论因素两层面的单体平均数，并进行排序。传统金融理论因素层面共包含 4 个题项，因此单题平均得分为层面总分除以 4；行为金融理论因素层面共包含 13 个题项，因此单题平均得分为层面总分除以 13，两个层面单题的描述性统计如表 6-6 所示。

表 6-6　两个层面的描述统计量

	N	极小值	极大值	均值	标准差	排序
行为金融理论因素	120	2.38	4.69	3.642 3	0.441 12	1
传统金融理论因素	120	2.40	4.80	3.623 3	0.473 98	2
有效的 N（列表状态）	120					

表 6-6 为两个层面的单题平均数的描述性统计量，就行为金融理论因素层面而言，120 位受试者的单题平均值为 3.642 3，最小值为 2.38，最大值为 4.69；就传统金融理论因素而言，120 位受试者的单题平均值为 3.623 3，最小值为 2.40，最大值为 4.80。依单题平均得分高低排序，行为金融理论因素最高，传统金融理论因素次之。以上两个层面的均值均大于 3，说明受试者对这两个层面的因素对部门经理寻租的影响持肯定态度，且排名越高的层面，受肯定程度越高。

为了看出最高分变量（排序第一的行为金融理论因素）与其他变量（传统金融理论因素）平均数间的差异是否达到显著，要对这两个变量进行相依样本的 t 检验，即平均数差异检验。成对样本检验统计量如表 6-7 所示。

表 6-7 为成对样本检验统计量，传统金融理论因素和行为金融理论因素两变量平均数的差异为 -0.018 97，差异检验的 t 统计量等于 -0.408，显著性概率值 $p=0.684>0.05$，未达到 0.05 的显著水平，表示两个层面变量间的单题平均得分平均数没有显著差异，即受试者对传统金融理论因素和行为金融理论因素的认同程度一样。

表 6 - 7　成对样本检验表

传统金融理论因素—行为金融理论因素	成　对　差　分					t	df	Sig.（双侧）
	均值	标准差	均值的标准误	差分的95%置信区间				
				下限	上限			
	−0.018 97	0.509 34	0.046 50	−0.111 04	0.073 09	−0.408	119	0.684

3. 行为金融理论因素的主成分分析

本部分研究用 13 个题项对部门经理寻租中的行为金融理论因素进行了调查。首先,本章通过 KMO 和 Bartlett 的检验来确定待分析的变量是否适合做因子分析。KMO 是 Kaiser-Meyer-Olkin 的取样适当性量数(其值介于 0 到 1 之间),KMO 值越大,则表示变量间的共同因素越多,变量间的相关系数越低,越适合进行因子分析。根据统计学家 Kaiser(1794)的观点,进行因素分析的 KMO 的取值至少在 0.6 以上才适合做因子分析,这里的 KMO 值为 0.757,大于 0.6(见表 6 - 8),因此适合做因子分析。

表 6 - 8　**KMO 和 Bartlett 的检验**

取样足够度的 Kaiser-Meyer-Olkin 度量		0.757
Bartlett 的球形度检验	近似卡方	388.067
	df	78
	Sig.	0.000

然后用主成分分析法进行第一次的因子分析,首先进行陡阶检验,图 6 - 1 为陡坡图检验的结果,陡坡图可以帮助我们确定因素的数目。从图中可以看出,从第 4 个因素以后,坡度线比较平坦,表示没有特殊因素值得抽取,因而保留 3 个因素比较适宜。

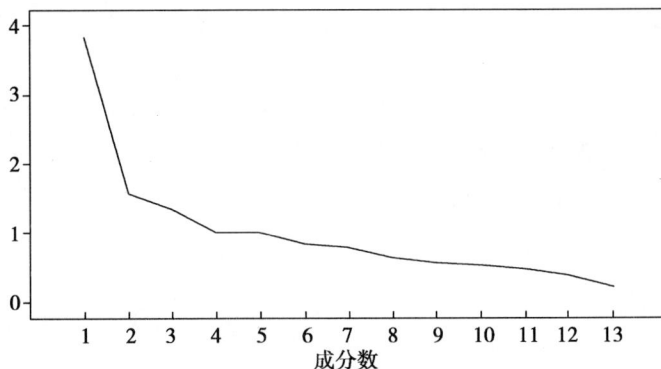

图 6 - 1　行为金融理论因素的陡阶检验碎石图

第一次主成分分析抽取到了 4 个因子，但根据陡阶检验可知，保留 3 个因子比较适宜，因此我们将量表中的题项反复进行因子分析和信度分析，直到所有题目都符合该准则，最后提取出 3 个因子，总共可解释方差的 57.528%。结果如表 6-9 所示。

表 6-9　行为金融理论因子的特征值和方差贡献率

成分	解释的总方差								
	初始特征值			提取平方和载入			旋转平方和载入		
	合计	方差的%	累积%	合计	方差的%	累积%	合计	方差的%	累积%
1	3.545	32.225	32.225	3.545	32.225	32.225	2.893	26.296	26.296
2	1.494	13.586	45.811	1.494	13.586	45.811	1.781	16.188	42.483
3	1.289	11.717	57.528	1.289	11.717	57.528	1.655	15.045	57.528
4	0.933	8.485	66.013						
5	0.835	7.593	73.606						
6	0.720	6.549	80.156						
7	0.565	5.137	85.292						
8	0.524	4.761	90.053						
9	0.487	4.430	94.483						
10	0.377	3.427	97.910						
11	0.230	2.090	100.000						
提取方法：主成分分析									

成分矩阵如表 6-10 所示。

然后进行行为金融层面主因子分析。本层面的因子分析结果如表 6-11 所示。

通过表 6-11 的因子分析可知，部门经理寻租的影响因素在行为金融部分主要体现在管理者认知偏差、管理者个人控制和管理者偏好差异方面的影响。其中管理者认知偏差是最重要的原因，也就是说，管理者个人认知是造成部门经理寻租的最主要的因素；而管理者个人控制和管理者偏好差异因素相对来说较弱。

表 6-10 行为金融理论成分矩阵

成分矩阵[a]			
	成　　分		
	1	2	3
V27	0.825	0.002	−0.193
V26	0.755	0.044	−0.302
V28	0.645	−0.254	−0.370
V25	0.616	−0.310	−0.252
V20	0.575	−0.079	0.432
V24	0.567	−0.071	−0.047
V18	0.285	0.786	0.069
V19	0.588	0.619	−0.028
V21	0.397	−0.559	0.503
V29	0.331	0.067	0.561
V17	0.391	0.042	0.537
提取方法：主成分分析			

注：[a]已提取了3个成分。

表 6-11 行为金融理论的因子分析结果

因子解释	项目序号及内容	因子载荷	Alpha信度系数
BF1——管理者认知偏差	27. 在对某项目已经投入大量资源后,已知该项目取得收益的可能性很小,管理者也可能选择继续增加投入,而非放弃该项目	0.825	0.796
	26. 在对某些目前未达到预期目标的项目进行决策时,管理者可能会不愿承认自己之前的决策失误,而倾向于对该项目投放更多的资金	0.775	
	28. 对同样的项目,部门经理向CEO描述的项目前景越好,其获得资金审批的可能性越大	0.645	
	25. 以往业绩较好部门的资源配置申请较易获得通过	0.616	
	20. 在进行资本配置时,集团总部管理者往往相信历史会重演,而按照分部的资产或现金流的规模比例来进行配置	0.575	
	24. 当一个部门经理实施寻租行为时,会导致另一个或其他部门经理随之效仿	0.567	

续表

因子解释	项目序号及内容	因子载荷	Alpha 信度系数
BF2——管理者个人控制	18. 部门经理和 CEO 的个人关系较好时，其所属部门的资金审批更容易获得通过	0.786	0.7053
	19. CEO 心情较好时，部门资金申请获得批准的可能性更大	0.619	
BF3——管理者偏好差异	21. 规模大的部门相对于规模小的部门在获取总部资源时更容易成功	0.503	0.655
	29. 相对于新开立的项目，老的项目更易获得资源配置	0.561	
	17. 在对某些目前未达到预期目标的项目进行决策时，管理者会对该项目继续增加投入，以免后期项目形势好转时自己会后悔	0.537	

接下来对受试者关于行为金融理论因素对部门经理寻租的影响所持有的看法进行分析，从管理者个人的三个因子（管理者认知偏差、管理者个人控制和管理者偏好差异）方面来分析管理者对部门经理寻租问题的个人看法。分别如表 6-12 至表 6-14 所示。

表 6-12　管理者认知偏差

非常不同意		不同意		一般		比较同意		非常同意		总体均值 M
频数	百分数	频数	百分数	频数	百分数	频数	百分数	频数	百分数	
4	0.6%	26	3.6%	102	14.2%	348	48.3%	240	33.3%	3.92

表 6-13　管理者个人控制

非常不同意		不同意		一般		比较同意		非常同意		总体均值 M
频数	百分数	频数	百分数	频数	百分数	频数	百分数	频数	百分数	
2	0.6%	18	3.6%	63	14.2%	166	48.3%	113	33.3%	3.58

表 6-14　管理者偏好差异

非常不同意		不同意		一般		比较同意		非常同意		总体均值 M
频数	百分数	频数	百分数	频数	百分数	频数	百分数	频数	百分数	
3	0.6%	26	5.4%	116	24.2%	188	39.2%	147	30.6%	3.81

调查发现，受试者对管理者认知偏差是部门经理寻租影响因素的平均同

意均值为 3.92,处于较高同意水平,说明在管理者个人因素中,受试者比较认同企业管理者认知偏差是导致部门经理寻租的重要原因;另外,受试者对管理者偏好差异是部门经理寻租影响因素的平均同意均值为 3.81,也处在较高的认同水平;而管理者个人控制低于前两个因子特征,受试者对管理者个人控制是部门经理寻租原因的认同处于一般水平。

4. 传统金融理论层面四个因素的差异比较

本部分我们用相依样本 t 检验来对传统金融理论的 4 个因素的差异进行分析。传统金融理论层次共分为四方面:双层代理理论、企业信息不对称、管理者激励及 ECM。其中,除双层代理理论有两个题项外,其他因素均只有一个题项,所以同上,首先我们求出传统金融理论四方面的单体平均数,并进行排序。传统金融理论因素的四方面单题描述性统计如表 6-15 所示。

表 6-15 传统金融理论 4 变量描述统计量表

	N	极小值	极大值	均值	标准差	排序
双层代理理论	120	1.00	5.00	3.7833	0.96304	1
外部资本市场	120	1.00	5.00	3.7750	0.79349	2
企业内部信息不对称	120	2.00	5.00	3.7167	0.74680	3
管理者激励	120	2.00	5.00	3.4208	0.59760	4
有效的 N(列表状态)	120					

表 6-15 为传统金融理论 4 个变量的单题平均数的描述性统计量,由表可知,在传统金融理论因素中,双层代理理论的单题均值为 3.7833,排名第一;ECM、企业内部信息不对称的单题均值分别为 3.7750 和 3.7167,分别排名第二、第三;而管理者激励的单题均值为 3.4208,排名最后。以上 4 个变量的均值均大于 3,说明受试者对这 4 个因素对部门经理寻租的影响持肯定态度,且排名越高的变量,受肯定程度越高。

为了看出最高分变量(双层代理理论)和最低分变量(管理者激励)与其他变量平均数间的差异是否达到显著,我们对最高分者与次高分者的变量进行相依样本的 t 检验,同时对排名最后的两个变量进行相依样本的 t 检验。这两对变量的成对样本检验统计如表 6-16 所示。

表 6-16   成对样本检验表

项目		成 对 差 分					t	df	Sig.（双侧）
		均值	标准差	均值的标准误	差分的95%置信区间				
					下限	上限			
对 1	双层代理理论—外部资本市场	0.008 33	1.111 41	0.101 46	−0.192 56	0.209 23	0.082	120	0.935
对 2	管理者激励—企业内部信息不对称	−0.295 83	0.762 83	0.069 64	−0.433 72	−0.157 95	−4.248	120	0.000

表 6-16 为传统金融理论因素中得分最高和次高变量及得分最低和次低变量的成对样本检验统计量。由表中数据可知，双层代理理论与 ECM 变量的平均数的差异为 0.008 33，差异检验的 t 统计量等于 0.082，显著性概率值 $p=0.935>0.05$，未达到 0.05 的显著水平，表示两个变量间的单题平均得分平均数没有显著差异，即受试者对双层代理理论和其他三方面因素的认同程度　样。而管理者激励和企业内部信息不对称两个变量间的平均数的差异为 −0.295 83，差异检验的 t 统计量等于 −4.248，显著性概率值 $p=0.000<0.05$，达到了 0.05 的显著水平，说明管理者激励与企业内部信息不对称的单题平均数有着显著的差异。若是检验层面的单题平均得分最低的变量与次高变量的平均数间的差异达到显著，则表示层面单题得分最低的变量与其他变量间的差异均达到显著。也就是说，管理者激励变量与其他三个变量（企业内部信息不对称、ECM 和双层代理理论）间的差异都达到了显著，即受试者对管理者激励变量与其他三个变量的认同程度存在显著差异。

5. 基于传统金融理论和行为金融理论的所有因素的差异比较

上面我们首先对传统金融理论层面和行为金融理论层面进行了层次分析，然后分别用主成分分析法和相依样本 t 检验对行为金融理论因素和传统金融理论因素进行了主成分分析和差异比较。为了更为直观地检验受试者对 4 个传统因素和 10 个行为因素的认同差异，本部分将对传统金融理论和行为金融理论的所有 14 个因素进行差异比较，从整体上来对各个变量进行基于平均数的排序，以此来把握受试者对这 14 个因素的认可程度分布情况。

同上，我们首先求出传统金融理论和行为金融理论共 14 个变量的单题平均数，并对其进行排序。其单题描述性统计如表 6-17 所示。

表 6 - 17　全部变量描述统计量表

项　目	N	极小值	极大值	均值	标准差	排序
管理者锚定效应	120	1.00	5.00	4.075 0	0.779 60	1
管理者框定偏差	120	1.00	5.00	3.883 3	0.909 18	2
管理者羊群行为	120	2.00	5.00	3.866 7	0.777 12	3
管理者代表性偏差	120	2.50	5.00	3.825 0	0.633 95	4
双层代理理论	120	1.00	5.00	3.783 3	0.963 04	5
外部资本市场	120	1.00	5.00	3.775 0	0.793 49	6
管理者自我控制	120	1.00	5.00	3.770 8	0.804 13	7
企业内部信息不对称	120	2.00	5.00	3.716 7	0.746 80	8
管理者易得性偏差	120	2.00	5.00	3.625 0	0.573 39	9
管理者过度自信	120	1.00	5.00	3.433 3	0.959 11	10
管理者激励	120	2.00	5.00	3.420 8	0.597 60	11
管理者损失厌恶	120	1.00	5.00	3.291 7	0.956 15	12
管理者后悔厌恶	120	2.00	5.00	3.275 0	0.839 79	13
管理者模糊厌恶	120	2.00	5.00	3.083 3	0.894 27	14
有效的 N(列表状态)	120					

表 6 - 17 给出了传统金融理论和行为金融理论全部 14 个变量的描述统计量。由表可知,14 个变量的均值均大于 3,说明受试者对这 14 个因素作为部门经理寻租的影响因素首先是持肯定态度的。在所有变量排名中,我们可以看到前四位都是行为金融理论变量。在前七个排名靠前的变量中,五个是行为金融理论变量,两个为传统金融理论变量,说明在部门经理寻租的影响因素中,行为金融因素的影响不可小觑。传统金融理论的 4 个因素分别排名第五位(双层代理理论)、第六位(外部资本市场)、第八位(企业内部信息不对称)、第十一位(管理者激励)。后三位是管理者损失厌恶、管理者后悔厌恶和管理者模糊厌恶,这三个因素的均值较小,接近 3,说明相比其他因素来说,受试者对这三个因素的认可程度不高,基本持中立态度。

同样的,为了看出最高分变量(管理者锚定效应)和最低分变量(管理者模糊厌恶)与其他变量的平均数间的差异是否达到显著,我们对最高分者与次高分者的变量进行相依样本的 t 检验,同时对排名最末和次末的两个变量

进行相依样本的 t 检验。因为前两位和后两位均为行为金融理论变量，而我们对这两对变量已经在行为金融理论层次分析中做过检验，由表 6-17 知，排名前两位的管理者锚定效应和管理者框定偏差变量的平均数的差异为 0.191 67，经过差异检验的 t 统计量等于 2.307，显著性概率值 $p=0.023<$ 0.05，达到 0.05 的显著水平。由此可知，管理者锚定效应变量和其他变量平均数间的差异也达到显著，即受试者对管理者锚定效应的认同程度与其他 13 个变量(管理者框定偏差、管理者羊群行为、管理者代表性偏差、管理者激励、外部资本市场、管理者自我控制、企业内部信息不对称、管理者易得性偏差、管理者过度自信、双层代理理论、管理者损失厌恶、管理者后悔厌恶和管理者模糊厌恶)有显著不同。同样的，管理者模糊厌恶和管理者后悔厌恶两个变量间的平均数的差异为 0.191 67，经过差异检验的 t 统计量等于 1.892，显著性概率值 $p=0.041<0.05$，也达到了 0.05 的显著水平，说明管理者模糊厌恶变量与其他变量间的差异都达到了显著，即受试者对管理者模糊厌恶的认同程度与其他 13 个变量(管理者锚定效应、管理者框定偏差、管理者羊群行为、管理者代表性偏差、双层代理理论、外部资本市场、管理者自我控制、企业内部信息不对称、管理者易得性偏差、管理者过度自信、管理者激励、管理者损失厌恶、管理者后悔厌恶)有显著差异。

6.4 本章小结

本章在总结以往研究的基础上，将行为金融的相关理论引入对部门经理寻租进行进一步的研究和解释。由于行为金融涉及的多是人的心理和行为因素，所以本章的实证研究采用主观性的问卷调查的方式。在对 120 位受试者进行调查并对调查结果进行相关分析后，得出了以下结论：

1. 企业 ICM 中部门经理寻租问题广泛存在。

2. 企业 ICM 中部门经理寻租问题的存在在一定程度上导致了企业的不良文化。企业中的寻租行为，尤其是公关活动、拉帮结派等行为，破坏了企业公平公开公正的企业文化和经营理念，使得企业内人际关系复杂，不利于企业的长期发展。

3. 企业 ICM 中部门经理寻租问题的存在在一定程度上导致了 ICM 资源配置的无效或失效。寻租行为是一种不公平的资源竞争方式，寻租成功的部门获得了更多的资源配置，但却掠夺了本应属于其他部门的资源，从而造成了 ICM 资源配置的扭曲和失效。

4. 部门经理寻租问题兼具有传统金融理论和行为金融理论的影响，并且行为金融理论层面对部门经理寻租的影响程度略高于传统金融理论层面。行为因素主要包括管理者认知偏差、管理者偏好差异和管理者个人控制三个方面。其中管理者认知偏差是最为重要的影响因素，管理者偏好差异和管理者个人控制次之。传统金融理论 4 个因素对部门经理寻租影响程度从大到小依次为：企业代理问题、外部资本市场、企业内部信息不对称、管理者激励。综合传统金融因素和行为因素对部门经理寻租影响的分析结果，其影响程度从大到小依次为：管理者锚定效应、管理者框定偏差、管理者羊群行为、管理者代表性偏差、双层代理理论、外部资本市场、管理者自我控制、企业内部信息不对称、管理者易得性偏差、管理者过度自信、管理者激励、管理者损失厌恶、管理者后悔厌恶、管理者模糊厌恶。排名结果表明，排名前四位的都是行为因素，这充分说明行为金融理论因素对部门经理寻租的影响非同小可。ICM 中部门经理寻租行为的发生在很大程度上是由管理者自身心理因素造成的。

本章的调查统计分析结果也基本证实了前述关于部门经理寻租理论分析得出的基本观点。

第七章

基于行为金融的内部资本市场
利益侵占效应的分析[*]

7.1　理论分析

结合委托代理理论,利益侵占行为究其根源主要来自所有者和经营者的自利心理。本章分别讨论控股股东和管理者对中小股东的利益侵占,虽然两种侵占行为的路径各有不同,但是他们的心理动机基本相似,并且有着共同的目标,也都会最终通过影响公司经营业绩与股价侵占其他利益相关者的利益。因此,在公司非理性方面,本章统一从"管理者"①的过度自信视角分析过度自信的心理因素对侵占行为的影响,同时投资者的非理性也给了"管理者"侵占的机会。本章主要讨论投资者非理性—管理者理性,以及投资者非理性—管理者非理性两类模型下的利益侵占,对于投资者理性—管理者非理性的情形可以归结在第四章此类模型的研究中,这里不做研究,因为一般认为这不属于"利益侵占"之说。

---

　* 在我国,利益输送问题往往归结为利益侵占问题。

　① 站在上市公司侵占中小股东利益层面,这里的"管理者"不仅包括了上市公司的管理者,还包括对上市公司具有实际控制意义的控股股东。

7.1.1　投资者非理性—管理者理性

我国经济处于转轨阶段,公司股东和管理者都不太成熟,相较于发达市场,他们的行为偏差更为突出,表现在外部投资者方面,正如罗伯特·希勒所言:"相对于那些证券市场发展了几百年的国家来说,投资者应该可以预期到中国证券市场具有更多的非有效性和更多的异象。人们往往要花费很长的时间来学会投资过程中的投入和产出……而且在中国,许多新的投资者……基本没有股市投资的经验,我们可以想象这些人中的许多会犯错误,同时我们也可以预料到这些错误反映在市场价格中。"[①]正是因为投资者的不作为和非理性,导致具有信息优势的管理者和投票优势的控股股东可以轻易地利用专有信息和控制权侵占中小股东的利益;而管理者的不作为和过度自信——即非理性同时也纵容了大股东的这种侵占行为。

当投资者非理性—管理者理性又存在 ICM 时,集团管理者会利用投资者的非理性进行利益输送,这种输送的同时也可能造成利益的侵占(这个分析见 5.1.2)。站在集团角度,也许这种利益输送是一种整体最优的效应,但是站在投资者角度却可能是一种利益侵占行为,这在我国集团非整体上市情况下尤其严重。更何况还存在集团管理者故意侵占和剥夺中小投资者利益,从而导致集团整体也非优的行为[②]。

7.1.2　投资者非理性—管理者非理性

基于信息和控制权优势的大股东侵占中小股东利益的研究文献很多,但都是代理理论框架下的产物,目前尚缺乏基于行为框架下的利益侵占的研究。本书认为,在存在大股东控制企业或企业集团的情况下,管理者往往只能代表大股东的意志,所以探讨管理者的决策行为事实上就是在讨论大股东的决策意志。因此,本章主要探讨管理者的过度自信认知偏差对利益侵占的影响,同时以管理者的认知偏差来代表控股股东的认知偏差[③]。

---

①　见罗伯特·希勒在李心丹(2004:2)所著的《行为金融——理论及中国的证据》一书中的序言。

②　这种情形往往表现为以牺牲多数人的利益而达成少数人最优的行为,如侵占、转移或挥霍中小投资者和国有财产等,当然这涉及价值判断问题。

③　直接度量控股股东的认知偏差(如过度自信)的指标是很少见的,也是很困难的,但控股股东在董事会中占据重要的位置,代表了集团管理者的意志,所以集团管理者诸如过度自信这样的认知偏差往往与控制股东是一致的。

1. 企业集团管理者过度自信与过度的关联方交易

虽然目前的研究中没有人明确指出过度自信与企业集团关联方交易的关系，但是从集团管理者进行关联方交易的目的考虑，这种关系主要是一种资金的往来。根据融资优序理论，企业融资一般遵循内源融资、债权融资、权益融资的先后顺序。内源融资是成本相对较低，所受限制相对较少的一种融资方式，因此企业集团管理者倾向于在 ICM 中通过关联方交易达到资金流通的目的。

过度自信的企业集团管理者对资本市场保持乐观的态度，大量的学者研究发现这些管理者有过度投资、并购等交易的冲动，他们往往高估投资项目价值，低估风险，交易频率相对较高，因此他们对资金的需求也就更多，关联方交易的金额与次数也会随之增加。然而在过度自信心理状态下的投资行为是否能够带来预期的回报仍是一个未知数，资金的使用效率通常也会大打折扣。一旦投资失利，企业集团的业绩必将受损，所带来的负面影响也会进一步影响股票的价格。因此企业集团中的中小股东，不仅会面临资金被占用的局面，还会因为企业业绩和股价的下滑遭受损失，其利益被控股决策者所侵占。

2. 企业集团管理者过度自信与激进负债

Nofsinger(2005)研究指出，过度自信导致管理者倾向于激进的债务融资。管理者钟爱运作大规模企业，而不是只考虑企业是否盈利。在企业集团中，过度自信的管理者往往具有建造帝国(Empire-building)的倾向(Jensen，1986)。扩大企业集团的规模能够增大控股股东和高级管理者掌管的资源；同时，企业规模扩大可以为中下级管理者提供晋级机会，所以整个企业集团的管理者都存在扩大企业规模的激励。这样一来，企业管理者会将企业大部分甚至所有资金都用于投资，而不管投资项目是否能够增进企业的市场价值。因此企业集团交易的规模往往比一般企业更加庞大，经常会出现企业自有资金不能完全满足资金需求的情况，通过关联方交易实现集团 ICM 中的资金调配数量也很有限。这时，集团管理者通常会选择激进的债务融资达到融资的目的，进而导致企业背负过高的债务。与理性的管理者相比，过度自信的管理者往往高估投资项目的盈利能力，低估风险，因而在他们的意识中陷入财务危机的概率比实际值低。因此，他们也会偏向较高的债务水平。另外，过度自信的管理者不愿意进行权益融资，除了股权融资成本相对较高外，他们认为外部投资者低估了公司的股价，并且一旦冒然发行新股，老股东的权益将被稀释。Shefrin(1999)指出，由于未来收益的过高估计，特别是有控股股东的企业，老股东不愿意与新股东分享公司未来收益，所以他们更倾向于债权融资。这些原因都导致过度自信的集团管理者选择高负债经营。

负债经营所提供的财务杠杆保持在合理水平时，能够为企业增加可支配的现金流，同时由于债权融资成本固定且可抵税，当企业经营绩效提高时，股东的每股收益增加；相反，如果过度自信的集团管理者借入过高的债务，使得财务杠杆达到企业无法承受的高度，其所带来的财务风险巨大，不仅损伤企业经营业绩，一旦企业丧失偿债能力，最终的风险还是落到股东身上。因此，过度自信的企业集团管理者会通过过度的负债经营侵占股东的利益。

3. 企业集团管理者过度自信与薪酬激励

过度自信是股东无法恰当处理委托代理冲突的主要原因之一。企业集团管理者的过度自信心理不仅会导致管理者的薪酬差异，也影响其薪酬业绩敏感度①。从委托代理理论出发，在信息不对称的前提下，如果能够根据企业的产出来决定管理者的薪酬，则有助于激励集团管理者为股东价值最大化而努力，从而缓解潜在的委托代理问题。然而制定薪酬制度的管理者往往是非理性的，匹配收入与产出又相对困难。根据 Shefrin(2007)的自我归因偏差理论分析，当公司业绩良好时，过度自信的管理者往往把成功归因于自身的努力，表现为高的薪酬业绩敏感度，低固定薪酬，高激励性薪酬；而当公司业绩不好时，管理者往往把结果归因于外部因素，拒绝相对较低的薪酬。集团管理者的这种心理是典型的过度自信症状，高估自身的能力，追求更高的薪酬及在职消费。合理的薪酬和在职消费确实能够起到激励的作用，但是一旦超出了合理水平，必将反过来损伤公司业绩，影响公司的股价。特别是当这些过度自信的管理者持有公司的股权时，参与薪酬制度的制定，则管理者拥有更加强烈的侵占动机，加重了对股东利益的侵占。

4. 企业集团管理者过度自信与大股东控制程度

具有控制权的大股东，往往倾向于选择具有过度自信倾向的管理者，并且运用他们的过度自信心理来行使自己的利益。控股股东认为，当企业面临重大决策或者面对困境和不确定性时，只有自信的管理者才能够力排众议，实施以大股东控制的董事会的决议，为大股东创造价值(Hackbarth,2009)[161]。

---

① 管理者薪酬业绩敏感度，由 Holmstrom 于 1991 年提出，是指管理者的薪酬与公司业绩联系的紧密程度。

5. 投资者非理性，集团管理者迎合心理与利益侵占

中国的证券市场不发达，投资者不作为和非理性众所周知，即使发达如欧美的市场，理论和实践都证明了证券市场投资者仍然存在非理性的成分，并且上市公司存在"融资时机"，管理者存在迎合效应（Stein, 1996, 2003, 2009），投资者和管理者的双重非理性会导致金融灾难（Wugler, 2003）。更何况中国公司的股权结构还存在大小股东利益问题，所以大股东利用中小股东的不作为（例如放弃对重大决策的投票权）和非理性（例如喜欢跟风等）在集团内通过日常交易和资金往来等关联交易进行利益输送和转移的现象就很普遍，加之管理者的非理性更容易在企业集团决策的诸多方面引起对中小股东利益的侵占。

结合前文的理论分析，得出如图 7-1 的实证研究框架。本章选取企业集团中的上市公司为研究对象，分别考察企业集团中控股股东、中小股东以及管理者之间的利益侵占问题。在控股股东侵占中小股东利益的研究中，重点研究控股股东持股比例、控制权与现金流权分离度、第二大股东与控股股东持股比例、投资者的非理性程度、控股股东性质和过度自信的指标与关联

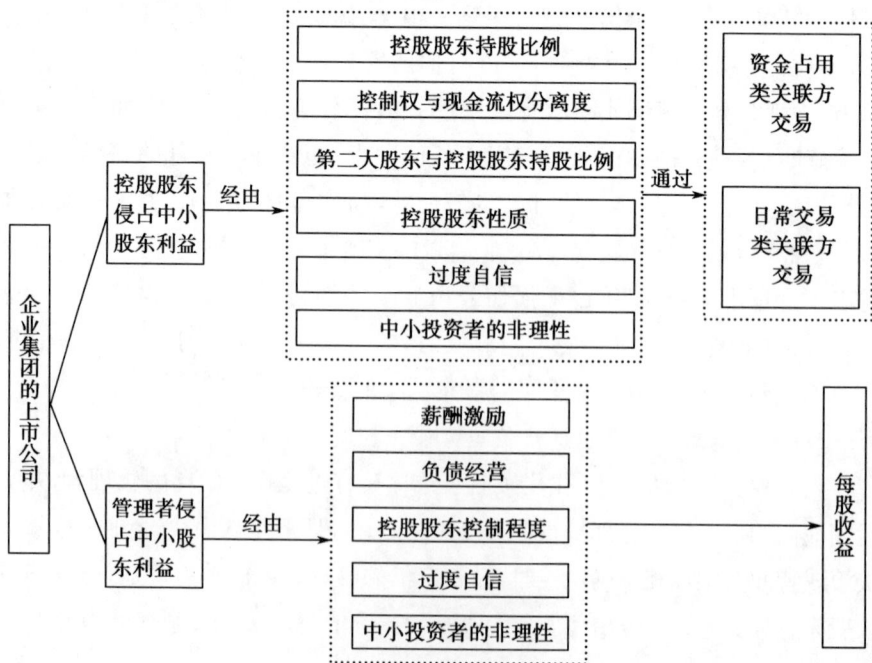

图 7-1 本章实证研究框架图

资料来源：本书笔者整理。

方交易之间的关系;在管理者侵占股东利益的研究中,重点研究管理者薪酬激励、负债经营、控股股东控制程度和过度自信指标与每股收益指标之间的关系;同时探讨在外部中小投资者非理性状况下,集团控股股东和管理者对中小股东利益的侵占情形。通过实证研究框架,探究我国目前企业集团中利益侵占的现状,以及管理者对不同侵占方式的偏好程度。

7.2 研究假设与设计

在前文理论研究的基础上,本节提出实证研究的假设,并选取我国沪、深两市 A 股 2007 年上市公司 2009 年的数据为研究样本,[①]构建模型,运用线性回归方程对样本企业集团的利益侵占行为进行实证研究。研究分为两个部分:第一部分是通过衡量企业集团之间的关联方交易与第一大股东比例、两权分离度、控股股东性质等指标之间的关系,检验控股股东对小股东的利益侵占情况;第二部分是通过衡量管理者在职消费、负债经营等指标,检验管理者对股东的利益侵占情况。两者都检验了在投资者非理性的情况下,利益侵占的程度。

7.2.1 研究假设

1. 控股股东对中小股东利益侵占行为的研究假设

1) 第一大股东持股比例与利益侵占行为的关系

一般认为,随着股东持股比例的提高,大股东有使公司价值最大化的激励动机,对于大股东来说监督管理者变得有利可图,因此股权的相对集中在一定程度上可以解决所有者与经营者之间的代理问题。另一方面,股权的集中也有可能导致大股东与其他中小股东之间的利益冲突。当第一大股东持有的股权超过一定比例时,他们就会享有其他股东无法享有的控制权收益。在这种情况下,第一大股东可能利用其控股股东的地位为自己谋福利,从而侵害其他中小股东的利益(La Porta,Lopez-de-Silanes 和 Shleifer,1999)。在我国这样的新兴市场中,控股股东与中小股东之间更是存在严重的代理问题(余明桂,夏新平,2004)。控股股东通过关联方交易侵害中小股东的利益,降

---

① 选用 2009 年的数据作为研究对象是因为 2009 年的股市相对 2007 年的极端非理性、2008 年的单边下跌和 2010 年、2011 年的过度低迷要表现得更正常一些,在相对正常的情形下,投资者和管理者的非理性以及代理问题导致的利益侵占问题应该更具有一般性。

低企业价值。换句话说，控股股东的持股比例越高，其对公司的控制权也越大，越有动机也更方便通过大量的关联方交易对中小股东利益进行侵占。由此，提出第一个假设：

H1：第一大股东持股比例与关联方交易数量正相关。

2）控制权、现金流量权偏离度与控股股东利益侵占行为的关系

现金流量权与控制权的偏离是目前许多国家都存在的普遍现象，Faccio 和 Lang(2001)[162] 通过 13 个西欧国家 5 232 家上市公司的数据发现，控股股东使用"一股多票"的股票和金字塔式的持股结构使得其拥有的控制权和现金流权发生了很明显的偏离。Claessens,Djankov 和 Lang(2000)发现在 9 个东亚国家中，由于存在金字塔式的持股结构和交叉持股，控股股东的控制权明显地超过了其现金流权。众多研究也表明，我国上市公司普遍存在金字塔式的持股结构体系，控股股东通过较少的现金流量权即可达到对上市公司的控制。因此，现金流量权和控制权的偏离问题在我国也是相当严重的，这就更加助长了控股股东的侵占行为，他可以将上市公司的资源转移到自己控股的子公司来侵害其他股东的利益，近几年这样的例子在中国证券市场上屡见不鲜。拥有足够多的现金流量权是控股股东发挥对公司价值的正面积极作用的前提，La Porta 等(2002)证实了控股股东现金流量权这种正的激励效应，当控股股东拥有的现金流量权越多时，其与公司的正向关联度越大，如果公司价值受到损害，那么他受到的损失也越大。随着控股股东持股比例的不断增加，控股股东的控制权与上市公司现金流量权趋于一致，偏离程度小，此时如果控股股东拥有的现金流量权也越多，一旦上市公司价值受到损害，那么他受到的损失越大，因此控股股东不会随意地侵占上市公司资金，损害其发展机会；相反，当控制权和现金流量权发生偏离时，两者偏离的程度越大，控股股东拥有的现金流量越少，对其他中小股东进行侵害的动机也就越强。由此，提出第二个假设：

H2：控制权和现金流量权偏离的程度与控股股东的利益侵占行为正相关。

3）第二大股东持股数和第一大股东持股数的比值与控股股东利益侵占行为的关系

如果控股股东的持股比例与第二大股东持股比例相差悬殊，公司实际上处于第一大股东的绝对控制之下，公司所有的经营和财务决策只受第一大股东的影响，其他中小股东无力进行反驳。一旦第一大股东利用其绝对控制地

位通过关联方交易做出侵占中小股东利益的决策时,上市公司和中小股东只能被迫接受。如果第二大股东持股比例较大,则能削弱第一大股东对上市公司的强大控制权,并与其形成制衡,从而对第一大股东的侵占行为起到一定的抑制作用,这也是增强公司治理机制的重要举措之一。由此,提出第三个假设:

H3:第二大股东持股数和控股股东持股数比值与控股股东的利益侵占行为负相关。

4)股权性质与控股股东利益侵占行为的关系

国情决定了我国资本市场不仅承载融资和重新配置资源的功能,而且还背负着国企改革的历史使命。我国上市公司控制者的地位也相当特殊,虽然经过多次国有股减持,但是国有股的任何变动都要受到众多约束。赖建清(2004)对我国上市公司最终控制人的研究发现,国有股东仍然直接或间接控制了约77.07%的上市公司,控制的表决权平均为47.57%,几乎处于绝对控股地位;非国有股东直接或间接控制了22.87%的上市公司,控制的表决权平均为33.27%,处于相对控股地位;国有实际控制人主要以国有独资公司的控制方式为主,即国有独资的集团母公司,占到了样本总体的59.10%,国有控股依然占据主导地位。

国有股一股独大的状态如果处理不当有可能对公司治理存在负面影响。首先控股股东的行为更易不规范,对上市公司在人员、资产和财务方面三不分,将上市公司当作提款机,通过不正当的关联方交易等手段对中小投资者进行任意掠夺等。其次,国有股股东对上市公司的经营者缺乏有效的监督,经营者通过一系列手段侵占所有者权益,内部人控制问题相当严重。再次,经理层缺乏有效的激励机制。国有控股的这些弊端,导致上市公司治理效率低下,对中小股东的侵占行为严重。由于国有股股权转让的局限性,在公司内部治理机制不能对国有股东的侵占行为进行控制的情况下,外部接管市场的存在也无法对国有控股的上市公司治理起到显著影响,国有股东对上市公司的控制很严格(李维安,曹延求,2005)[163]。因此,本书有理由相信,在中国这样的新兴市场,控股股东与中小股东之间确实存在严重的代理问题,特别在政府作为控股股东的上市公司中,代理问题更加突出,利益侵占行为的出现不足为奇。由此,提出第四个假设:

H4:国有控股股东与上市公司的利益侵占行为正相关。

中小股东的非理性会让控股股东的利益侵占行为更容易得逞,所以提出第五个假设:

H5：外部投资者的不理性与控股股东的利益侵占行为正相关。

2. 管理者对股东利益侵占行为的研究假设

现代企业因经营权与所有权的分离而产生的委托代理问题，是企业出现管理者侵占股东利益问题的根源。一旦公司的内部治理机制与外部监督机制不完善，高层管理者就有可能运用手中持有的公司股权，影响公司决策的制定，引导决策倾向于满足管理者的个人私利，从而侵害股东的权益。因此，有效的治理机制与监督机制就显得尤为重要，负债经营是手段之一。负债的限制减少管理层可支配的现金，能够强迫企业管理者将自由现金流(Free Cash Flow)返还给资本市场并受到资本市场的监督，这会降低企业管理者随意处置资源造成的损失，减少管理者追求自身利益最大化的行为，但是过度的负债会导致企业机会的丧失和收益的减少。另外，合理的薪酬激励是股东对管理者的一种犒赏，是管理者经营企业应得的酬劳，这种薪酬往往对管理者有激励作用，虽然如果超出了合理水平，缺乏法律的约束以及监管，很有可能沦为管理者侵占股东权益的工具，但是只要设定合理，激励作用产生的效益能够覆盖薪酬和在职消费本身的成本，增加企业的效益。在控股股东控制程度高的企业集团中，管理者往往被控制通过关联方交易等方式实施对其他股东的侵占行为。管理者迫于控股股东的控制，不得不默认大股东的行为，甚至会合谋共同侵占其他股东利益，因此与非企业集团管理者相比，他们更容易实现对其他股东的侵占。由此，本章提出如下假设：

H6a：负债经营对管理者的利益侵占行为有抑制作用，与企业的业绩正相关。

H6b：激进负债会导致业绩下降，因此过度的负债与企业的业绩负相关。

H7：薪酬激励能够抑制管理者对股东的利益侵占行为，与企业的业绩正相关。

H8：控股股东控制程度助长管理者对股东的利益侵占行为，与企业的业绩负相关。

根据上文所述，投资者的非理性会助长企业集团管理者对中小股东的利益侵占，由此提出第九个假设：

H9：投资者的非理性助长了企业集团管理者对中小股东利益的侵占行为。

我国上市公司的公司治理结构中不仅面临严重的代理问题，而且受到行为因素的影响，公司决策人员的经营能力和经济理性也有很大的欠缺。无论是理论分析，还是从实践研究的结论来看，我国上市公司所面临的资本市场的有效性都值得怀疑,公司股票价格偏离其真实价值的现象也确实存在。因此过度自信的管理者极有可能通过过度的关联方交易和过度的在职消费行为,影响公司股票价格与经营绩效,放大经营过程中的利益侵占行为。由此提出本章最后一个假设:

H10:控股股东和管理者的过度自信与利益侵占行为呈正相关关系。

7.2.2 研究设计

1. 样本选取

本章以 2007 年底在沪、深两市上市的上市公司 2009 年年报数据和两市交易数据为研究基础,并根据研究的需要,做如下的剔除:① 剔除金融,保险行业;② 剔除 ST、＊ST、SST 的公司;③ 剔除同时发行 B 股、H 股的公司,以尽量减少股权结构的复杂性;④ 剔除日常交易类关联方交易或资产占用类关联方交易为 0 的公司;⑤ 剔除资料不全及数值异常的样本。最终选取 557 个上市公司作为研究样本,分析控股股东以及管理者的侵占行为。

本章关于关联交易的数据来自于上市公司年报中"关联交易及其交易披露"部分,其他的关于股权结构和公司治理结构的财务数据均来源于 CCER 数据库。文中有关资本市场数据来自于证监会统计信息、交易所统计年鉴、沪深证券交易所网站及巨潮资讯网。

统计分析软件采用 SPSS17.0 和 EXCEL2007。557 家上市公司样本行业分布情况见表 7-1。

表 7-1 样本企业行业分布统计表

所在行业	行业代码	样本数目	百分比(%)
农、林、牧、渔	A	11	1.98
采掘业	B	12	2.15
制造业	C	339	60.86
电力、煤气和水生产供应	D	21	3.77
建筑业	E	14	2.51
交通、运输、仓储业	F	25	4.49
信息技术	G	38	6.82
批发、零售和贸易	H	19	3.41

续表

所在行业	行业代码	样本数目	百分比(%)
房地产业	J	25	4.49
社会服务业	K	21	3.77
传播与文化产业	L	4	0.72
综合类	M	28	5.03
总计		557	100

资料来源：本书笔者整理。

2. 变量定义

1) 控股股东利益侵占行为的描述变量

(1) 被解释变量

① 日常交易类关联方交易比重。用来测量控股股东与上市公司之间日常交易类关联方交易规模的指标。所谓的日常交易类关联方交易是指与企业主营业务相关的，频繁进行的关联方交易，主要包括商品、原材料、劳务的购销。具体计算公式如下：

$$Y_1(日常交易类关联方交易比重)$$

$$= \frac{关联方之间销售商品或提供劳务}{营业收入} +$$

$$\frac{关联方之间购买商品或接受劳务}{营业成本}$$

② 资金占用类关联方交易比重。用来反映控股股东利用关联方交易往来占用上市公司资金的指标。主要包括购买或销售除商品以外的其他资产、代理、资产租赁、提供资金、担保、许可协议、赠与、股权及期权的买卖等。关联方之间进行此类交易可以较为隐蔽地融通资金。具体计算公式如下：

$$Y_2(资金占用类关联方交易比重)$$

$$= \frac{关联方之间提供代理、租赁、担保、抵押等}{应收账款＋长期应收款＋其他应收款} +$$

$$\frac{关联方之间接受代理、租赁、担保、抵押等}{应付账款＋长期应付款＋其他应付款}$$

(2) 解释变量

① 控股股东持股比例(FShare)。该指标等于上市公司第一大股东的持

股比例。

② 现金流权与控制权两权偏离程度(Separation Ratio,SR)。本章参考 Claessens 等(2000)的研究,设计了计算两权分离率的方法的衡量指标。

现金流权。以 $CR_{i,t}$ 表示第 i 家公司 t 期的现金流权。本章采用 La Porta 等(1999)和 Claessens 等(2000)提出的计算方法。

控制权。以 $VR_{i,t}$ 表示第 i 家公司 t 期的控制权。根据 La Porta 等(1999)和 Claessens 等(2000)的计算方法,控制权(即控制权比例)等于控制链上最弱的所有权相加之和。

③ 第二大股东与控股股东持股比例(S/F)。指标等于第二大股东持股比例/控股股东持股比例。

④ 控股股东性质(State)。根据控股股东的性质,本章将样本公司分为国有企业控股与非国有企业控股两类。该变量为虚拟变量,当第一大股东为国有企业控股时,取值 1,否则为 0。样本中共 378 家国有控股企业,占样本的 68.04%,179 家非国有控股企业,占样本的 31.96%。

我们认为控股股东的乐观程度会通过管理者的决策来体现,所以本章以管理者的乐观程度代表了控股股东的意志。[①] 变量具体描述见表 7-3。

2) 管理者利益侵占行为的变量描述

(1) 被解释变量

在探讨管理者行为对股东利益侵占的程度时,由于侵占程度本身不易计量,因此本章选择"每股收益"这个能够同时衡量公司业绩与股权收益的会计指标,作为管理者侵占股东利益程度的替代变量,作为被解释变量。

$$每股收益(EPS) = \frac{净利润}{年末普通股股数}$$

(2) 解释变量

① 负债经营(Debt)。本章采用"期初长期负债/所有者权益"的比值作为企业负债经营的替代变量,衡量负债经营对企业业绩、股价的影响,间接体现管理者对股东的利益侵占。

---

① 研究本希望以控股股东 2009 年比 2008 年增加控股比例来度量第一大股东的乐观程度,但是通过数据查找后发现,很少有控股股东持股比例增加的,减少持股的倒是不少见,这是由于股权分置限制流通使得控股股东面对不确定环境在全流通时,希望通过减少股份来获取现金,所以选用其他指标来代替控股股东的乐观程度。

② 薪酬激励

本章选择三个指标衡量企业管理人员的在职消费行为，即管理人员工资、企业管理费用的自然对数和管理者股权。

管理者工资（Pay）。当前我国上市公司高级管理人员的货币报酬仍主要来源于薪金，其他的报酬基本可以忽略不计，因而可用公司公布的高级管理人员年度报酬数据来计量工资指标。由于上市公司年报中披露了前三大高级管理人员的薪酬总额，因此本章设计比率指标 Pay 等于前三大高级管理人员年度报酬总额/管理费用。

管理者在职消费程度（$Expro$）。尽管管理者的在职消费水平并没有在年报中予以单独披露，但它却是管理费用科目的重要构成部分。管理费用是指组织、运营企业过程中的管理支出，它包括了正常运营管理支出和管理团队的在职消费。Johnson 等（2005）认为在所有会计科目中，管理费用是在职消费的最适合度量指标。因此，本章采用管理费用的自然对数来度量管理者的在职消费水平。

管理层股权（$MShare$）。年报中披露的高级管理层持股比例。

③ 控股股东控制程度（$FShare$）。该指标等于上市公司第一大股东的持股比例。

④ 管理者的过度自信（$Movercon$）

由于 2009 年我国的经济形势表现出前低后高的趋势，管理者如果对宏观经济形势表现出乐观的态度的话，那么管理层存在"优于平均效用"的过度自信的心理特征，于是本章参考张敏（2009）的研究，从企业投资活动的角度出发，同时考虑公司微观层面与宏观经济走势的匹配情况，来衡量管理者是否存在过度自信。具体操作方法：设 $ICF_{i,t}$ 为 i 公司在 t 年投资活动产生的现金流出量，则 i 公司在 t 年的投资活动产生的现金流出量的增长率 $\Delta ICF_{i,t}=ICF_{i,t}-ICF_{i,t-1}$；将 t 年 i 公司所在行业投资活动产生的现金流出量增长率的平均值记为 $A\Delta ICF\_Industry_{i,t}$；将公司投资活动增长情况与行业均值的差额记为 $PL_{i,t}=\Delta ICF_{i,t}-A\Delta ICF\_Industry_{i,t}$，即 $PL_{i,t}$ 为 i 公司在 t 年超出行业平均水平的投资增长率，根据 $PL_{i,t}$ 取值是否与宏观经济运行趋势一致来区分管理者是否过度自信。本章将宏观经济趋势初始阶段逆势投资操作以及趋势结束阶段顺势投资操作的管理者定义为过度自信。2008 年至 2009 年间，我国国内生产总值的增长率分别为 9.0% 和 8.7%，因此本章将 2009 年 $PL_{i,t}>0$ 的公司的管理者定义为过度自信。过度自信变量（$Mover$-

con)定义为虚拟变量,当管理者过度自信时 $Movercon=1$,否则取 $Movercon=0$。共得到过度自信样本 324 个,非过度自信 233 个,如表 7-2 所示。[1]

表 7-2 样本企业分布

是否过度自信	是否国有控股			
	国有控股		非国有控股	
	数量	比例(%)	数量	比例(%)
过度自信	221	58.47	103	57.54
非过度自信	157	41.53	76	42.46
总样本	378	100	179	100

资料来源:本书笔者整理。

3) 投资者非理性变量描述

中国股票市场的换手率是全世界最高的,也是衡量市场非理性的主要指标之一,因此,本章用上市公司年度股票换手率(TR)来描述投资者的非理性程度。

4) 控制变量

① 独立董事在董事会中所占比例(DR)。独立董事人数在董事会总人数中所占的比重。

② 股权集中度($Hindex$)。采用赫尔芬尔指数,即上市公司前十大股东持股比例的平方和替代股权集中度指标。

③ 公司成长性($Growth$)。采用企业本年对上一年的主营业务收入增长率替代公司成长性,控制公司盈利能力对利益侵占的影响。

④ 公司规模($Size$)。采用企业年初总资产的自然对数替代公司规模,用来控制企业规模对利益侵占的影响。

⑤ 投资机会。这里用托宾 Q 来表示。

变量的具体描述见表 7-3 所示。

---

① 过度自信用公司的投资超过国民经济增长水平和与国民经济增长逆向操作来度量也符合具有控股性质企业的大股东的行为特征。

行为金融视角：企业集团内部资本市场效应

表 7-3　变量定义表

变量类型	变量名称	变量符号	含义及计量
被解释变量	日常交易类关联方交易比重	Y_1	Y_1＝销售商品或提供劳务/营业收入＋购买商品或接受劳务/营业成本
	资金占用类关联方交易比重	Y_2	Y_2＝提供代理、租赁、担保、抵押、赠与/(应收账款＋长期应收款＋其他应收款)＋接受代理、租赁、担保、抵押、赠与/(应付账款＋长期应付款＋其他应付款)
	每股收益率	EPS	净利润/年末普通股股数
解释变量	控股股东持股比例	FShare	第一大股东的持股比例
	控制权与现金流权两权分离度	SR	SR＝现金流权/控制权，其中现金流权等于控制链上各股权比例的乘积，控制权等于控制链上最弱的所有权相加之和
	第二大股东与控股股东持股比例	S/F	第二大股东持股比例/控股股东持股比例
	控股股东性质	State	虚拟变量，当第一大股东为国有企业控股时，则取值为 1,否则为 0
	负债经营	Debt	期初长期负债/所有者权益
	管理者工资	Pay	前三大高级管理人员年度报酬总额/管理费用
	在职消费程度	Expro	管理费用的自然对数
	管理层权利	MShare	管理层的持股比例
	投资者非理性程度	TR	2009 年各个公司的股票年度换手率
	过度自信	OC	过度自信取 1,非过度自信取 0
控制变量	投资机会	Q	(流通股股数＊每股股价＋非流通股股数＊每股净资产＋负债账面价值)/公司总资产账面价值
	独立董事比例	DR	独立董事人数在董事会总人数中所占的比重
	股权集中度	Hindex	上市公司前十大股东持股比例的平方和
	公司成长性	Growth	企业主营业务收入增长率＝(本年销售收入－上年销售收入)/上年销售收入
	公司规模	Size	资产总值的自然对数

3. 研究方法与回归模型

根据本章 7.1 节的理论分析和实证框架,本节设计了四个计量模型,通过线性回归的方法分别检验本节提出的 10 个假设。其中模型 1 用来检验假设 1、2、3、4,模型 2 用来检验假设 6、7、8,模型 3 和模型 4 分别检验假设 5、9 和假设 10。

模型 1:

$$Y = \alpha_0 + \alpha_1 FShare + \alpha_2 SR + \alpha_3 S/F + \alpha_4 State + \alpha_5 Q + \alpha_6 DR + \alpha_7 Growth + \alpha_8 Size + \varepsilon_1$$

其中,Y 代表 Y_1 和 Y_2,表示关联方交易数。

模型 2:

$$EPS = \beta_0 + \beta_1 Debt + \beta_2 Pay + \beta_3 Expro + \beta_4 Mshare + \beta_5 FShare + \beta_6 Q + \beta_7 DR + \beta_8 Growth + \beta_9 Size + \varepsilon_2$$

模型 3:

$$Y' = \alpha_0 + \alpha_1 FShare + \alpha_2 SR + \alpha_3 S/F + \alpha_4 State + \alpha_5 TR + \alpha_6 OC + \alpha_7 Q + \alpha_8 DR + \alpha_9 Growth + \alpha_{10} Size + \varepsilon_1$$

其中,Y' 代表 Y_1 和 Y_2,表示关联方交易数。

模型 4:

$$EPS' = \beta_0 + \beta_1 Debt + \beta_2 Pay + \beta_3 Expro + \beta_4 Mshare + \beta_5 FShare + \beta_6 TR + \beta_7 OC + \beta_8 Q + \beta_9 DR + \beta_{10} Growth + \beta_{11} Size + \varepsilon_2$$

其中,EPS' 表示每股净收益。

7.3 实证分析

7.3.1 控股股东侵占中小股东利益的实证分析

1. 关联方交易的总体状况

根据前文的描述,本章对样本企业的关联方交易情况按类型进行了统计,如表 7-4 所示。

表 7 - 4   2009 年样本公司关联方交易类型及金额表　　单位：万元

交易类型	金额	比例(%)	次数	交易类型	金额	比例(%)	次数
购买或销售商品	53 213 518	36. 38	5 549	购买或销售其他资产	5 659 105	3. 87	463
担保或抵押	45 524 066	31. 13	4 742	赠送资产	6 837 443	4. 67	5
提供资金	14 137 173	9. 67	828	代理产品或服务	1 402 254	0. 96	102
销售商品或提供劳务	11 145 257	7. 62	2 253	许可协议	116 903	0. 08	41
租赁资产	8 218 248	5. 62	1 167	合计	146 253 967	100. 00	15 150

从表 7 - 4 可以看出，企业集团内关联方之间的交易金额非常大，次数多，总值高达 14 625 亿元人民币，交易次数也有 15 150 次。其中关联购销、担保抵押、提供资金的业务是目前关联交易的主要形式，在整个关联交易中占据主要地位，比重占到关联方交易总额的 3/4，其中购销关联企业商品位居第一。出现这种情况的原因是：当上市公司经营不善时，为了保住上市公司的配股资格或实现扭亏、避免摘牌，大股东或母公司利用关联购销为上市公司输送利润，而一些上市公司也主要依赖母公司和其他关联方求得生存，将大量的商品销售给关联方，同时大量的原材料也向关联方采购。这便让大家怀疑上市公司的真实盈利能力。

相互担保抵押、提供资金是关联企业之间相互占用资金的主要手段，巨大的金额也说明关联企业占用资金的现象比较严重，主要体现在上市公司财务报表的应收应付账款，长期应收应付账款和其他应收应付账款中，这种做法破坏了公司的正常运转，一旦资金无法偿还，关联企业只能通过其他渠道融资，不仅增加了企业的资本成本，而且很有可能通过计提坏账准备抹掉关联企业之间的债权责任，直接影响公司的利润。这些隐蔽的手段最终都将造成中小股东利益的减少。

2. 描述性统计和相关分析

(1) 对模型 1、模型 3 的相关变量指标进行描述性统计分析，见表 7 - 5 所示。

表 7 - 5 显示，尽管剔除了一些资金占用类关联交易异常的公司，但 Y_2 类关联交易的比率仍然很高，均值达到 500%，说明控股股东通过资金占用类关联交易来转移资金的现象比较严重，而且分化较严重；上市公司控股股东持股比例($FShare$)平均值高达 39.304%，最大值为 85.232%，最小值也有

7.851%;两权分离度（SR）均值 71.733%,比 Claessens,Djankov 和 Lang（2000）的研究得出的东亚上市公司的现金流量权与控制权 74.6% 的平均分离度稍小,但也说明我国上市公司金字塔控股下的两权分离度高;控股股东性质（State）的均值为 68%,说明我国上市公司主要由国有控股;前两大股东的持股比例悬殊,S/F 的均值为 25.005%,最小值仅有 0.34%,由此可见我国上市公司的第二大股东持股权占控股股东的比例偏小,股权结构高度集中,第二大股东不能形成对第一大股东的有效制约,存在较严重的一股独大现象;独立董事人数占董事会总人数比例（DR）均值仅有 18.915%,低于证监会 2001 年 8 月颁布的《关于在上市公司建立独立董事制度的指导意见》中规定的独立董事不得少于董事会成员 1/3 的要求,因此上市公司内部治理结构对大股东的监管力度依然很弱,从而使得控股股东侵占中小股东利益的现象很普遍。另外,本章计算出来 2009 年样本公司股票的年度平均换手率高达8.47 倍,意味着一年中各支股票已经被其投资者倒腾了将近 9 次。中国股市的高换手率为全球所瞩目,历来为各界所诟病,代表了中国股票市场的低效率和投资者的不成熟及非理性,这可能给控股股东侵占中小股东利益以机会。

表 7-5 描述统计量

	N	极小值	极大值	均值	标准差
Y_1	557	0.000 01	19.841 11	0.543 73	1.543 90
Y_2	557	0.000 01	244.169 2	5.015 47	15.272 72
FShare	557	0.078 51	0.852 32	0.393 04	0.155 22
SR	557	0.023 90	1.000 00	0.717 33	0.277 03
S/F	557	0.003 40	1.000 00	0.250 05	0.271 29
State	557	0.000 00	1.000 00	0.680 00	0.467 00
OC	557	0.000 00	1.000 00	0.580 00	0.493 00
Q	557	0.837 30	11.248 70	2.092 55	1.117 03
TR	557	0.420 00	26.620 00	8.466 3	17.208
DR	557	0.000 00	0.384 62	0.189 15	0.048 95
Hindex	557	0.009 28	0.726 53	0.192 74	0.128 75
Growth	557	(0.977 69)	0.927 57	0.027 75	0.280 96
Size	557	19.045 56	26.761 69	22.088 98	1.237 39

（2）相关性分析

表 7-6 为控股股东侵占中小股东利益的相关性检验结果。

行为金融视角：企业集团内部资本市场效应

表 7 - 6 控股股东侵占中小股东利益研究变量 Pearson 相关性检验

	Y_1	Y_2	FShare	SR	S/F	State	TR	OC	Q	DR	Hindex	Growth	Size
Y_1	1	-0.008	0.01	-0.067*	-0.035	-0.018*	0.103*	0.097*	-0.007	0.035	-0.005	-0.057	-0.136**
Y_2	-0.008	1	0.089*	0.024	-0.03	0.025*	0.018	0.037	-0.023	0.003	0.112**	-0.057	0.013
FShare	0.01	0.089*	1	0.111**	-0.541**	0.192**	-0.170**	0	-0.161**	0.003	0.963**	0.05	0.302**
SR	-0.067*	0.024	0.111**	1	-0.033	0.269**	-0.129**	-0.031	-0.097**	-0.063	0.133**	0.094*	0.119**
S/F	-0.035	-0.03	-0.541**	-0.033	1	-0.136**	-0.036	-0.043	0.045	-0.047	-0.370**	0.043	-0.044
State	-0.018*	0.025*	0.192**	0.269**	-0.136**	1	-0.257**	0.012	-0.127**	-0.084*	0.185**	0.045	0.262**
TR	0.103*	0.018	-0.170**	-0.129**	-0.036	-0.257**	1	0.108*	-0.115**	0.040	-0.203**	-0.089*	-0.445**
OC	0.097*	0.037	0	-0.031	-0.043	0.012	0.108*	1	0.062	-0.058	-0.023	-0.016	-0.161**
Q	-0.007	-0.023	-0.161**	-0.097**	0.045	-0.127**	-0.115**	0.062	1	-0.017	-0.181**	-0.024	-0.442**
DR	0.035	0.003	0.003	-0.063	-0.047	-0.084*	0.040	-0.058	-0.017	1	-0.008	-0.01	0.005
Growth	-0.057	-0.057	0.05	0.094*	0.043	0.045	-0.089*	-0.016	-0.024	-0.01	0.05	1	0.129**
Size	-0.136**	0.013	0.302**	0.119**	-0.044	0.262**	-0.445**	-0.161**	-0.442**	0.005	0.361**	0.129**	1

注：* 表示在 0.05 水平（双侧）上显著相关；** 表示在 0.01 水平（双侧）上显著相关。

针对表 7-6 的相关性检验结果可以看出,本章的解释变量两权分离度、控股股东的性质、第一大股东的持股比例、换手率和过度自信的指标都与被解释变量之间有一定的相关性,分别在 5% 和 1% 的置信水平上显著,比较理想。控制变量股权集中度指标($Hindex$)与第一大股东持股比例($FShare$)之间的相关系数 0.963 高于 0.8,说明这两个指标之间存在一定的多重共线性,其他变量之间相关系数较低,不存在显著的共线关系。为消除多重线性的影响,下文将剔除掉股权集中度指标来进行具体变量之间的回归分析。

3. 回归结果与分析

(1) 回归结果

本章在分析控股股东利用关联方交易对小股东利益侵占时,将关联方交易区分为日常交易类与资金占用类,按照模型 1 分别对这两类关联方交易进行最小二乘回归,运用 SPSS 软件处理数据结果如表 7-7 和表 7-8 所示。

表 7-7　模型 1 的回归拟合结果

	R	R^2	调整 R^2	标准估计的误差	Durbin-Watson	F	Sig.
模型 1 Y_1^b	0.183^a	0.033	0.019	1.533	2.032	2.374	0.016^a
模型 1 Y_2^b	0.200^a	0.040	0.026	15.072	2.064	2.868	0.004^a

注:a. 预测变量:常量,$FShare$,SR,S/F,$State$,Q,DR,$Growth$,$Size$
　　b. 因变量:Y_1,Y_2。

从回归结果可以看出,两个子模型的回归系数 R^2 分别为 3.3% 和 4.0%,拟合水平不高,但是 F 值分别在 5% 和 1% 的置信水平显著,通过检验;Durbin-Watson 值都超过 2,表示不存在序列相关性,方程可以接受。

表 7-8　模型 1 的回归结果

变　量	交易类型					
	日常交易类关联方交易 Y_1			资金占用类关联方交易 Y_2		
	B	t	Sig.	B	t	Sig.
常量	7.026	4.194***	0	394.477	1.617	0.106
$FShare$	0.336	0.145*	0.088	−747.768	−2.218**	0.027
SR	−18.753	−0.756**	0.045	1033.648	0.286	0.775
S/F	0.056	0.146	0.884	−68.191	−1.226	0.221

续表

变　量	交易类型					
	日常交易类关联方交易 Y_1			资金占用类关联方交易 Y_2		
	B	t	Sig.	B	t	Sig.
State	0.057	0.384*	0.070	6.256	0.288*	0.077
Q	−0.109	−1.697*	0.09	−3.434	−0.367	0.714
DR	1.265	0.957	0.339	40.46	0.21	0.834
Growth	−0.084	−0.357	0.721	−36.872	−1.079	0.281
Size	−0.308	−4.511	0	−13.153	−1.323	0.186

注：*，**，*** 分别表示在 0.1，0.05，0.01 水平（双侧）上显著相关。

（2）回归分析

对比模型 1 中两类关联方交易的回归结果可以看出，在本章设计的 6 个解释变量中，除了控股股东的性质（*State*）、换手率（*TR*）和过度自信指标（*OC*）的系数符号方向相同外，其余 3 个指标的系数在两种关联方交易中呈现不同的符号。可见这两种关联方交易对于控股股东来说是两种迥然不同的利益侵占工具，对于不同的交易控股股东会有不同的态度。

① 控股股东的持股比例（*FShare*）。控股股东的持股比例（*FShare*）与日常交易类关联方交易比重（Y_1）正相关（系数为 0.336）；而与资金占用类关联方交易比重（Y_2）显著负相关（系数为 −747.768）。日常交易类关联方交易主要形式是商品和劳务的购销，通过这种交易，不仅可以让资金在关联企业间流通，而且更重要的是可以直接形成销售收入，达到输送利润、粉饰财务报表、虚增上市公司的利润的目的，可以说这种交易频率高，数量大，利益转移的速度更加明显。控股股东持股比例越高，从公司业绩和股价中获得的收益就越高，这种回报远大于占用资金带来的好处；而控股股东的持股比例与资金占用类关联方交易比重呈显著负相关，原因是从 2003 年 8 月以来[①]，证监会对上市公司的关联交易监管更加严厉，大股东通过资金占用等方式来侵占上市公司利益比较困难，而通过日常关联交易则比较隐蔽和容易。因此假设 1 的成立必须分两种情况，即第一大股东持股比例与日常交易类关联方交易正相关，假设 1 成立；第一大股东持股比例与资金占用类关联方交易负相关，

① 为了规范上市公司关联交易行为，2003 年 8 月 28 日，中国证监会联合国资委发布了《关于规范上市公司与关联方资金往来及上市公司对外担保若干问题的通知》。

假设1不完全成立。

②两权分离程度(SR)。由于SR指标的大小与现金流权和控制权分离程度成反比,因此两权分离程度与日常交易类关联方交易(Y_1)正相关(系数-18.753),与假设2一致;与资金占用类关联方交易(Y_2)负相关(系数1 033.648),与假设2相反。其原因与控股股东持股比例的回归分析一致。SR值越大,两权越趋于一至,这时的控制权和现金流权都越大,此时的股东手中拥有大量的现金流权,无需再通过资金占用的方式获得更多的资金,而是可以通过控制权,从公司的业绩和市场价值中获利,因此选择关联企业之间的购销活动最为合适。因此假设2需要区别对待:控制权与现金流权的偏离程度与控股股东通过日常交易类关联方交易正相关。

③第二大股东持股与第一大股东持股之比(S/F)。第二大股东与第一大股东持股比例(S/F)与日常交易类关联方交易(Y_1)正相关,但回归系数较小,仅为0.056;而与资金占用类关联方交易(Y_2)负相关但不显著(系数为-68.191)。相对控制权是公司治理中非常重要的手段,处于强势地位的控股股东拥有更多的投票权,这时第二大股东的持股比例就显得非常重要。但是从描述性统计表7-5中就已经看出,目前我国上市公司第二大股东持股比例平均值只占第一大股东的1/4,难以在股东大会上形成制衡,很难在决策中发出关键的声音,与此处回归分析中S/F指标表现地不显著相呼应。同时,相对控制权与Y_1弱正相关,而与Y_2负相关,是因为,资金占用类关联方交易的形式大多是一些比较特殊的交易,典型如位于表7-4中第二位、第三位的担保抵押、提供资金,这类交易的特点是次数少、每次涉及的金额大,容易引起所有股东的注意,往往需要经过股东们的慎重考虑,甚至投票表决,这时中小股东应能够起到一定的制约控股股东的作用,但是回归结果却也表明,由于股权力量的悬殊,制约作用非常有限,导致结果不显著。因此,假设3没有通过检验。

④第一大股东性质($State$)。控股股东的性质($State$)与两类关联方交易比重均为正相关(系数分别为0.057,6.256),且通过10%显著水平的检验,表明第一大股东性质为国有的企业集团之间会发生更多的关联方交易,假设4得到了证明。同时也说明我国国有控股的企业中,大股东的绝对地位非常明显,侵占中小股东利益的行为比较普遍。

7.3.2 管理者侵占股东利益的实证分析

1. 描述性统计和相关分析

（1）描述性统计。表7-9对模型2和模型4的相关变量指标进行描述性统计分析。

表7-9 描述统计量

变量	N	极小值	极大值	均值	标准差
EPS	557	(1.267 00)	4.090 00	0.306 92	0.428 74
Debt	557	0.000 00	3.874 82	0.260 15	0.438 65
Pay	557	0.000 04	0.191 79	0.011 29	0.013 31
Expro	557	15.787 89	23.365 74	18.716 82	1.134 32
MShare	557	0.000 00	0.490 10	0.007 40	0.041 00
FShare	557	0.078 51	0.852 32	0.393 04	0.155 22
TR	557	0.420 00	26.620 00	8.466 3	17.208
OC	557	0.000 00	1.000 00	0.580 00	0.493 00
Q	557	0.837 30	11.248 70	2.092 55	1.117 03
DR	557	0.000 00	0.384 62	0.189 15	0.048 95
Growth	557	(0.977 69)	0.927 57	0.027 75	0.280 96
Size	557	19.045 56	26.761 69	22.088 98	1.237 39

从表7-9中可以看出，高级管理层的工资是管理费用中一笔比较重要的支出，管理者工资的替代指标（Pay）均值在1.129%左右，最高竟达到19.179%；在职消费的替代指标（Expro）也比较高，说明我国上市公司的管理者或多或少都能够从企业获得较为可观的收入；管理层持股比例总体来看并不算多，均值为0.74%，少数企业的管理者拥有相对较多的股权，管理者持股比例超过10%的企业共有12家，占样本的2.15%。负债经营指标（Debt）的均值在26.015%，处于合理的安全范围内，但是也不乏大规模举债经营的企业，比例超出100%的企业有27家，占样本的4.85%。这些指标是否会影响企业的业绩，是否会导致管理者侵占股东的权利，本节将继续讨论。

（2）相关性分析

对模型2和模型4的相关性检验如表7-10所示，模型2和模型4的解

表 7 – 10 管理者侵占股东利益研究变量 Pearson 相关性检验

	EPS	Pay	Expro	Debt	MShare	FShare	TR	OC	Q	DR	Growth	Size
EPS	1	0.01	0.06	0.303**	-0.001	0.117**	-0.209**	-0.02	0.022	-0.058	0.356**	0.293**
Pay	0.01	1	-0.003	0.155**	-0.069	0.017	0.115**	-0.076	-0.247**	-0.011	0.093*	0.399**
Expro	0.06	-0.003	1	-0.445**	0.088*	-0.093*	-0.393**	-0.039	0.089*	0.006	0.003	-0.260**
Debt	0.303**	0.155**	-0.445**	1	-0.104*	0.280**	-0.172**	-0.133**	-0.251**	-0.022	0.079	0.704**
MShare	-0.001	-0.069	0.088*	-0.104*	1	-0.063	-0.172**	-0.106*	0.049	0.054	0.018	-0.124**
FShare	0.117**	0.017	-0.093*	0.280**	-0.063	1	0.091*	0	-0.161**	0.003	0.05	0.302**
OC	-0.02	-0.076	-0.039	-0.133**	-0.106*	0	0.108*	1	0.062	-0.058	-0.016	-0.161**
TR	-0.209**	0.115**	-0.393**	-0.172**	-0.172**	0.091*	1	0.108*	-0.115**	0.040	-0.089*	-0.445**
Q	0.022	-0.247**	0.089*	-0.251**	0.049	-0.161**	-0.115**	0.062	1	-0.017	-0.024	-0.442**
DR	-0.058	-0.011	0.006	-0.022	0.054	0.003	0.040	-0.058	-0.017	1	-0.01	0.005
Growth	0.356**	0.093*	0.003	0.079	0.018	0.05	-0.089*	-0.016	-0.024	-0.01	1	0.129**
Size	0.293**	0.399**	-0.260**	0.704**	-0.124**	0.302**	-0.445**	-0.161**	-0.442**	0.005	0.129**	1

注：* 和** 分别表示在 0.05 和 0.1 水平（双侧）上显著相关。

释变量股票换手率与业绩之间呈现很强的负相关性；负债经营、控股股东控制程度指标与被解释变量每股收益指标之间有一定的相关性，在10%的置信水平上显著；其他指标均表现不显著。同时，系数均在0.5以内，说明模型各指标之间不存在显著的相关关系，比较理想。另外，对于具体变量之间的关系有待下文中的回归分析。

2. 回归结果及分析

在进行回归分析之前，本章将样本分成2个子样本：国有控股企业与非国有控股企业。依据是前文对大股东侵占小股东的回归分析中发现不同性质的企业经营活动中的偏好差异较大，因此这里也将对国有控股和非国有控股企业中管理者侵占行为分别进行计量。表7-11为模型2的回归拟合结果。

表7-11 模型2的回归拟合结果

样本	R	R^2	调整 R^2	标准估计的误差	Durbin-Watson	F	Sig.
全样本(557)EPS^b	0.520^a	0.270	0.258	0.365 74	1.917	22.501	0.000^a
国有控股(378)EPS^b	0.519^a	0.269	0.252	0.384 53	1.931	15.079	0.000^a
非国有控股(179)EPS^b	0.629^a	0.396	0.364	0.303 57	1.790	12.305	0.000^a

注：a. 预测变量：常量，$Debt$，Pay，$Expro$，$MShare$，$FShare$，Q，DR，$Growth$，$Size$。
b. 因变量：EPS。

从表7-11的回归拟合结果可以看出，模型2对于三个样本的拟合度比较理想，R^2值最高达到39.6%，最低也有26.9%；DW值在2附近，不存在序列相关性；同时都通过了F值的检验，可以认为模型设计合理。

对模型2的回归结果如表7-12所示。从总体样本来看，只有薪酬激励(Pay)、在职消费($Expro$)指标与每股收益(EPS)指标正相关且通过显著性检验，与假设7一致；与负债经营指标($Debt$)显著负相关，同假设变动方向相反；与管理者持股比例($MShare$)正相关但不显著，同假设变动方向相反。虽然不能证明所有的假设，但是结合我国目前的国情，这样的结果也可以得到合理的解释。

① 负债经营($Debt$)。研究假设认为负债经营的还款刚性、偿债风险能够抑制管理者的侵占行为，从而提升公司的业绩，但是回归结果恰恰相反。总体样本的负债经营指标却与经营绩效指标每股收益(EPS)显著负相关，系数为-0.104，其中国有控股企业更为突出，系数为-0.111，而非国有控股企业表现为正相关但不显著（系数为0.002），这表明我国企业，特别是国有控股

企业的管理者更多的使用负债经营,但是使用效率低,减少了企业的每股收益,最终减少了股东的利益。

表 7-12   模型 2 的回归系数列表

模型 2 变量	全样本(557)			国有(378)			非国有(179)		
	B	t	Sig.	B	t	Sig.	B	t	Sig.
常量	−3.454	−8.59***	0	−3.509	−6.47***	0	−4.457	−7.107***	0
Debt	−0.104	−2.536**	0.011	−0.111	−2.249**	0.025	0.002	0.022	0.983
Pay	7.126	5.324***	0	7.321	3.077***	0.002	6.612	4.717***	0
Expro	0.102	3.779***	0	0.104	2.803***	0.005	0.121	3.08***	0.002
MShare	0.238	0.614	0.54	0.266	0.209	0.835	0.194	0.552	0.582
FShare	−0.686	−1.794*	0.073	−0.758	−1.552	0.121	−0.896	−1.501	0.135
Q	0.054	3.373***	0.001	0.086	3.822***	0	0.025	1.238	0.218
DR	−0.472	−1.477	0.14	−0.443	−1.071	0.285	−0.494	−1.047	0.296
Growth	0.486	8.663***	0	0.549	7.603***	0	0.335	4.012***	0
Size	0.075	2.796***	0.005	0.07	2.064**	0.04	0.107	2.613***	0.01

注:因变量 EPS。*,**,*** 分别表示在 0.1,0.05,0.01 水平(双侧)上显著相关。

前文提到过,负债经营约束作用必须建立在健全的债权人保护机制和完善的管理者市场的前提条件下的。我国法律中目前与债权人权利保护相关的法律主要有《中华人民共和国公司法》《中华人民共和国合同法》《中华人民共和国担保法》《中华人民共和国票据法》《中华人民共和国商业银行法》《中华人民共和国企业破产法》等,虽然这些法律在保护债权人权利中发挥了重要作用,但还是无法做到面面俱到,甚至有些法条本身也可能不利于保护债权人的权利。以新《中华人民共和国公司法》(简称《公司法》)[①]为例,这一部《公司法》扩大了企业出资形式,不仅货币,而且可以用货币估价并可依法转让的非货币财产作价。一些原来被认为可能影响债权人利益的出资形式(例如股权、债权、劳务、商誉等),只要符合新《公司法》所规定的出资的条件,也可以作为出资。这样一来,如果这些非货币财产在作价的时候,被显著地过高估价,那么债权人的利益可能受到这些水分股的影响,债权人无法获得赔偿。可见,法律的保护不到位,缺乏监管,偿债压力小,增加了管理人员进行不负责任过度负债融资行为的动机,一旦其资本运营能力未达到预期,就降

---

① 新《公司法》为我国 2005 年修订,2006 年 1 月 1 日正式执行的版本。

低了企业总体的偿债能力和经营效率,影响了业绩,降低企业的每股收益率,这就解释了实证结果,假设 5 不成立。

另外值得注意的是国有控股企业的负债经营指标显著负相关。虽然国企改革至今,改变了"拨改贷"的融资模式,但是目前国有控股企业利用控股股东的行政权力替代法律约束力的现象依然存在,信贷市场上还存在针对民营企业的信贷歧视(万良勇,魏明海,2009),这就解释了为什么国有控股样本的回归统计表现显著,而非国有控股样本不显著了。

② 薪酬激励。工资薪酬(Pay)、在职消费(Expro)指标均与每股收益(EPS)显著正相关,说明在我国,无论国有还是非国有控股的公司中管理者获得的报酬与企业每股收益正相关,管理者所获得的报酬越多,越能对其产生激励作用。[①] 在我国,高级管理层的薪酬是需要在年报中披露的,这是一种较为有效的监管制度,披露的目的是约束管理层的行为,使他们在监管的目光下执行工作,这是可以起到激励作用的。

管理者持股比例(MShare)指标与每股收益(EPS)正相关但不显著。我国管理者持股比例相对是比较低的,平均水平只有 7.4%,对公司政策制定的影响力有限,管理者与其想方设法制定有利于自己的政策制度来攫取利益,还不如直接通过改善经营业绩的方式,从而获得更多的激励性奖励,甚至升职来满足个人的需求,同时也通过所拥有的股权从股价的上升中获利。与此相比,侵占公司利益只是一种恶性循环,不值得管理者使用。因此假设 7 没能全部通过检验,但是管理者无论获得工资薪酬或是股权收益都使得管理者约束自己的行为,更多地为公司的业绩付出努力。

③ 控股股东控制程度(FShare)。虽然在两个子样本中控股股东控制程度与每股收益指标呈负相关但不显著,但在整体样本中,控股股东控制程度与每股收益指标显著负相关关系,系数为-0.686,可以认为假设 8 成立。控股程度越高的企业,控股股东有动机和便利通过操纵管理者实现利益侵占的目的,损害企业的利益。管理者持股比例不高,受控股股东摆布的可能性更大。管理者甚至有可能搭控股股东侵占其他股东利益的顺风车,通过显性或隐性的在职消费享受侵占所得,因此更有动机纵容,甚至是参与侵占其他股东的行为。

综合以上回归结果,可以认为我国存在管理者侵占股东利益的现象,同

---

① 这与陈菊花等(2011)的研究结论是一致的。

时也存在制衡作用。负债经营与控股股东控制程度对每股收益指标有一定的负面影响,但不是所有样本都通过检验。而薪酬激励指标除管理者持股比例外,同时通过三个样本的检验,这可能与我国管理者拥有的股权、薪酬组成、公司治理以及舆论关注有关。管理者持有的公司股权并不多,影响薪酬制度制定的决定权不大。在薪酬结构方面,很多企业对管理层采用绩效工资制度,并通过业绩决定管理者的升职情况,这种现象在非国有控股企业更为普遍;从公司治理角度,按照规定高级管理层的工资是需要对外披露的,如果出现高工资低效益的情况,是要冒被舆论曝光的风险的。这一切都决定了在我国,管理者通过侵占股东利益的形式为自己谋取福利,是一种杀鸡取卵的行为,最终都自损其益,不足采纳。

7.3.3　基于行为金融的实证分析

为了研究行为金融框架下企业集团 ICM 中大股东和管理者的行为对利益侵占行为的影响,前文提出了假设 5、9、10 及模型 3 和模型 4。本章将采用逐步回归,对比分析行为金融指标对利益侵占的影响程度。

1. 行为金融与大股东侵占中小股东利益

行为金融与大股东侵占中小股东利益的关系的分析是通过对比模型 1 与模型 3 实现的。回归结果如表 7 - 13 和表 7 - 14 所示。

表 7 - 13　模型 1 与模型 3 的回归拟合结果对比表

模型	R	R^2	调整 R^2	标准估计的误差	Durbin-Watson	F	Sig.
模型 1 Y_1^b	0.183[a]	0.033	0.015	1.533	2.032	2.374	0.016[a]
模型 3 Y_1^b	0.197[a]	0.039	0.021	1.531	2.030	2.208	0.016[a]
模型 1 Y_2^b	0.200[a]	0.040	0.026	15.072	2.064	2.868	0.004[a]
模型 3 Y_2^b	0.201[a]	0.041	0.023	15.200	2.066	2.297	0.002[a]

注:a. 预测变量:常量,$FShare$,SR,S/F,$State$,TR,OC,Q,DR,$Growth$,$Size$。
　　b. 因变量:Y_1,Y_2。

对比模型 1 与模型 3 回归结果可知,无论是日常交易类关联方交易,还是资金占用类关联方交易,加入了换手率(TR)和过度自信(OC)指标后,模型 3 的拟合优度 R^2(3.9%,4.1%)都较模型 1 有所提高(3.3%,4.0%),F 检验也都能够在 1% 和 5% 的置信水平显著,说明投资者的非理性和管理者(代

表 7-14 模型 1 与模型 3 的回归结果对比表

| 交易类型 | 日常交易类关联方交易 Y_1 | | | | 资金占用类关联方交易 Y_2 | | | |
| 模型 | 模型 1 | | 模型 3 | | 模型 1 | | 模型 3 | |
变量	系数	t 检验	系数	t 检验	系数	t 检验	系数	t 检验
常量	7.026	4.194***	6.534	3.842***	394.477	1.617	354.804	1.431
FShare	0.336	0.145*	0.231	0.1	−747.768	−2.218**	−756.213	−2.242**
SR	−18.753	−0.756**	−17.902	−0.722*	1033.648	0.286	1102.229	0.305
S/F	0.056	0.146	0.056	0.147	−68.191	−1.226	−68.154	−1.226
State	0.057	0.384*	0.046	0.311*	6.256	0.288*	5.373	0.247*
TR			0.07	0.382			0.062	0.322
OC			0.226	1.684*			0.055	0.041
Q	−0.109	−1.697*	−0.108	−1.685*	−3.434	−0.367	−3.361	−0.359
DR	1.265	0.957	1.38	1.044	40.46	0.21	49.771	0.258
Growth	−0.084	−0.357	−0.088	−0.374	−36.872	−1.079	−37.183	−1.088
Size	−0.308	−4.511***	−0.291	−4.221***	−13.153	−1.323	−11.795	−1.173

注：*、**、*** 分别表示在 0.1、0.05、0.01 水平（双侧）上显著相关。

表股东)的过度自信的心理因素能够更好地解释大股东对小股东的侵占行为,指标的引入有积极的意义。

换手率指标(TR)与两类关联方交易的关系呈正相关,但不显著。这说明换手率在一定程度上影响了控股股东对中小股东的利益侵占,不显著的原因可能有两个方面,其一,控股股东毕竟不是管理者,对于证券市场的反应不直接,这与下面的管理者利益侵占分析是一致的;其二,换手率的高低除了有投资者的非理性因素之外,在我国还与公司规模,公司透明度尤其是公司流通股的大小和比例有关系,如果剔除掉这些因素再用 TR 来度量投资者非理性的话就更有代表性,但由于数据的难得性和工作量原因,这些因素有待于以后去考察。过度自信指标(OC)与两类关联方交易比重均呈现正相关,系数分别为 0.226 和 0.055,其中与日常交易类关联方交易比重通过 10% 显著性水平的检验,显著正相关。说明控股股东的过度自信心理使得他们实施了更多的关联方交易,尤其是日常交易类关联方交易,从而通过转移利润的方式侵占中小股东利益。因此,对于假设 10 可以强调:过度自信的集团管理者(控股股东)更多会通过日常交易类关联方交易,与利益侵占行为呈正相关关系。

2. 行为金融与管理者侵占股东利益

行为金融与管理者侵占股东利益的分析是通过对比模型 2 与模型 4 实现的。回归结果如表 7-15 和表 7-16 所示。

表 7-15　模型 2 与模型 4 的回归系数列表

样本	全样本(557)			
模型	模型 2		模型 4	
变量	系数	t 检验	系数	t 检验
常量	-3.454	-8.59^{***}	-3.549	-8.648^{***}
Debt	-0.104	-2.536^{**}	-0.103	-2.516^{**}
Pay	7.126	5.324^{***}	7.263	5.407^{***}
Expro	0.102	3.779^{***}	0.103	3.831^{***}
MShare	0.238	0.614	0.291	0.745
FShare	-0.686	-1.794^{*}	-0.671	-1.754^{*}
TR			-0.03	-0.605
OC			0.039	1.033
Q	0.054	3.373^{***}	0.054	3.378^{***}
DR	-0.472	-1.477	-0.452	-1.413

行为金融视角：企业集团内部资本市场效应

续表

样本	全样本(557)			
模型	模型 2		模型 4	
Growth	0.486	8.663 ***	0.486	8.654 ***
Size	0.075	2.796 ***	0.077	2.864 ***
R^2	0.270		0.272	
调整 R^2	0.258		0.258	
$D-W$	1.917		1.920	
F 检验	22.501		18.514	
Sig.	0.000[a]		0.000[a]	

注：*，**，*** 分别表示在 0.1,0.05,0.01 水平(双侧)上显著相关。

表 7 - 16　模型 2 与模型 4 的回归系数列表

样本	国有(378)				非国有(179)			
模型	模型 2		模型 4		模型 2		模型 4	
变量	系数	*t* 检验	系数	*t* 检验	系数	*t* 检验	系数	*t* 检验
常量	−3.509	−6.47 ***	−3.537	−6.367 ***	−4.457	−7.107 ***	−4.709	−7.425 ***
Debt	−0.111	−2.249 **	−0.11	−2.232 **	0.002	0.022	−0.007	−0.101
Pay	7.321	3.077 ***	7.382	3.08 ***	6.612	4.717 ***	6.878	4.929 ***
Expro	0.104	2.803 ***	0.104	2.808 ***	0.121	3.08 ***	0.129	3.274 ***
MShare	0.266	0.209	0.252	0.197	0.194	0.552	0.349	0.977
FShare	−0.758	−1.552	−0.755	−1.543	−0.896	−1.501	−0.851	−1.437
TR			0.00	0.051			−0.010	−1.780 *
OC			0.01	0.036			0.096	2.021 **
Q	0.086	3.822 ***	0.086	3.82 ***	0.025	1.238	0.024	1.187
DR	−0.443	−1.071	−0.439	−1.06	−0.494	−1.047	−0.417	−0.889
Growth	0.549	7.603 ***	0.548	7.58 ***	0.335	4.012 ***	0.344	4.145 ***
Size	0.07	2.064 **	0.07	2.072 **	0.107	2.613 ***	0.11	2.706 ***
R^2	0.269		0.276		0.401		0.421	
调整 R^2	0.247		0.255		0.365		0.383	
$D-W$	1.931		2.031		1.794		1.729	
F 检验	12.271		12.818		11.241		11.048	
Sig.	0.000[a]		0.000[a]		0.000[a]		0.000[a]	

注：*，**，*** 分别表示在 0.1,0.05,0.01 水平(双侧)上显著相关。

对比模型2与模型4回归结果可知,加入了换手率(TR)和过度自信(OC)指标后,全样本的拟合优度(27.2%)较模型2有所提高(27.0%),这主要是由非国有控股公司样本的模型拟合优度提高引起的,其值达到了42.1%(原来是39.6%);F检验都能够在1%的置信水平显著,说明换手率和过度自信指标在一定程度上能够增加管理者侵占中小股东利益行为的解释力(见表7-16)。

在验证换手率(TR)与每股收益(EPS)的回归结果时发现,三个样本的TR与总样本和非国有控股样本呈现负相关(系数分别是-0.03和-0.10),且与非国有控股样本在10%的水平上显著;但与国有控股样本几乎不相关(系数为0.00)。这说明投资者的非理性在某种程度上导致了管理者的相机侵占行为,管理者会利用投资者的非理性实施不利于投资者的决策,这些包括投资、筹资、并购等行为[1]。TR对国有控股样本系数为零,也就是说没有影响,可能是因为国有控股企业的财务决策主要还是受控于代表国有股的董事会,管理层不能直接操控股票市场,不像非国有控股企业所有权和经营权分离度小,容易直接对证券市场进行反应。在验证过度自信指标(OC)与每股收益(EPS)回归结果时发现,OC都与EPS正相关(系数分别为0.039,0.01和0.096),其中总样本和国有控股样本没有通过检验,但是非国有控股企业的样本通过了检验。这说明,在我国,管理者的过度自信心理不仅没有损害公司的利益,反而提升了公司的业绩,与假设刚好相反,特别是非国有控股的上市公司。一般来说,过度自信被人们认为是不好的心态,管理者的过度自信会增加他们侵占股东利益的动机,但是我国企业集团的管理者却并没有因此而损害股东,或者说他们侵占股东利益的程度小于他们所创造的财富。在我国的国有控股企业中,升职加薪一般都遵循按资排辈的原则,而非国有控股企业中,管理者的职位福利往往和业绩挂钩,因此管理者倾向于更多的投资,付出更多的精力经营企业,表现出过度自信。本章的实证结果倒是与(Hackbarth,2009)的结论一致,符合行为金融关于控股股东喜欢轻微自信管理者的假设。

7.4 本章小结

本章在理论研究的基础上提出10个实证研究假设,选取我国深、沪两市

---

[1] 陈菊花等(2011)通过模型和实证研究指出,管理者具有利用外部投资者非理性进行财务决策的倾向。

A股2007年上市公司2009年557个样本的数据为研究对象，对我国企业目前关联方交易进行分类统计，构建模型并运用线性回归方程对样本企业集团ICM中的控股股东侵占小股东以及管理者侵占股东利益的行为进行实证研究，同时引入换手率和管理者过度自信的指标，分析并得出以下结论：

第一，目前我国企业集团之间的关联方交易数额仍然巨大，其中关联企业之间购买或销售商品占据首位，担保抵押位列第二。这说明企业集团之间运用关联方之间的交易转移利润、资金的现象非常普遍，这些手段能够隐蔽地粉饰报表业绩，损伤企业实际利益，最终伤害中小股东的利益。

第二，对控股股东侵占中小股东利益的研究中发现，总体上我国上市公司控股股东运用关联方交易侵占中小股东权益的行为是比较显著的，并且针对不同类型关联方交易的态度是不同的。对于日常交易类关联方交易来说，控股股东持股比例大、两权分离程度高、国有控股、过度自信的企业侵占行为越严重；而对于资金占用类的关联方交易来说，控股股东持股比例低、国有控股、过度自信的企业侵占行为更严重。同时控股股东会利用投资者的非理性来实施利益侵占。

第三，对管理者侵占股东利益的研究发现，总体来说我国上市公司管理者侵占股东的程度比较有限。国有控股企业更多地运用负债经营，但是这些负债并没能起到约束管理者侵占行为的作用；管理者的工资与在职消费行为在我国上市公司中体现为正面的激励效果，对企业业绩的提升起到促进作用，管理层的持股比例不高，与其想方设法制定有利于自己的政策制度来攫取利益，还不如直接通过改善经营业绩的方式获得更多的激励性奖励，甚至通过升职来满足个人的需求；控股股东控制程度高的企业中，管理者更容易被迫或合谋与控股股东一起通过ICM侵占其他股东权益；过度自信心理目前也表现出有利于管理者的经营绩效，特别是非国有控股的企业，管理者的过度自信促进了经营绩效的提高。投资者的非理性加剧了管理者尤其是非国有控股企业管理者对中小股东的利益侵占行为。

综上所述，目前在我国企业集团ICM中，大股东对小股东的侵占很明显，但是管理者对股东的侵占则比较有限，投资者的非理性会给控股股东和管理者侵占其利益以机会。

第八章

结论、启示与展望

本书主要从行为金融角度对 ICM 的效应尤其是功能异化效应展开研究，重新梳理了 ICM 关于效率的研究，对 ICM 的功能异化效应进行了分类，在构建对 ICM 效应基于理性和非理性全视角解释框架的同时，进一步建立了基于行为金融视角的对 ICM 功能异化效应研究的理论框架，分析了 ICM 三种异化功能的机理，指出了其异化后果，提出了不同于以往研究的基本观点，并进行了实证检验，得出了一系列具有理论和实践意义的结论。

8.1 本书的主要成果和结论

本书的主要成果和结论主要体现在下面四个方面。

1. 重新对 ICM 功能及其效应进行了划分，并构建了基于理性和行为视角的分析框架

不同于以往将 ICM 效率归结为有效和无效的两分法，并对无效情形区分发达市场和新兴市场的研究，本书从 ICM 功能出发，将 ICM 的功能划分为基本功能和异化功能，并将以往研究中可能会导致 ICM 无效的功能统一归结为异化功能，总结出不区分发达市场和新兴市场的三种异化功能：过度投资或投资不足（即投资异化），部门经理寻租以及利益输送（侵占）。并先基于理性和非理性的全视角构建了 ICM 功能效应的分析框架，进一步从行为金融角度构建了 ICM 功能异化效应的分析框架。以往不曾有这种对功能效

应方面进行的研究,也尚未见到有对ICM异化功能的专门研究,本书的系统研究应属初次。因此,本书的基本观点是：第一,ICM从代理角度出发其功能可以划分为基本功能(即有效率的功能)和异化功能(即导致非效率的功能),对于基本功能,不同市场其机理是一样的;第二,鉴于新兴市场所具有的制度转轨时期的特点,ICM的三种异化功能及其效应无法用基于理性角度的传统金融理论来合理解释,基于心理和行为角度的行为金融理论是更加可行的研究基础。

2. 得出了基于行为金融视角研究的一些有意义的结论

不同于以往从理性视角以传统金融理论所进行的研究,本书首次以行为公司金融关于外部投资者和公司管理者之间的理性、非理性模型和其他行为金融理论对新兴市场企业集团ICM的效应(尤其是异化功能效应)进行了全面的理论分析和实证检验,揭示了三种异化功能的机理。与以往研究认为这些异化功能会导致ICM无效率的结论不同,本书区分不同的情形得出了不同结论。这些结论包括：

第一,针对过度投资和投资不足的异化问题,先区分外部投资者理性和非理性,然后再区分管理者的理性与非理性。当外部投资者理性,管理者非理性(过度乐观)时,ICM的存在会减缓或加剧上市公司的过度投资和投资不足。当外部市场的投资者非理性时,集团的管理者区分为理性和非理性的情形。理性的企业集团管理者通过ICM的运作可以缓解企业集团的融资约束和过度投资;但当企业集团管理者存在迎合心理时,投资者的过度乐观情绪会使得上市公司投资过度,ICM的存在则可能加剧集团内部的过度投资;在外部投资者过度悲观时,上市公司则会因为迎合投资者的情绪导致公司投资不足,这对于股权依赖型的上市公司,ICM的存在会减缓其投资不足,但对于非股权依赖型公司也许会缓解该公司的投资不足,但也可能输入过量资金引起该公司的过度投资,取决于集团总部管理者的认知水平。

第二,企业集团出现的交叉补贴问题不一定是代理问题下分部经理寻租的结果,集团总部的CEO在认知、偏好和自我控制方面存在着的心理和认知偏差是主因;另外,分部经理的寻租行为在很大程度上是对集团总部非理性的一种回应,其结果不一定导致集团整体的非效率。

第三,新兴市场企业集团的利益侵占问题不完全是代理问题使然,外部市场投资者的不作为和非理性会加剧这种利益侵占的程度;在我国,大股东和管理者对中小股东的利益侵占主要是通过无法辨别的日常关联方交易来进行的。并且,在目前市场不健全的条件下,大股东对上市公司的利益输入和输出行为并不一定导致集团整体效率的降低,有时反倒是一种次优的选择,但是非理性的侵占会为市场所唾弃。

这些结论与我国目前企业集团的实际运作极为吻合,也为相应的治理提供了依据。

3. 丰富了 ICM 研究的方法

本书采用理论研究与实证研究相结合的方法,在跨学科的基础上对 ICM 效应问题进行了研究,并在实证研究上有自己的特色。本书的实证研究采用既合又分、分合结合的方法对 ICM 三种异化功能及其效应进行了具体的分析。其中 Q 方法是一种综合了代理问题和行为问题,并基于行为理论的一种全新的对 ICM 三种异化功能效应进行全面分析的方法,它既引入了现场考察,又集成了专门的软件计算工具,突破了以往非此即彼的研究思路。而基于事件和横截面的统计研究以及基于问卷调查的因子分析法则分别为三种主要的异化功能及其效应的研究提供了工具,这也区别于以往的单纯的统计计量或者案例研究方法。

4. 提出了从非理性视角测度 ICM 配置效率的模型

以往对 ICM 最终效率的测试模型主要采用的是相对价值法、q 敏感性法和现金流敏感性法等直接方法,但是忽视了非理性因素对 ICM 效率的影响。本书在理论分析的基础上,引入外部投资者的非理性和集团管理者的非理性及迎合心理因素,在 Vogt(1994)模型的基础上,按照 Baker,Stein 和 Wurgler(2003),以及 Polk 和 Sapienza(2008)的思路,将上市公司分为股权依赖型和非股权依赖型,提出了测试两种不同公司所对应的 ICM 配置效率的模型,实证检验结果表明其具有推广价值。

8.2 对内部资本市场治理的启示

本书通过理论分析和实证检验发现在我国存在 ICM 的三种异化功能,得出了一系列过去的研究不曾有过的结论,这些结论也与我国企业集团 ICM 的实践相一致,可以给有关方进行 ICM 负面效应的治理提供启示和思路。

行为金融学认为,委托代理冲突会产生代理成本,而行为现象却会导致经理人做出有损于股东利益的行为,产生行为成本,前者可以通过激励手段来予以补救,而后者则只有通过培训或方法的改进来避免。

本书认为 ICM 功能异化效应的原因有信息和代理问题导致，更有行为因素造成，对应于基于全视角的解释框架，可以从代理和行为两个方面来对 ICM 的功能异化效应进行共同治理，以提高 ICM 的运行效率。

梳理以往的分析和研究基于信息和代理等原因的分析，本书认为，从公司治理角度进行的治理包括：完善外部治理和优化内部治理；从行为角度进行的治理包括：通过培训教育和自我学习除偏。其中行为的治理效果需要以公司治理作为基础，并同时对公司治理起到促进作用，具体内容可见图 8-1 所示。

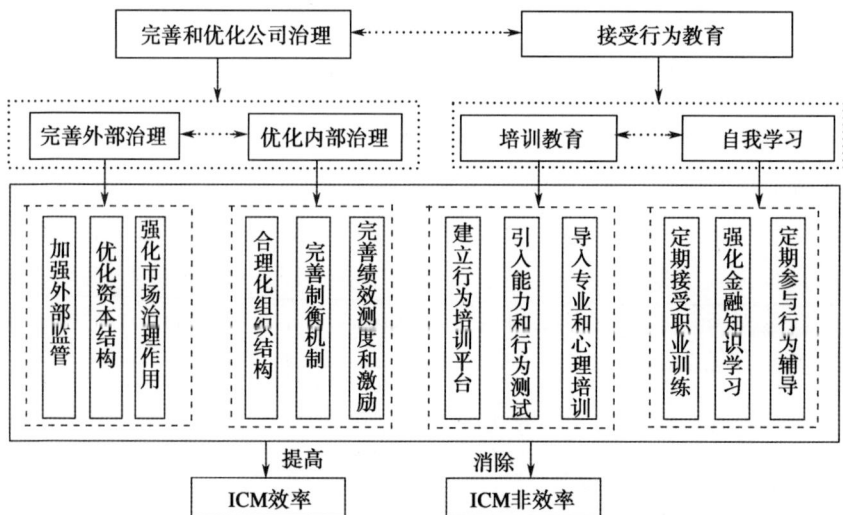

图 8-1　ICM 功能异化效应的治理思路

注：图中箭头◄┄┄►表示左右两边的内容相互作用和影响。
资料来源：本书笔者整理。

8.2.1　完善和优化公司治理

公司治理主要包括了外部治理和内部治理两个方面的内容。外部治理主要体现为外部监管、资本结构优化和强化公司控制权等市场作用；内部治理则主要包括设计合理的组织结构，建立内部权力的制衡机制、不同层级绩效测度和激励的机制等。

1. 完善外部治理

（1）加强外部监管。维护资本市场稳定健康发展、保护中小股东利益是监管部门的基本职责，监管不利很容易助长控股股东和管理者的机会主义行为,使他们凭借其地位、资源和信息等优势进行过度投资、寻租和对公司其他利益相关者的利益侵占的行为。研究表明,在投资者利益得到良好保护的国家,企业管理者剥夺外部投资者投资资产的可能性较小,因而投资者更加愿意向企业提供资金换取金融证券,从而促进 ECM 不断发展。完善监管可以从健全法律体系,加强机构投资者、审计和媒体监督等方面着手。而法律制度的完善需要时间和与文化、历史的接轨,所以仅仅依靠法律保护是远远不够的,我们更需要运用更加直接的例如监管部门对上市公司法律执行情况的监督,机构投资者的监督,审计、评级机构和分析师的监督,甚至媒体的监督来保护投资者的利益。

(2) 优化资本结构。资本结构包括两个方面的内容,分别是股权与债权的比例以及不同权益内部的比例和结构关系。在股权与债权的比例和结构方面,由于资本结构充当企业管理者和外部投资者沟通信息的工具(Ross, 1977;Leland 和 Pyle,1977[164]),而负债会降低企业管理者随意处置资源造成的损失(Jensen,1986),并且适当的资本结构(即合适的债务水平)可以缓解企业的过度投资和投资不足(Stulz,1990;Hart 和 Moore,1995),进一步的,资本结构所隐含的金融契约含有控制权的含义,这会促使管理者努力工作,减少寻租和交叉补贴的行为,同时基于管理者业绩的控制权的转移,会促使企业(集团)加强 ECM 的良性互动,进而提高资本的配置效率①。在股权内部结构方面,存在股权集中程度、机构投资者的介入程度和管理者的持股与否及持股多少等问题。在我国,股权过于集中,机构投资者力量不大,管理者持股不多,机构投资者和中小股东不作为等是常态,无法形成对大股东的制衡,更无法通过股权结构来制约管理者,由此导致企业集团 ICM 的功能异化。因此,需要改革股权结构,尤其国有企业集团更是如此。

(3) 强化市场治理作用。对公司形成治理的市场包括控制权市场和经理市场等。虽然利用债务的破产机制可以矫正无效投资,但却不是最优机制,而控制权市场的接管(Takeovers)尤其是敌意接管(Hostile Takeovers),杠杆收购(MBO)和并购(M 和 A)等在发达市场是可供选择的常用规制手段。这些手段可以遏制企业集团的过度投资,改善投资不足状况,以使其投资回归效率;并且采用负债完成的接管和收购,可以迫使企业集团的管理者

---

① 即股东作为公司剩余权益的索取者,享有公司正常经营情况下契约所没有载明的所有权益,一旦公司经营失败,这种剩余权益则转移至债权人,债权人通过公司破产、资产重组和置换等手段强制公司资本释放给市场,从而达到有效配置,同时管理者也失去了其原有的利益。

吐出囤积的现金流,珍视投资机会,提高现金的使用效率。因此,培育控制权市场,强化市场控制机制是未来资本市场的改革方向。健全的经理市场给公司的各层代理者以压力,促使经理人员为维护声誉和地位而努力工作,降低企业集团 ICM 的功能异化程度。

2. 优化内部治理

以上从外部治理机制设计和完善来保护投资者利益,但是这些机制的完善却不必然会达到资本配置的效率,需要借助公司尤其是企业集团这样的产业组织的内部制衡、组织结构设计和激励机制来完善公司治理,达成 ICM 的配置效率。本书认为公司内部治理的优化可以从内部权力结构的制衡,组织结构的合理化以及企业集团各个层次激励机制的设计着手。

(1) 完善制衡机制。现实中的股东大会、董事会和监事会的运作是企业集团各个主体之间讨价还价的机制安排。如果这个机制的运作是合理、有效的,那么关联方交易各主体和利益相关者之间能够通过讨价还价来均衡各自利益。针对我国上市公司国有控股一股独大的股权结构,设计公司内部制衡机制时应重点规范真正操纵上市公司的控股股东的行为,保护中小股东的权益。这可以从完善发挥累积投票制度和限制表决权制度的作用,完善监事会的制衡功能,健全独立董事制度等环节来形成对中小投资者和债权人的保护。

(2) 合理化组织结构。企业组织结构设计关系到内部资源的配置效率,主要解决的是如何选择企业集团内部事务组织的集中或分散程度。Stein(2002)强调,组织结构设计对内部生产不同类型信息的激励产生影响,并将评价不同类型项目所需的信息分为"软信息"和"硬信息",例如在企业范围和规模既定时,如果"软信息"对投资项目很重要,那么企业将倾向于选择扁平组织结构。Inderst,Müller 和 Wärneryd(2005)[165]将组织结构设计当成是一种替代激励契约和权力分配机制的契约,该契约通过相关经济主体选择合适的组织结构(如单一层次或多分部组织)来最小化组织成本,最大化内部效率。因此,企业集团应根据信息类型和内部利益冲突程度来设计合理的组织结构,并通过不断地调整来适应内外部环境的变化,以减少内部的影响活动。

(3) 完善绩效测度和激励机制。企业 ICM 中的权威作用容易导致对下层部门经理的负面激励,而多层次的 ICM 结构和过度的多元化容易导致内部信息的失真,引致经理寻租、过度投资和投资不足的问题,因此,在企业集团组织设计的同时还应该考虑权利的配置以及不同部门和结构绩效的评估制度,设计不同的激励契约和薪酬结构,以界定人们的行为后果。Keating (1997)认为企业集团在考虑绩效评估体系时应该考虑这样的因素:企业内部子部门的相互依赖性,子部门的相对规模,子部门和企业所拥有的增长机会,子部门收益及其价值的相关性等。Wulf(2002)则进一步将绩效评价和资本预算结合起来,以控制 ICM 在分配资源时的信息和激励问题。Dobrina 等 (2012)认为采用经济利润计划(EPPS)来进行薪酬激励,可以增进 ICM 的效率,抑制管理者的过度投资和投资不足的倾向。另外,对集团高管和部门经理的薪酬激励也是企业集团在 ICM 运作中必须要考虑的问题,我国国有企业集团应该结合薪酬管制框架和资本市场的表现状况来设计相应的薪酬结构,以避免 ICM 中高管和重要部门经理经由在职消费来侵占股东的利益[①]。

8.2.2 强化行为教育

行为金融学者认为,大型企业集团内部除了代理成本之外,行为成本可能更大,所以对代理者的控制就不能仅仅站在代理角度将激励作为主要工具,更需要通过对大股东或管理者的行为分析,通过外部引导和自我主动学习来纠正投资者和管理者的行为偏差。当然,中小股东的行为偏差也需要市场相关机构的教育和引导来减轻或消除,但这里主要关注大股东和管理者的行为偏差。

1. 培训教育

企业集团的管理者由于教育背景、经验、经历等的影响存在各种行为偏差,这些包括过度自信、控制幻觉、沉没成本效应、处置效应、后见之明等。因此可以在不同时期通过专门的行为培训平台,进行专门的能力和行为测试,在知晓自己的行为和能力缺陷的情况下接受专业培训和心理辅导。塔勒布 (2008)就曾经指出,在过度自信方面,拥有能力人的自大往往是温和的,没有能力的自大则是严重的;在对未来项目进行预测时,拥有高度名望的人比没有名望的人预测得更糟糕;而过于专业的专家们通常无法通过他们自己领域里的测试;未经过职业训练的企业家往往喜欢冒险,因为他们不相信稳定和概率,也就是说未受过专业训练的人更容易做出不确定性条件下的财务决策,学历水平越高的人则相反。所以,一个人能够成功不在于他有多大能力,

---

① 陈菊花,隋姗姗,王建将. 薪酬管制降低了经理人的激励效率吗? ——基于迎合效应的薪酬结构模型分析. 南方经济,2011(10):38 - 46.

多专业的知识，多高的声望和受过多好的教育等，而在于他总能控制自己在做什么，并把这当成自己的目标。例如，SAP 公司在 2001 年的互联网泡沫中一枝独秀，其成功的原因是其管理层能够稳健并加上适当的自信，而不是像 Oracle 太过夸张，反而在互联网泡沫中折戟。

所以，一般的企业（集团）的管理者应该参加专门的测试和专门的辅导。这些测试和辅导主要涉及六个方面的内容：心态、心智模式、情商、自我察觉、自我领导和自我超越。但更为重要的是，企业决策者在企业集团资本配置的过程中，能自我约束非理性行为。这时，可以针对企业（集团）决策者的非理性行为开展一些特定的培训。这些测试和辅导可以由专门的中介机构或者国家有关部门来做。

2. 自我学习

自我主动学习可以通过定期接受职业培训，强化金融知识学习和定期参加行为辅导等方式进行。学习的具体内容除了上述通过强化培训能够获得除偏的知识和能力之外，企业管理者还应该时刻做到提高自我认知和专业素养。

从本书的分析中可知，管理者的非理性因素是造成 ICM 功能异化的重要原因。管理者的认知偏差和偏好差异使得其在进行资本配置决策时不能完全理性地进行分析，从而造成功能异化的发生。人在做决策的时候难免会犯错，而许多已经发生的错误具有一定的心理学基础，是基于认知非理性和决策自我控制驱动的，也是可以预测的错误。因此，有必要消除或减轻管理者的非理性程度。

首先，认识自我。美国著名管理大师迈克尔·波特曾说："一个管理者的能力表现并不在于指挥别人，而是在指挥自己跳出最美的舞蹈。"[①]作为企业资源配置的决策者，管理者更应该对自己的性格、心态、情商、心智模式等有着清晰的自我认识。在这一过程中，除了自我分析外，还可以借助专业心理学、行为金融学书籍或是专业心理系列课程培训的帮助，以对自身的认知特征和偏好特征形成更深入的了解。针对企业管理者在 ICM 进行资源配置的特定职责过程中可能发生的非理性行为，管理者在对自我有一个清晰的认识之后要进行反思，进行逐步的自我提升。

其次，提升自身的专业素养。管理者是企业的核心之一，管理者的素质

① 摘自：李岚. 说故事的领导力量[M]. 北京：中国城市出版社，2008:1.

直接决定了一个企业的素质。而作为企业资源配置决策的制定者,其专业素养更是会直接影响企业资源配置的决策过程和最终结果,从而对企业总体经营起到决定性作用。专业素养的提升可有效地提高管理者在做决策时的判断能力,防止管理者被非理性心理所左右。作为企业内部资本配置的决策者,管理者应该对企业内部资本的运营模式、优缺点和决策准则等进行深入的学习和思考,并在实际的决策中对这些知识进行实践和总结,从而做到理性决策,防范部门经理寻租等非理性行为的发生。

最后,自我控制,理性决策。在对自我有了清晰的认识和对专业知识有了深入的学习之后,在决策过程中,管理者要避免个人自我控制和认知偏差的影响,通过有效的科学思维,能动地利用大脑综合分析企业经营信息,从而形成客观、最优的决策。具体到 ICM 资本资源配置,管理者要有意识地避免在决策过程中受到如研究提到锚定效应、框定偏差、羊群行为、代表性偏差、易得性偏差、过度自信、损失厌恶、后悔厌恶、模糊厌恶和自我控制等非理性心理因素的影响,从而避免决策中因为非理性因素而造成的功能异化行为的发生,并充分识别投资者的非理性,有效规避自身可能会产生的迎合等心理。

8.3 研究不足与展望

本书在对 ICM 和行为金融的现有理论进行梳理的基础上,用行为金融的理论对我国企业集团 ICM 效应尤其是功能异化效应进行了研究,提出了研究框架和一系列基本观点,并采用现场考察的 Q 方法、问卷调研方法和统计计量方法进行论证,得出了不同于基于传统金融理论的结论。但由于这项研究的研究视角、内容和方法在 ICM 研究领域都属于新的尝试,加上时间和篇幅的限制,虽难免出现诸多的欠缺和不足,却可给后续的研究提供空间和启示。这些不足和启示包括:

(1) 全视角研究框架中基于制度比较分析的研究本书没有具体涉及,可以成为下一步研究的内容。

(2) ICM 三种异化功能之间有一定的交叉,值得细究。

(3) Q 方法研究的情景把握、动态追踪以及综合分析可以是一个专门的主题,可以用结构方程方法来进行稳健性检验。

(4) 对于外部市场投资者理性—管理者非理性情形时 ICM 的投资效率问题,采用目前中国市场的数据存在问题,除非能够控制住投资者的非理性因素。可以寻求机会利用成熟市场的数据进行实证检验。

（5）本书没有区分管理者的过度乐观和过度自信，以后的研究可以在区分这两种非理性认知偏差的基础上做 ICM 投资异化以及利益侵占的研究。

（6）对于大股东和管理者对中小股东利益侵占的实证研究，投资者的不作为可以用上市公司历次股东大会机构投资者和中小股东参与程度来代表，但本书先验地假设我国的中小股东就是不作为才会导致被侵占，进而以换手率来代表中小投资者的非理性，而在我国，影响换手率高低的因素还包括上市公司股票的规模及其市场的流通规模以及突发事件的影响，包括重组，再次发行股票等，这些也有待于以后进一步地研究，以提高结论的显著性。

（7）本书对于经理寻租的研究，主要从部门经理角度来展开，并没有从集团 CEO 层面来深入，这可以是后续的一个研究方向，如果将两种寻租行为结合起来进行分析或许还能有新的发现。

基于行为的角度来研究 ICM 是一项全新的尝试，笔者希望以此抛砖引玉，期待 ICM 研究出现新的繁荣。

附录 A：Q 语句 Q 样本调查设计

您好：

这是一份学术研究问卷，旨在研究内部资本市场（内部资金集中管理机制）的一些问题。希望借此研究，能对我国企业集团内部资本市场的运作提供一些指导性意见。深切希望您的参与及提供的宝贵意见，能对此研究课题做出贡献。

本研究问卷属匿名问卷，仅供学术使用，不对外公开，请您放心。

本问卷包含两部分内容，第一部分是关于您的基本资料，请您勾选或填选；第二部分是 Q 方法论的问卷执行。您的宝贵意见对我们的研究相当重要，恳请您在百忙之中回答本问卷的所有问题，并按照指南填写记分卡。

再次感谢您的合作，并祝您工作顺利、身体健康！

Part Ⅰ：基本信息

[填答说明] 以下题目是有关您个人的基本资料和您对相关问题的看法，请您依实在括号内选择，或在空白栏内填写最适当的资料。谢谢！（匿名，资料保密）

1. 您的性别。（　　）

A. 男　　　　　　B. 女

2. 您的实际年龄。_____

3. 您的受教育程度。（　　）

A. 初中　　　　B. 高中　　　　C. 专科　　　　D. 本科

E. 研究生　　　　　F. 其他_____

4. 您所在企业的性质(可多选)。(　　　)

　　A. 国有　　　　　B. 民营　　　　　C. 合资　　　　　D. 其他

　　E. 上市

5. 您企业所在的行业(可多选)。(　　　)

　　A. 房地产业　　　B. 金融、保险业　C. 制造业　　　　D. 零售业

　　E. 服务业　　　　F. 其他_____

6. 您现在在公司的职位(可多选)。(　　　)

　　A. 董事长　　　　B. 总经理　　　　C. 副总经理　　　D. CFO

　　E. 其他_____

7. 您是否拥有本企业(集团)的股权。(　　　)

　　A. 有　　　　　　B. 没有

若选择 A,请回答：您持有本企业(集团)的股权比例是_____。

8. 您在现在的工作职位的时间。(　　　)

　　A. 1 年以下　　　B. 1—3 年　　　C. 4—6 年　　　D. 7—9 年

　　E. 10 年以上

9. 对项目的未来进行预测时,你会认为成功的概率远大于失败的概率。
(　　　)

　　A. 非常同意　　　B. 较同意　　　　C. 较不同意　　　D. 非常不同意

10. 在投资决策中遇到不确定的情况时,你会认为事情会向有利于投资
成功的方向发展。(　　　)

　　A. 非常同意　　　B. 较同意　　　　C. 较不同意　　　D. 非常不同意

11. 在制定投资决策的过程中,你会充分相信自己的判断。(　　　)

　　A. 非常同意　　　B. 较同意　　　　C. 较不同意　　　D. 非常不同意

12. 当项目或是部门业绩表现不佳时,你认为主要是由外部不利因素引
起的。(　　　)

　　A. 非常同意　　　B. 较同意　　　　C. 较不同意　　　D. 非常不同意

13. 在对项目的投资中,你能很好地控制全局。(　　　)

　　A. 非常同意　　　B. 较同意　　　　C. 较不同意　　　D. 非常不同意

14. 大型企业(企业集团)更容易投资更多(企业集团更容易过度投资)。
(　　　)

　　A. 非常同意　　　B. 较同意　　　　C. 较不同意　　　D. 非常不同意

15. 企业集团与一般企业相比有更多的现金流(更容易获得资金)。( )

A. 非常同意　　　B. 较同意　　　　C. 较不同意　　　D. 非常不同意

Part Ⅱ：Q 方法论问卷

[操作说明]

1. 请先浏览以下 38 个陈述语句,与图附 A - 1 纸板上的 7 个同意等级。

2. 试着将 38 张分成同意的、不同意的、中立没有意见或是模糊不清的三类。

3. 在同意的这一类中选出 3 张您觉得"最同意"的陈述句,将这张卡片放在最右边的框框中,即给予(＋3)的同意度;接着选出 5 张"次同意"的陈述句,即具有(＋2)的同意度,以此类推,逐渐往中间排。

4. 不同意的一类卡片也以以上同样的方式从"最不同意"到"不同意"的程度强弱逐渐往中间排列。

5. 中立与模糊不清的一类则比较同意或不同意的程度排列,直到放满38 个空格。

6. 在进行完(－3～＋3)的归类之后,请检查看看是否有需要移动的地方,以确保每个句子的标号都对应着唯一的一个位置。

7. 最后,由记录者将最终的排列结果记录在表附 A - 1～表附 A - 6。

Q 陈述句

1. 企业管理者的自信和乐观容易导致投资决策的失误。

2. 企业管理者往往喜欢马上执行能立即带来报酬的事情,推迟报酬滞后的任务。

3. 企业总部在配置内部资金时,允许各部门借入(使用)与其部门资产或现金流成比例的投资资金。

4. 当企业存在实际控制权股东时,企业集团更容易过度投资。

5. 企业管理者在一个投资项目投入大量资源(如资金和时间)后发现完成该项目并取得收益的可能性非常小,在这种情况下,管理者还会不自觉地继续增加投入。

6. 集团总部在资本配置中如果存在一些非最优或是低效率的决策,分部管理者会采用某种手段进行纠正。

7. 在对项目进行可行性论证时,与净现值测评方法相比,更多的人喜欢采用内部收益率法。

8. 上市公司有前景好的项目需要投资，但股市整体状况不佳，比较难以进行股权融资或是成本太高，这时企业集团会采用某些方式支持上市公司项目的投资。

9. 当股市整体状况很好时，上市公司会进行股权融资。这时，企业集团并不一定会将资金全部投入到上市公司中，而会在集团成员之间进行分配。

10. 在我国，由于中小投资者的不理性，控制性股东容易通过某些途径，比如关联交易、担保、股权投资、不公允的并购等来获得相应的额外收益。

11. 当企业有较高盈利和现金流时，与发放股利相比，经理人员或控股股东更乐意将剩余的现金流进行投资，扩大集团的规模。

12. 大股东会通过非经营性项目（例如：担保、借款等）将资源从控股比例低的公司转移至控股比例高的公司。

13. 上市公司是企业集团的"融资窗口"。

14. 企业集团认为上市公司有好的项目需要投资，并且认为外部投资者低估了公司的股价，此时集团总部会将其他成员企业或是总部的资金或是资产输入上市公司中，为其提供充足的投资资本。

15. 集团总部或上市公司的控制性股东对上市公司的支持性行为是为了能够进一步从上市公司中获取更大的收益。

16. 上市公司的过度投资会导致上市公司价值的下降。

17. 企业集团对个别下属企业（如上市公司）的过度投资不会导致整个企业集团价值的降低。

18. 企业集团在资本配置过程中往往会出现"平均主义"的现象，即业绩差的部门会得到比其本身正常需要还多的资本。

19. 企业集团资本配置中出现的"平均主义"现象，是部门经理游说的结果。

20. 部门经理会花费更多的时间和精力去进行外部公关活动，以提高外部声誉或寻找后退渠道。

21. 在股权全流通环境下，上市公司的大股东会通过操纵股价来获取超常收益。

22. 在金字塔结构（指具有母公司、子公司、孙公司等这样的结构）的控股公司内，集团母公司的最终控制人（具有集团股权的实际控制人）倾向于投资高风险的项目。

23. 在我国,由于中小投资者的不作为,控制性股东和集团的管理者会通过某些途径,比如关联交易、担保、股权投资、不公允的并购等来获得相应的额外收益。

24. 集团总部通过某些途径将上市公司的资产或是利润输出,这种行为会使企业集团整体价值下降。

25. 集团总部通过某些途径将上市公司的资产或是利润输出,这种行为会使上市公司价值下降。

26. 在股权全流通环境下,大股东通过操纵上市公司的股价来获取超常收益会降低整个企业集团的价值。

27. 当股市整体状况很好时,上市公司会想进行 IPO 或增发股票,企业集团或上市公司会立即将融得的资金进行投资。

28. 企业管理者的急功近利会导致投资决策的失误。

29. 在对项目进行可行性论证时,人们往往会采用投资回收期法进行项目的取舍。

30. 在集团资本配置中,部门(子公司)需要的资金较少时,其申请比较容易获得通过。

31. 在我国资本市场上越容易融资的企业,其分部或下属企业的经理越愿意通过公关活动来获取更多的资源。

32. 部门经理通过内部公关活动来影响总部时,总部会以预算而不是以现金的方式来补贴该部门。

33. 当股市整体状况很好时,上市公司会想进行 IPO 或增发股票,如果超额募资,上市公司容易将超额募集的资金进行宽松的投资。

34. 规模大的部门相对于规模小的部门在获取总部资源时更容易成功。

35. 部门经理为了提高自己的声誉,会花费更多的时间和精力去总部进行公关活动。

36. 部门经理的内部公关活动会导致集团对该部门的过度投资。

37. 企业集团内部资本配置中的"照顾"现象会使整个企业集团价值降低。

38. 分部经理的公关活动会导致集团资源配置的扭曲,同时还会在企业集团内部形成不良的文化。

同意度	最不同意 ←					→ 最同意	
程度	−3	−2	−1	0	+1	+2	+3
题号							

图附 A‐1　记分卡

补充性问题：

1. 为什么您会最同意您选的这两个句子(放在最右边＋3下面的)?

2. 为什么您最不同意您选的这两个句子(放在最左边−3下面的)?

补充说明或意见：

1. 若不同意"企业集团资本配置中出现的'平均主义'现象,是部门经理游说的结果"的说法,请予以说明。

2. 其他说明和意见。

仅供学术分析之用,再次谢谢您!

表附 A‐1　过度乐观的测评

问题	9. 对项目的未来进行预测时,你会认为成功的概率远大于失败的概率。			
答案	A	B	C	D
选择的人数	4	10	3	0
所占的比例(%)	23.5	58.8	17.7	0

问题	11. 在制定投资决策的过程中,你会充分相信自己的判断。			
答案	A	B	C	D
选择的人数	9	7	1	0
所占的比例(%)	52.9	41.2	5.9	0

表附 A‑3 控制幻觉的测评(一)

问题	10. 在投资决策中遇到不确定的情况时,你会认为事情会向有利于投资成功的方向发展。			
答案	A	B	C	D
选择的人数	1	14	2	0
所占的比例(%)	5.9	82.3	11.8	0

表附 A‑4 控制幻觉的测评(二)

问题	13. 在对项目的投资中,你能很好地控制全局。			
答案	A	B	C	D
选择的人数	2	13	2	0
所占的比例(%)	11.8	76.4	11.8	0

表附 A‑5 归因偏差的测评

问题	12. 当项目或是部门业绩表现不佳时,你认为主要是由外部不利因素引起的。			
答案	A	B	C	D
选择的人数	0	2	12	3
所占的比例(%)	0	11.8	70.6	17.6

表附 A‑6 过度投资的测评

问题	14. 大型企业(企业集团)更容易投资更多(企业集团更容易过度投资)。			
答案	A	B	C	D
选择的人数	3	9	4	1
所占的比例(%)	17.6	52.9	23.5	6

附录 B：基于行为金融的内部资本市场部门经理寻租问题研究调查问卷

您好：

这是一份学术研究问卷，旨在对内部资本市场中存在的部门经理寻租现象及其原因进行调查和研究。希望借此研究，能够为我国企业内部资本市场更好地运作提供一些指导性的意见。恳请您在百忙之中回答本问卷的所有问题，并选择您认为中意的选项，题目的答案无所谓对错，您的意见就是对我们最大的帮助。

本问卷属匿名问卷，您所提供的数据仅用于学术研究，不对外公开，请您放心作答。

衷心地感谢您的支持与合作！祝您工作顺利、身体健康！

Part Ⅰ：基本信息。（请您依实在括号内选择，或在空白栏内填写最适合的资料）

1. 您的性别是。（　　）

A. 男　　　　　　B. 女

2. 您的年龄是。（　　）

A. 29 岁以下　　　B. 30—39 岁　　　C. 40—49 岁　　　D. 50—59 岁

E. 60 岁以上

3. 您的受教育程度。（　　）

A. 高中　　　　　B. 专科　　　　　C. 本科　　　　　D. 硕士

E. 博士　　　　　　F. 其他

4. 您在公司所担任的职位(可以多选)。(　　　)

A. 董事长

B. 总经理或副总经理

C. 部门经理(包括子公司经理,下同)

D. 其他

5. 您担任现有职位的时间(最高职位)。(　　　)

A. 1 年以下　　　　　　　　B. 1—3 年

C. 4—6 年　　　　　　　　　D. 7—9 年

E. 10 年以上

6. 您所在企业的性质。(　　　)

A. 国有　　　　　　　　　　B. 民营

C. 合资　　　　　　　　　　D. 外资

E. 其他

7. 您所在的企业是否上市。(　　　)

A. 是　　　　　　B. 否

8. 与同行业相比,您对目前薪酬的满意程度。(　　　)

A. 非常不满意　　　　　　　B. 不满意

C. 一般　　　　　　　　　　D. 比较满意

E. 非常满意

9. 您在企业中拥有的股份比例为(　　　)%。

Part Ⅱ:下面是有关部门经理寻租现象的一些描述,请您根据实际情况选择相应的选项,选择的数字越大,表示您越赞同这种说法。

(① 非常不同意　② 不同意　③ 一般　④ 比较同意　⑤ 非常同意)

10. 在企业集团中,部门经理除了会花费精力在努力经营(即经营活动)上,还会将部分精力花费在一些非生产性的活动上(即寻租活动或公关活动)以争取更多资源配置或寻找后退渠道。

① 非常不同意　② 不同意　③ 一般　④ 比较同意　⑤ 非常同意

11. 部门经理的寻租活动会在企业集团内部形成不良的文化。

① 非常不同意　② 不同意　③ 一般　④ 比较同意　⑤ 非常同意

12. 部门经理寻租活动的根源在于企业集团中 CEO、部门经理、外部投资者三者之间目标的不一致、激励不到位所致。

①非常不同意　②不同意　③一般　④比较同意　⑤非常同意

13. 多元化公司中存在着信息不对称问题，该问题导致部门经理往往高报项目收益，从而引起公司价值的贬损。

①非常不同意　②不同意　③一般　④比较同意　⑤非常同意

14. 在我国国有企业集团中，部门经理寻租现象更为严重。

①非常不同意　②不同意　③一般　④比较同意　⑤非常同意

15. 越容易融资的企业集团，其分部或下属企业的经理越愿意通过寻租和公关活动来获取更多的资源。

①非常不同意　②不同意　③一般　④比较同意　⑤非常同意

16. 在总部和分部之间信息不对称情况下，部门经理的游说活动有利于该分部获得更多资金，导致各分部竞相从事成本较低的游说活动而忽视提升经营能力。

①非常不同意　②不同意　③一般　④比较同意　⑤非常同意

17. 在对某些目前未达到预期目标的项目进行决策时，管理者会对该项目继续增加投入，以免后期项目形势好转时自己会后悔。

①非常不同意　②不同意　③一般　④比较同意　⑤非常同意

18. 部门经理和CEO的个人关系较好时，其所属部门的资金审批更容易获得通过。

①非常不同意　②不同意　③一般　④比较同意　⑤非常同意

19. CEO心情较好时，部门资金申请获得批准的可能性更大。

①非常不同意　②不同意　③一般　④比较同意　⑤非常同意

20. 在进行资本配置时，集团总部管理者往往相信历史会重演，而按照分部的资产或现金流的规模比例来进行配置。

①非常不同意　②不同意　③一般　④比较同意　⑤非常同意

21. 规模大的部门相对于规模小的部门在获取总部资源时更容易成功。

①非常不同意　②不同意　③一般　④比较同意　⑤非常同意

22. 在集团资本配置中，部门（子公司）需要的资金较少时，其申请比较容易获得通过。

①非常不同意　②不同意　③一般　④比较同意　⑤非常同意

23. 在进行资本预算时，相对于传统公司金融强调的净现值法，管理者往往喜欢采用投资回收期法或内部收益率法。

① 非常不同意　② 不同意　③ 一般　④ 比较同意　⑤ 非常同意

24. 当一个部门经理实施寻租行为时,会导致另一个或其他部门经理随之效仿。

① 非常不同意　② 不同意　③ 一般　④ 比较同意　⑤ 非常同意

25. 以往业绩较好部门的资源配置申请较易获得通过。

① 非常不同意　② 不同意　③ 一般　④ 比较同意　⑤ 非常同意

26. 在对某些目前未达到预期目标的项目进行决策时,管理者可能会不愿承认自己之前的决策失误,而倾向于对该项目投放更多的资金。

① 非常不同意　② 不同意　③ 一般　④ 比较同意　⑤ 非常同意

27. 在对某项目已经投入大量资源后,已知该项目取得收益的可能性很小,管理者也可能选择继续增加投入,而非放弃该项目。

① 非常不同意　② 不同意　③ 一般　④ 比较同意　⑤ 非常同意

28. 对同样的项目,部门经理向 CEO 描述的项目前景越好,其获得资金审批的可能性越大。

① 非常不同意　② 不同意　③ 一般　④ 比较同意　⑤ 非常同意

29. 相对于新开立的项目,老的项目更易获得资源配置。

① 非常不同意　② 不同意　③ 一般　④ 比较同意　⑤ 非常同意

30. 部门经理的寻租行为一定会导致内部资本市场资源配置失效。

① 非常不同意　② 不同意　③ 一般　④ 比较同意　⑤ 非常同意

本问卷到此结束,非常感谢您的帮助!

第六章的有关图:图附 B-1~图附 B-9。

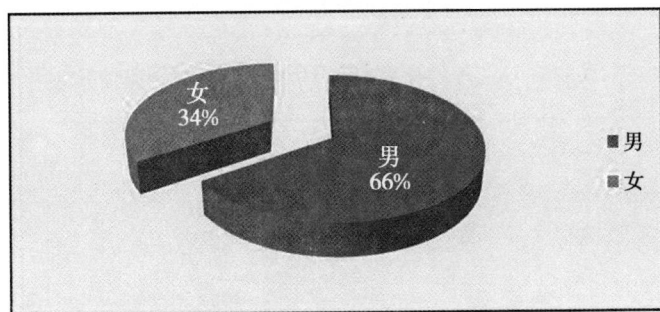

图附 B-1　有效样本的性别分布情况

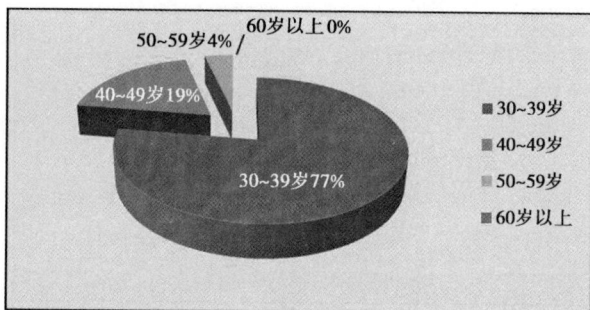

图附 B-2　有效样本的年龄分布情况

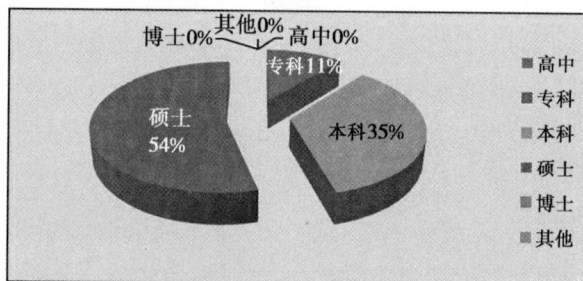

图附 B-3　有效样本的学历分布情况

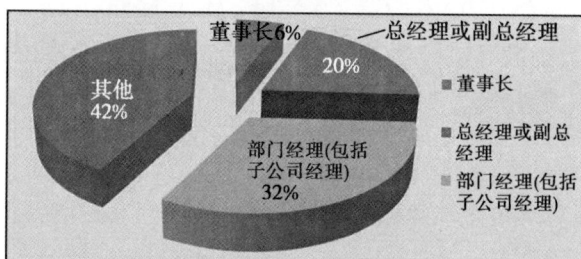

图附 B-4　有效样本在公司所担任的职位分布情况

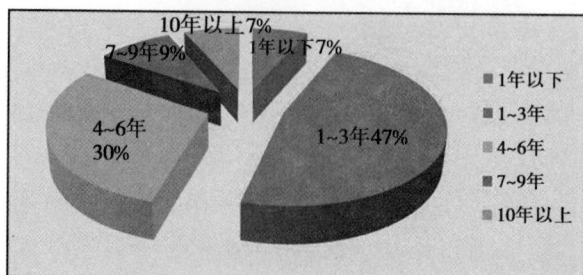

图附 B-5　有效样本担任现有职位(最高职位)的时间分布情况

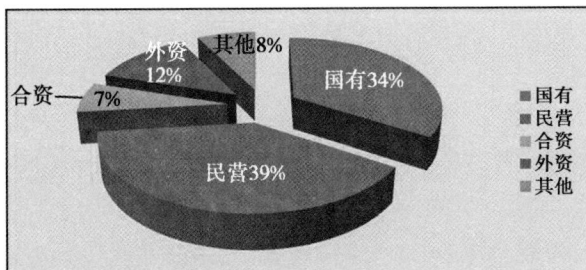

图附 B‑6　有效样本所在企业的性质分布情况

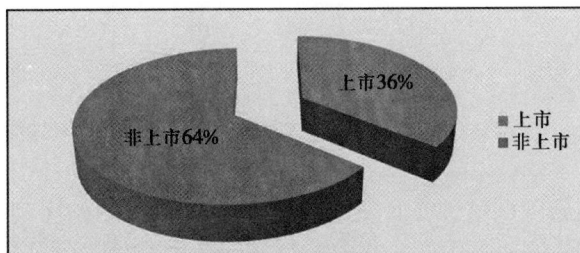

图附 B‑7　有效样本所在企业上市分布情况

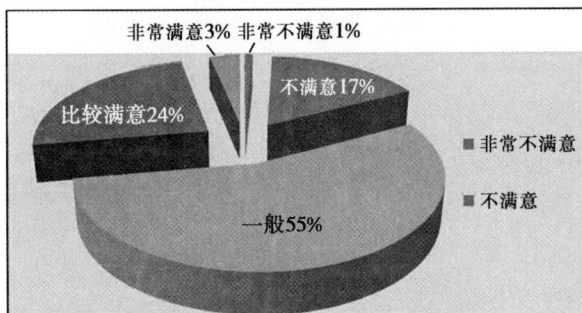

图附 B‑8　有效样本对目前薪酬的满意程度分布情况

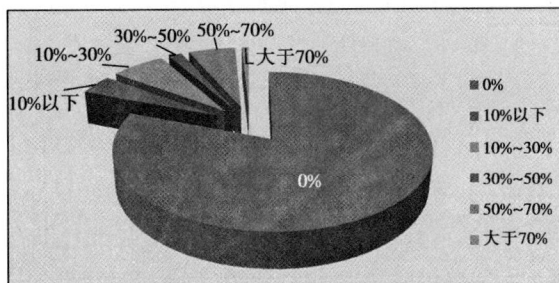

图附 B‑9　有效样本在企业中拥有的股份比例分布情况

致　谢

本书从选题到成稿，期间经历了很多事情，包括从"死神"那边走过，以及一些人生中的变故等，但在各方关怀和自己的坚持下最终实现了预期的目标。这个过程充满了艰难，但也给自己一个成长的机会。因此，需要感谢的人很多，每每提笔都难以言表。

首先要感谢的是我的尊师胡汉辉教授，是他将我领进研究的大门，并指导和教育我从事严谨的科学研究，鼓励我积极参加各项科研活动，并在我人生的低谷期和动力不足的时候给我加油，让我能够达成自己的目标。本书从选题到研究框架的建立以及文章的修改等过程都倾注了导师太多的心血。胡老师渊博的知识、宽广的胸怀、严谨的治学态度、对学生的无私关怀深深地感染着我，让我唯恐做得不好会有愧于他的培养和恩情！在此对他表示深深的谢意！

本书是多学科和多方法的集成，花费了很多人的时间和精力，但由于篇幅所限，这里只能择其一二聊表谢意。

感谢我的同事对我工作上的支持和帮助，让我能有时间进行研究；感谢吴应宇教授对我选题以及研究方法上的建议，并在关键的时候给我提醒；感谢陈良华书记给我各方面的帮助和关心，并在关键的时候推我一把；感谢中钢集团的江万军总经理，是他在百忙中不辞辛苦地安排我们在洛阳地区的大企业集团进行调研，并提供各种企业的案例帮助我；感谢原南京中北集团的CFO斯庆先生，湖滨金陵饭店的董事长胡明先生，高力集团的赵红英总经理，中国燃气总公司南京分公司的曹树有总经理，东大阿尔派集团的晁玉军总经理,广东佛山振动器公司的刘袁平总经理,中兴通讯的冀蓝天经理等,感谢所有给我提供案例和参与我调研的专业人士、企业管理人员等,谢谢他们每个人都能拨冗与我面对面地诚心交流,并提出他们对企业集团 ICM 问题的无私建议;感谢所有参与我问卷调研的其他人员,他们的观点和建议让我们的研究更有意义;感谢我的硕士研究生们,是你们跟我一起努力和坚持才使我们的研究能够开辟出一块新的领域。当然,我们还在继续,希望能够开花结果。感谢我的家人,他们的默默奉献让我成长,使我文成!

最后,对东南大学出版社的编辑们表示诚挚的谢意! 如果没有他们对本书每个细节的严格把关,恐怕就不会有本书今天的质量。他们对待工作的严谨的作风,细致入微的态度让我感动。

尽管一再修改,但书中错漏难免,责任概由作者承担。

参考文献

[1] Johnson S, R La Porta, F Lopez-de-Silanes, et al. Tunneling[J]. American Economic Review, 2000, 90(6): 22 – 27.

[2] Gonzalo Castaieda. Internal Capital Markets and Financing Choices of Mexican Firms Before and During the Financial Paralysis of 1995—2000. IDB Working Paper No. 161, 2002, 8.

[3] 李心丹. 行为金融学: 理论及中国的证据[M]. 上海: 上海三联书店, 2004.

[4] 魏炜. 中日企业集团的比较[J]. 华东经济管理, 1991(3): 43 – 47.

[5] 山田一郎. 企业集团经营论[M]. 东京: 丸善社, 1971: 31.

[6] Leff Nathaniel H. Industrial Organization and Entrepreneurship in the Developing Countries: The Economic Groups[J]. Economic Development and Cultural Change, 1978, 26(4): 661 – 675.

[7] Daniel Wolfenzon. A Theory of Pyramidal Ownership. Working Paper, 1999, 1.

[8] 臧跃茹. 国家计委宏观经济研究院重点研究课题: 大型企业集团发展政策研究[R], 1997: 200.

[9] Gertner R, D Scharfstein and J Stein. Internal Versus External Capital Markets [J]. Quarterly Journal of Economics, 1994, 109(4): 1211 –1230.

[10] Lamont, O. Cash Flow and Investment: Evidence from Internal Capital Markets [J]. Journal of Finance, 1997, 52(1): 83 – 109.

[11] Alchian A. Corporate Management and Property Rights[M]//H Manne. Economic Policy and the Regulation of Corporate Securities. Washington, DC: American Enterprise Institute for Public Policy Research, 1969: 337 – 360.

[12] Williamson O E. Markets and Hierarchies: Analysis and Antitrust Implications [M]. New York: Collier Macmillan Publishers Inc., 1975: 147 –148.

[13] Weston J F. Diversification and Merger Trends[J]. Business Economics, 1970, 5

(1)：50 – 57.

[14] Triantis G. Organizations as Internal Capital Markets：The Legal Boundaries of Firms，Collateral，and Trusts in Commercial Charitable Enterprises[J]. Harvard Law Review，2004，117(4)：1102 – 1162.

[15] 周业安，韩梅. 上市公司内部资本市场研究——以华联超市借壳上市为例分析[J]. 管理世界，2003(11)：118 – 125.

[16] Peyer U C. Internal and External Capital Markets. Working Paper，University of North Carolina，Mimeo，INSEAD，2002.

[17] Williamson O. The Economics of Organazation：The Transaction Cost Approach [M]. Chicago：The University of Chicago Press，1981.

[18] Peyer U and Shivdasani. Leverage and Internal Capital Markets：Evidence from Leveraged Recapitalizations[J]. Journal of Financial Economics，2001，59(3)：477 – 515.

[19] Ogden，Jen and O'conner. Advanced Corporate Finance：Policies and Strategies [M]. Upper Saddle River，NJ：Prentice Hall，2003.

[20] Wulf J. Influence and Inefficiency in the Internal Capital Market：Theory and Evidence. Working Paper，University of Pennsylvania，1999.

[21] Scharfstein D and J Stein. The Dark Side of Internal Capital Markets：Divisional Rent-seeking and Inefficient Investment[J]. Journal of Finance，2000，55(6)：2537 – 2564.

[22] 周宾凰，池祥萱，周冠男，等. 行为财务学：文献回顾与展望[J]. 证券市场发展季刊，2002，14(2)：1 – 48.

[23] 刘力，张峥，熊德华，等. 行为金融学与心理学[J]. 心理科学进展，2003，11(3)：249 – 255.

[24] 赫什·舍夫林(Hersh Shefrin). 超越恐惧和贪婪：行为金融学与投资心理诠释 [M]. 贺学会主译. 上海：上海财经大学出版社，2005.

[25] 赫什·舍夫林(Hersh Shefrin). 行为公司金融：创造价值的决策[M]. 郑晓蕾，译. 北京：中国人民大学出版社，2007.

[26] 邹振松，夏新平，余明桂. 基于"非理性管理层假说"的行为公司金融研究述评 [J]. 华东经济管理，2006，20(9)：134 – 139.

[27] 许凤. 我国企业内部资本市场存在性的实证性研究——来自上市公司的数据分析[D]. 南京：东南大学，2007.

[28] John G Matsusaka，Vikram Nanda. Internal Capital Markets and Corporate Refocusing[J]. Journal of Financial Intermediation，2002，11(2)：176 – 211.

[29] La Porta，Lopez-de-Silanes，Andrei Shleifer，et al. The Quality of Government [J]. Journal of Law，Economics，and Organization，1999，15(1)：222 – 279.

[30] 李增泉，余谦，王晓坤. 掏空、支持与并购重组——来自我国上市公司的经验证据 [J]. 经济研究，2005(1)：95 – 105.

[31] 刘峰，贺建刚，魏明海. 控制权、业绩与利益输送——基于五粮液的案例研究 [J]. 管理世界，2004(8)：102 – 110.

[32] 陈晓,王琨.关联交易、公司治理与国有股改革——来自我国资本市场的实证证据[J].经济研究,2005(4)：77-86.

[33] 刘星,代彬,郝颖.掏空、支持与资本投资——来自集团内部资本市场的经验证据[J].中国会计评论,2010(2)：201-222.

[34] 王明虎.从寻租视角看集团企业内部资本市场和资源配置效率[J].经济理论与经济管理,2007(7)：61-64.

[35] 韩忠雪,朱荣林.公司多元化折价：寻租与投资偏差[J].财经研究,2005,31(11)：137-144.

[36] Dobrina Georgieva,Tomas Jandik and Anil K Makhija. Adoptions and Eliminations of Economic Profit Plans and Internal Capital Markets Efficiency. Working Paper,2012.

[37] 钱雪松,邹薇.多维任务、两层次代理与企业的内部激励[J].世界经济,2009(11)：34-46.

[38] 黎来芳.商业伦理诚信义务与不道德控制——鸿仪系"掏空"上市公司的案例研究[J].会计研究,2007(11)：8-14.

[39] 许艳芳,文旷宇.内部资本市场、上市公司投融资行为异化与公司业绩——基于明天科技的案例研究[J].管理案例研究与评论,2009,2(4)：223-236.

[40] 李怀祖.管理研究方法论[M].西安：西安交通大学出版社,2000.

[41] Shefrin Hersh. Behavioral Corporate Finance[J]. Journal of Applied Corporate Finance,2001,14(3)：113-126.

[42] R H Coase. The New Institutional Economics [J]. American Economic Review, 1998,88(2)：72-74.

[43] R H Coase. The Nature of the Firm[J]. Economica,New Series,1937,4(16)：386-405.

[44] R H Coase. The Problem of Social Cost[J]. Journal of Law and Economics, 1960,3(10)：1-44.

[45] Nigel H Richardson. Some Factors Affecting Urban Development：A Case Study [J]. Land Economics,1960,36(2)：194-197.

[46] Grossman Sanford,Oliver Hart. The Costs and Benefits of Ownership：A Theory of Vertical and Lateral Integration[J]. Journal of Political Economy,1986,94(4)：691-719.

[47] Hart Oliver,John Moore. Property Rights and the Nature of the Firm[J]. Journal of Political Economy,1990,98(6)：1119-1158.

[48] Patrick Bolton,David S Scharfstein. A Theory of Predation Based on Agency Problems in Financial Contracting[J]. American Economic Review,1990,80(1)：93-106.

[49] Patrick Bolton,David S Scharfstein. Optimal Debt Structure with Multiple Creditors. Massachusetts Institute of Technology,Working Paper,1993.

[50] 陈菊花.企业集团内部资本市场功能异化的行为金融学解析[J].商业研究,

2011(10):17-23.

[51] Rajan R,H Servaes and L Zingales . The Cost of Diversity:The Diversification Discount and Inefficient Investment[J]. Journal of Finance,2000,55(1):35-80.

[52] Wulf J. Influence and Inefficiency in the Internal Capital Market[J]. Journal of Economic Behavior and Organization,2009,72(1):305-321.

[53] 阿道夫·A.伯利,加德纳·C.米恩斯(Berly and Means). 现代公司与私有财产[M].甘华鸣,等,译.北京:商务印书馆,2005(原书于1932年在美国出版).

[54] Khanna Tarun and Krishna G Palepu. Why Focused Strategies May be Wrong for Emerging Markets[J]. Harvard Business Review,1997,July/August:41-51.

[55] Khanna Tarun and Krishna Palepu. Is Group Affiliation Profitable in Emerging Markets? An Analysis of Diversified Indian Business Groups[J]. Journal of Finance,2002,55(2):867-891.

[56] Akira Goto. Business Groups in a Market Economy[J]. European Economic Review,1982,19(1):53-70.

[57] Sea Jin Chang, Unghwan Choi. Strategy,Structure and Performance of Korean Business Groups:A Transactions Cost Approach[J]. Journal of Industrial Economics,1988,37(2):141-158.

[58] Billett M T and D C Mauer. Diversification and the Value of Internal Capital Markets:The Case of Tracking Stock[J]. Journal of Banking and Finance,2000,24(9):1457-1490.

[59] Mathews R D and D T Robinson. Market Structure,Internal Capital Markets, and the Boundaries of the Firm[J]. Journal of Finance,2008,63(6):2703-2736.

[60] Wulf J. Internal Capital Markets and Firm-Level Compensation Incentives for Division Managers[J]. Journal of Labor Economics,2002,20(2):219-262.

[61] Datta S,R D Mello and M Iskandar Datta. Executive Compensation and Internal Capital Market Efficiency[J]. Journal of Financial Intermediation,2009,18(2):242-258.

[62] Doukas J A and L H P Lang. Foreign Direct Investment,Diversification and Firm Performance[J]. Journal of International Business Studies,2003,34(2):153-172.

[63] Bernardo A E,J Luo and J J D Wang. A Theory of Socialistic Internal Capital Markets[J]. Journal of Financial Economics,2006,80(3):485-509.

[64] 刘力.行为金融理论对效率市场假说的挑战[J].经济科学,1999(3):63-71.

[65] 饶育蕾,张轮.行为金融学[M].2版.上海:复旦大学出版社,2005.

[66] (美)纳西姆·尼古拉斯·塔勒布.黑天鹅的世界:我们如何被随机性愚弄[M].2版.盛逢时,译.北京:中信出版社,2009:27.

[67] Fama E. Efficient Capital Markets:A Review of Theory and Empirical Work[J]. Journal of Finance,1970,25(2):383-417.

[68] Sharpe W F. Capital Asset Prices:A Theory of Market Equilibrium under Conditions of Risk[J]. Journal of Finance,1964(19):425-442.

［69］Lintner J. The Valuation of Risk Assets and the Selection of Risky Investments in Stock Portfolios and Capital Budgets［J］. The Review of Economics and Statistics,1965,47(1)：13 - 37.

［70］Black Fischer. Capital Market Equilibrium with Restricted Borrowing［J］. Journal of Business,1972,45(3)：444 - 455.

［71］Merton R. An Intertemporal Capital Asset Pricing Model［J］. Econometrica,1973,41(5)：867 - 888.

［72］Ross S. The Arbitrage Theory of Capital Asset Pricing［J］. Journal of Economic Theory,1976,13(3)：341 - 360.

［73］Fischer Black,Myron Scholes. The Pricing of Options and Corporate Liabilities ［J］. Journal of Political Economy,1973,81(3)：637 - 654.

［74］Robert C Merton. Theory of Rational Option Pricing［J］. The Bell Journal of Economics and Management Science,1973,4(1) ：141 - 183.

［75］Nicholas Barberis,Richard Thaler. A Survey of Behavioral Finance,Forthcoming ［M］//George Constantinides,Milton Harris,Rene Stulz. Handbook of the Economics of Finance Amsterdam；Boston：Elsevier/North Holland,2003.

［76］Shleifer A. Inefficient Markets：An Introduction to Behavioral Finance［M］. Oxford；New York：Oxford University Press,2000：32.

［77］(美)安德瑞·史莱佛(Andrei Shleifer). 并非有效的市场：行为金融学导论 ［M］. 赵英军,译. 北京：中国人民大学出版社,2003.

［78］Michael C Jensen. Some Anomalous Evidence Regarding Market Efficiency［J］. Journal of Financial Economics,1978,6(2)：95 - 101.

［79］Keown A,J Pinkerton. Merger Announcements and Insider Trading Activity：An Empirical Investigation［J］. Journal of Finance,1981,36(4)：855 - 869.

［80］Scholes M. The Market for Securities：Substitution Versus Price Pressure and the Effects of Information on Share Prices［J］. Journal of Business,1972,45(2)：179 - 211.

［81］(美)赫伯特·西蒙(Herbert Simon). 管理行为：管理组织决策过程的研究 ［M］. 杨砾,韩春立,徐立,译. 北京：北京经济学院出版社,1988.

［82］Black F. Noise［J］. Journal of Finance, 1986,41(3)：529 - 543.

［83］Kahneman Daniel,Mark W Riepe. Aspects of Investor Psychology［J］. Journal of Portfolio Management, 1998,24(4)：52 - 64.

［84］Odean T. Are Investors Reluctant to Realize Their Losses? ［J］. Journal of Finance,1998,53(5)：1775 - 1798.

［85］Kahneman Daniel and Amos Tversky. Prospect Theory：An Analysis of Decision under Risk［J］. Econometrica,1979,47(2)：263 - 291.

［86］Kahneman Daniel,Amos Tversky. On the Psychology of Prediction［J］. Psychological Review,1973,80(4)：237 - 251.

［87］De Long J B,A Shleifer,L Summers, et al. Positive Feedback Investment Strategies and Destabilizing Rational Speculation[J]. Journal of Finance,1990,45(2):379 - 395.

[88] Scharfstein David S,Jeremy C Stein. Herd Behavior and Investment[J]. American Economic Review,1990,80(3):465 - 479.

[89] Shiller R J. Do Stock Prices Move Too Much to be Justified by Subsequent Changes in Dividends? [J]. The American Economic Review,1981,71(3):421 - 498.

[90] De Bondt W F M,R H Thaler. Does the Stock Market Overreact? [J]. Journal of Finance,1985,40(3):793 - 808.

[91] Jegadeesh N,S Titman. Returns to Buying Winners and Selling Losers:Implications for Stock Market Efficiency[J]. Journal of Finance,1993,48(1):65 - 91.

[92] De Bondt W F M and R H Thaler. Further Evidence on Investor Overreaction and Stock Market Seasonality[J]. Journal of Finance,1987,42(3):557 - 581.

[93] Shiller R J. Stock Prices and Social Dynamics[J]. Brookings Papers on Economic Activity,1984(2):457 - 510.

[94] Amos Tversky,Daniel Kahneman. Availability:A Heuristic for Judging Frequency and Probability[J]. Cognitive Psychology,1973,5(2):207 - 232.

[95] Benartzi S and R Thaler. Myopic Loss Aversion and the Equity Premium Puzzle [J]. Quarterly Journal of Economics,1995,110(1):75 - 92.

[96] Robert J Shiller. Irrational Exuberance[M]. Princeton:Princeton University Press,2000.

[97] Thaler Richard H. Mental Accounting and Consumer Choice[J]. Marketing Science,1985,4(3):199 - 214.

[98] Tversky A and D Kahneman. The Framing of Decisions and the Psychology of Choice[J]. Science,1981,211(4481):450 - 458.

[99] Shefrin H and R Thaler. The Behavioral Life-Cycle Hypothesis[J]. Economic Inquiry,1988,26(4):609 - 643.

[100] Shefrin H and Meir Statman. Behavioral Capital Asset Pricing Theory[J]. Journal of Finance and Quantitative Analysis,1994,29(3):323 - 349.

[101] Tversky A,D Kahneman. Advances in Prospect Theory:Cumulative Representation of Uncertainty[J]. Journal of Risk and Uncertainty,1992,5(4):297 - 323.

[102] Barberis Nicholas and Ming Huang. Mental Accounting,Loss Aversion, and Individual Stock Returns[J]. Journal of Finance,2001,56(4):1247 - 1292.

[103] 刘力,张圣平,张峥,等. 信念、偏好与行为金融学[M]. 北京:北京大学出版社,2007.

[104] 张圣平,熊德华,张峥,等. 现代经典金融学的困境与行为金融学的崛起[J]. 金融研究,2003(4):44 - 56.

[105] Daniel,Kent D,David Hirshleifer and Avanidhar Subrahmanyam. Overconfidenc, Arbitrage, and Equilibrium Asset Pricing [J]. Journal of Finance, 2001 (56):921 -965.

［106］Barberis Nicholas, A Shleifer and R Vishny. A Model of Investor Sentiment［J］. Journal of Financial Economics, 1998, 49(3)：307 - 343.

［107］Daniel Kent，D Hirshleifer and A Subrahmanyam. Investor Psychology and Security Market Under-and Overreactions［J］. Journal of Finance, 1998, 53(6)：1839 - 1886.

［108］Hong H, J Stein. A Unified Theory of Underreaction, Momentum Trading and Overreaction in Asset Markets［J］. Journal of Finance, 1999, 54(6)：2143 - 2184.

［109］Barberis Nicholas, Ming Huang and Tano Santos. Prospect Theory and Asset Prices［J］. Quarterly Journal of Economics, 2001, 116(1)：1 - 53.

［110］Lopes Lola. Between Hope and Fear：The Psychology of Risk［J］. Advances in Experimental Social Psychology, 1987(20)：255 - 295.

［111］Shefrin H and Meir Statman. Behavioral Portfolio Theory［J］. Journal of Financial and Quantitative Analysis, 2000, 35(2)：127 - 151.

［112］Modigliani Franco and Merton Miller. The Cost of Capital, Corporation Finance and the Theory of Investment［J］. The American Economic Review, 1958, 48(3)：261 -297.

［113］Lintner J. Distribution of Income of Corporation Among Dividends, Retained Earnings, and Taxies［J］. The American Economic Review, 1956, 46(2)：97 - 113.

［114］Baker Malcolm, Jeffrey Wurgler. Market Timing and Capital Structure［J］. Journal of Finance, 2002, 57(1)：1 - 32.

［115］曾进. 企业风险倾向的跨国比较——基于前景理论视角［J］. 科学学与科学技术管理, 2009, 30(5)：151 - 157.

［116］Roll R. The Hubris Hypothesis of Corporate Takeovers［J］. The Journal of Business, 1986, 59(2)：197 - 216.

［117］Andrei Shleifer, Robert W Vishny. Stock Market Driven Acquisitions［J］. Journal of Financial Economics, 2003, 70(3)：295 - 311.

［118］孔凡保. 金融市场与经济发展：论发展中国家企业集团的形成机制［J］. 中央财经大学学报, 2005(12)：31 - 35.

［119］Kurt Lewin. Intention, Will and Need［M］//David Rapaport. Organization and Pathology of Thought：Selected Sources. New York, NY, US：Columbia University Press, 1951：95 - 153.

［120］Russell J Fuller. Behavioral Finance and the Sources of Alpha［J］. Journal of Pension Plan Investing, 1998, 2(3)：33 - 45.

［121］Tversky A and D Kahneman. Judgment under Uncertainty：Heuristics and Biases［J］. Science, 1974, 185(4157)：1124 - 1131.

［122］Hirshleifer David. Investor Psychology and Asset Pricing［J］. Journal of Finance, 2001, 56(4)：1533 - 1597.

［123］Stein J. Rational Capital Budgeting in an Irrational World［J］. Journal of Business, 1996, 69(4)：429 - 445.

[124] Nofsinger. Social Mood and Financial Economics[J]. Journal of Behavioral Finance,2005,6(3)：144－160.

[125] Dirk Hackbarth. Determinants of Corporate Borrowing：A Behavioral Perspective[J]. Journal of Corporate Finance,2009,15(4)：389－411.

[126] Stephenson W. Correlating Persons Instead of Tests[J]. Journal of Personality, 1935,4(1)：17－24.

[127] Stephenson W. The Study of Behavior：Q—Technique and Its Methodology [M]. Chicago：University of Chicago Press,1953.

[128] 卢钦铭. 小学及中学生自我观念发展之研究[J]. 师大教育心理学报,1980 (13)：75－84.

[129] Brown S R. Political Subjectivity：Applications of Q-Methodology in Political Science[M]. London：Yale University Press,1980.

[130] 罗文辉. Q 方法的理论与应用[J]. 新闻学研究,1986(37)：45－71.

[131] Brouwer M. Q is Accounting for Tastes[J]. Journal of Advertising Research 1999,39(2)：35－39.

[132] Dennis K E. Q-Methodology：New Perspectives on Estimating Reliability and Validity[M]//Waltz C F, Strickland O L. Measurement in Nursing Outcomes. New York, NY：Springer-Verlag,1988：409－419.

[133] Schmolck P. PQMethod[Z]. 2002,Download Mirror. Retrieved June 27,2006. http：//www. lrz-muenchen. de/～schmolck/qmethod/downpqx. htm.

[134] Stricklin M. PCQ：Factor Analysis Program for Q—Technique[CP]. Version 3. 8. Lincoln, NE：Stricklin M,1996.

[135] Brown S R. Q—Methodology and Qualitative Research[J]. Qualitative Health Research,1996,6(4)：561－567.

[136] 赵德雷,乐国安. Q 方法论评述[J]. 自然辩证法通讯,2003,25(4):34－39.

[137] 周凤华,王敬尧. Q 方法论：一座沟通定量研究与定性研究的桥梁[J]. 武汉大学学报：哲学社会科学版,2006,59(3)：401－406.

[138] 冯成志,贾凤芹. Q 方法论及其在临床研究中的应用(综述)[J]. 中国心理卫生杂志,2010,24(1)：59－63.

[139] 陶启程,顾良智,顾向恩,等. 运用 Q 方法对 ISO 认证感知的研究[J]. 中国 ISO14000 认证,2007(1)：27－31.

[140] 胡振虎. 要"喷头"还是"漏斗"？——基于 Q 方法的财政支农资金整合研究 [C]. 全国中青年农业经济学者年会,2008：74－83.

[141] 董小英,李芳芳,鄢凡,等. 我国企业 CIO 在信息化建设中的角色：基于 Q 方法的研究[J]. 信息系统学报,2008,2(2)：10－21.

[142] Paredes T A. Too Much Pay, Too Much Deference：Behavioral Corporate Finance,CEOS,and Corporate Governance[J]. Florida State University Law Review,2005, 32(3)：673－762.

［143］Heaton J B. Managerial Optimism and Corporate Finance［J］. Financial Management,2002,31(2): 33 - 45.

［144］Polk C,P Sapienza. The Real Effects of Investor Sentiment. Working Paper, Harvard University,2001.

［145］Christopher Polk, Paola Sapienza. The Stock Market and Corporate Investment: A Test of Catering Theory［J］. The Review of Financial Studies,2008(4): 187 -217.

［146］Stephen C Vogt. The Cash Flow/Investment Relationship: Evidence from U. S. Manufacturing Firms［J］. Financial Management,1994,23(2): 3 - 20.

［147］Fazzari S,R Hubbard,B Petersen. Financing Constraints and Corporate Investment［J］. Brooking Papers on Economic Activity,1988(1): 141 - 195.

［148］Kaplan S,L Zingales. Do Investment—Cash Flow Sensitivities Provide Useful Measures of Financing Constraints? ［J］. The Quarterly Journal of Economics,1997,112 (1): 169 - 215.

［149］Bernanke B,M Gertler. Agency Costs,Net Worth and Business Fluctuations ［J］. The American Economic Review,1989,79(1): 14 - 31.

［150］Robert Dekle. Industrial Concentration and Regional Growth: Evidence from the Prefectures ［J］. The Review of Ecomomics and Statistics,2002,84(2): 310 - 315.

［151］Kadapakkam P,P Kumar,L Riddick. The Impact of Cash Flows and Firm Size on Investment: The International Evidence［J］. Journal of Banking and Finance,1998,22 (3): 293 - 320.

［152］Malmendier U,G Tate. Does CEO Overconfidence Drive Corporate Acquisition. Working Paper,Harvard University,2002.

［153］Maksimovic V,G Phillips. Do Conglomerate Firms Allocate Resources Inefficiently Across Industries? Theory and Evidence［J］. The Journal of Finance,2002,56(2): 721 - 768.

［154］Baker M,Stein J,Wurgler J. When Does the Market Matter? Stock Prices and Investment of Equity—Dependent Firms［J］. The Quarterly Journal of Economics,2003, 118(3): 969 - 1005.

［155］冯巍.内部现金流量和企业投资［J］.经济科学,1999(1): 51 - 57.

［156］郝颖,刘星.股权融资依赖与企业投资行为［J］.经济与管理研究,2009(5): 32 -40.

［157］Kahneman D,Slovic P,Tversky A. Judgment Under Uncertainty: Heuristics and Biases［M］.Cambridge;New York: Cambridge University Press,1982: 265 - 270.

［158］Barry M Staw. The Escalation of Commitment to a Course of Action［J］. The Academy of Management Review,1981,6(4): 577 - 587.

［159］周齐武,维达·N·阿华西(Vida N. Awasthi),C·帕屈克·傅理农(C. Patrik Fleenor).中国企业中"恶性增资现象"的广泛性、影响、原因及对策探讨［J］.陈寒玉,陈东

华译. 中国会计与财务研究,2000,2(1): 1 - 20.

[160] Shefrin H and R Thaler. An Economic Theory of Self—Control[J]. Journal of Political Economy,1981,89(2): 392 - 406.

[161] Dirk Hackbarth. Determinants of Corporate Borrowing: A Behavioral Perspective [J]. Journal of Corporate Finance,2009,15(9): 389 - 411.

[162] Mara Faccio,Larry Lang,Leslie Young. Debt and Expropriation. SSRN Working Paper,2001.

[163] 李维安,曹延求. 商业银行公司治理——基于商业银行特殊性的研究[J]. 南开大学学报,2005(1):83 - 89.

[164] Leland and Pyle. Informational Asymmetries, Financial Structure, and Financial Intermediation[J]. Journal of Finance,1977,32(2): 371 -387.

[165] Inderst,Müller and Wärneryd. Influence Costs and Hierarchy[J]. Economics of Governance,2005,6(2): 177 - 197.

参
考
文
献

·213·